Stefan Janßen, Alexander Parchow,
Henning Plate, Enno Schmoll,
Markus Zeller (Hg.)

Jahresband 2025 des Fachbereichs Wirtschaft und Gesellschaft

Schriftenreihe des
Fachbereichs Wirtschaft und Gesellschaft
der Jade Hochschule
Wilhelmshaven/Oldenburg/Elsfleth

herausgegeben von

Gerd Hilligweg

Band 19

LIT

Stefan Janßen, Alexander Parchow,
Henning Plate, Enno Schmoll,
Markus Zeller (Hg.)

Jahresband 2025 des Fachbereichs Wirtschaft und Gesellschaft

Gesammelte Erkenntnisse aus Lehre und Forschung

LIT

Umschlagbild: Pixabay
https://pixabay.com/de/illustrations/finanzen-geld-gesch%C3%A4ft-w%C3%A4hrung-8038592/

∞

Gedruckt auf alterungsbeständigem Werkdruckpapier entsprechend
ANSI Z3948 DIN ISO 9706

Bibliografische Information der Deutschen Nationalbibliothek
Die Deutsche Nationalbibliothek verzeichnet diese Publikation in der Deutschen Nationalbibliografie; detaillierte bibliografische Daten sind im Internet über https://dnb.dnb.de abrufbar.

ISBN 978-3-643-15727-0 (br.)
ISBN 978-3-643-35727-4 (PDF)

Verlagskontakt:
Fresnostr. 2 D-48159 Münster
Tel. +49 (0) 2 51-62 03 20
E-Mail: lit@lit-verlag.de https://www.lit-verlag.de

Auslieferung:
Deutschland: LIT Verlag, Fresnostr. 2, D-48159 Münster
Tel. +49 (0) 2 51-620 32 22, E-Mail: vertrieb@lit-verlag.de

Inhaltsverzeichnis

Vorwort

Liebe Leserinnen und liebe Leser,

wir freuen uns, Ihnen die neue Ausgabe unseres Jahresbandes vorzustellen, die eine Auswahl zentraler Ergebnisse aus Lehre und Forschung des Fachbereichs Wirtschaft und Gesellschaft präsentiert. Im Spannungsfeld einer sich wandelnden Weltlage – geprägt von der Zollpolitik der USA, einer heterogenen und teilweise stagnierenden Weltwirtschaft, der digitalen Transformation sowie der Nachhaltigkeitstransformation der nationalen und globalen Wirtschaft – stehen Forschung und Lehre vor neuen Herausforderungen. Diese Entwicklungen wirken sich spürbar auf gesellschaftliche und ökonomische Rahmenbedingungen aus und erfordern eine fundierte, kritische Analyse, Sensibilisierung und aktive Mitgestaltung durch Wissenschaft und akademische Ausbildung.

Der Fachbereich Wirtschaft und Gesellschaft an der Jade Hochschule vermittelt den Studierenden fundiertes und praxisnahes Wissen in Bereichen wie Betriebswirtschaft, Finanzwirtschaft, Tourismuswirtschaft, Gesundheitswirtschaft und Sozialer Arbeit. Dieses Wissen bildet eine wesentliche Grundlage, um berufliche Herausforderungen später kompetent und lösungsorientiert anzugehen. Durch Präsenz-, Online- und duale Studienformate eröffnet sich dabei ein breites Spektrum individueller Studienwege.

Die Schriftreihe umfasst inzwischen 17 Bände. Neben den jährlich erscheinenden Jahresbänden wird sie regelmäßig durch weitere Fachpublikationen ergänzt. In allen Beiträgen sind – unabhängig von der gewählten Formulierung – stets alle Geschlechter mitgemeint. Wir wünschen Ihnen nun eine anregende Lektüre der aktuellen Ausgabe des Jahresbandes 2025!

Wilhelmshaven, im Oktober 2025

Stefan Janßen Alexander Parchow Enno Schmoll

Henning Plate Markus Zeller

Wir weisen darauf hin, dass die Meinung der Autorinnen und Autoren nicht unbedingt die Meinung der Herausgeber widerspiegelt.

Danksagung

Die zahlreichen Beiträge der Kolleginnen und Kollegen des Fachbereichs Wirtschaft und Gesellschaft bilden das Herzstück dieses Werkes.

Für das besondere Engagement von Rona Heuermann, Conny Athen sowie der Kollegen Prof. Dr. Henning Plate und Prof. Dr. Markus Zeller für das Redigieren der Beiträge des Jahresbandes 2025 sowie die Abstimmung mit dem Verlag möchte ich an dieser Stelle herzlich danken!

Prof. Dr. Gerd Hilligweg
Dekan des Fachbereichs Wirtschaft und Gesellschaft

Doreen Appelt & Marco Bruns

Entwicklung von Führungskompetenzen durch Führung im virtuellen Strategiespiel

1 Einleitung

Führungskompetenzen sind eine wichtige Voraussetzung, um Führungssituationen erfolgreich bewältigen zu können. Der Kompetenzerwerb kann auf unterschiedlichen Wegen geschehen: Durch strukturierte Lernerfahrungen, wie formelle Bildung, Weiterbildungen, Seminare, Führungskräfteentwicklungsprogramme, Coaching und Mentoring oder durch unstrukturierte Lernerfahrungen beispielsweise durch die Ausübung der eigenen Rolle zur Bewältigung der alltäglichen Führungsaufgaben sowie Teamarbeit oder Netzwerken.[1] Neben diesen etablierten Instrumenten und Lerngelegenheiten ist jedoch auch der Erwerb von Kompetenzen in Lernumgebungen außerhalb klassischer beruflicher Kontexte ein möglicherweise lohnenswerter Weg.

Eine alternative Lernumgebung können Onlinespiele, wie World of Warcraft, bieten.[2] Innerhalb der virtuellen Welt von World of Warcraft werden in hochkomplexen virtuellen Gruppenprozessen Aufgaben wie Planung, Koordination, Kommunikation, Konfliktbewältigung und Entscheidungsfindung durch einzelne Spieler in der Rolle von Raid-Leitern übernommen.[3] Diese übernommenen Aufgaben weisen deutliche Parallelen zu realen Führungssituationen auf.[4] Es fehlen jedoch bislang fundierte empirische Erkenntnisse darüber, welche spezifischen Führungskompetenzen durch diese virtuellen Erfahrungen entwickelt werden und wie übertragbar sie auf reale Kontexte sind. Ziel dieses Beitrags ist es, anhand qualitativer Interviews mit erfahrenen Raid-Leitern zu analysieren, auf welche Art und Weise welche Führungskompetenzen durch das Raid-Leading gefördert werden.

---

[1] Vgl. Kjellström, S., 2020.
[2] Vgl. Reeves, B. et al., 2008.
[3] Vgl. Williams, J. P. et al., 2014.
[4] Vgl. Reeves, B. et al., 2008.

2 Stand der Forschung

Führung ist ein viel diskutiertes Thema in Forschung und Praxis. Seit mehr als einem Jahrhundert wird dazu geforscht[5], in dieser Zeit wurden viele tausend Studien zum Thema durchgeführt[6]. Da Führung ein sehr vielschichtiges und komplexes Phänomen ist[7], wurde sie aus sehr unterschiedlichen Perspektiven untersucht, die alle ihre Berechtigung haben[8].

Für diese Studie wird auf die Definition von Northouse abgestellt: „Leadership is a process whereby an individual influences a group of individuals to achieve a common goal“[9]. Sie beinhaltet zentrale Komponenten, die in vielen Definitionen vorkommen.[10] Dazu gehört Führung als Prozess zu begreifen, der Führung als transaktionales Event zwischen Führendem und Geführtem einordnet und Führung als Einflussnahme zu definieren, wobei Einflussnahme als Basis betrachtet wird, damit Führung überhaupt existiert. Es geht darum, eine Gruppe von Individuen auf die Erreichung gemeinsam geteilter Ziele auszurichten. Diese Definition umfasst die wesentlichen Aspekte, die auch für die Führung von Gruppen in Onlinespielen, wie World of Warcraft, relevant sind.

Übertragen auf die Praxis bzw. die handwerkliche Ebene kann Führung anhand wesentlicher *Führungsaufgaben* konkretisiert werden. Pfister/Neumann (2019) fassen diese zu sechs grundsätzlichen Clustern zusammen: Für Ziele sorgen, Organisieren, Kontrollieren und Beurteilen, Entscheiden, Potenziale entfalten, Für Zusammenarbeit sorgen (Abbildung 1).[11] Diese Aufgaben beschreiben, was eine Führungsperson im Großen und Ganzen durch ihr Handeln erreichen sollte.

Im Einzelnen umfasst *Für Ziele sorgen* mit internen und externen Stakeholdern Ziele zu klären und bestenfalls bei den Mitarbeitenden eine innere

[5] Vgl. Hogg, M. A. et al., 2012; Northouse, P. G., 2019.
[6] Vgl. Yukl, G., 2012.
[7] Vgl. Northouse, P. G., 2019.
[8] Vgl. Hughes, R. L. et al., 2021.
[9] Northouse, P. G., 2019, S. 5.
[10] Vgl. Northouse, P. G., 2019.
[11] Vgl. Pfister, A./Neumann, U., 2019.

Verpflichtung gegenüber den Zielen zu erreichen.[12] *Organisieren* beinhaltet organisationale Rahmenbedingungen zu schaffen, die ein erfolgreiches Wirken des Unternehmens an den Märkten sowie der Mitarbeitenden im Rahmen ihrer Aufgaben ermöglicht und dabei strukturelle Unwuchten im Unternehmen vermeidet. *Kontrollieren und Beurteilen* entspricht der Überprüfung der erreichten Ergebnisse anhand von Fremd- oder Selbstkontrolle je nach organisationalem Umfeld. Die Aufgabe *Entscheiden* umfasst die Festlegung von Entscheidungsprozessen und Personen, die in Entscheidungen einbezogen werden oder diese letztendlich treffen. *Potenziale entfalten* hat zwei Facetten: Zum einen ist es Aufgabe von Führungspersonen, die Organisation zu entwickeln und zum anderen gehört dazu, die Mitarbeitenden zu entwickeln. Um erfolgreiches gemeinsames Wirken der Menschen im Unternehmen zu ermöglichen, sollten Führungspersonen im eigenen Team und mit anderen *Für Zusammenarbeit sorgen.* Dazu sollte eine Kultur gefördert werden, die zum Experimentieren und Lernen einlädt, Fehler als Lernmöglichkeit versteht, positives Miteinander und Verantwortungsübernahme unterstützt und Vertrauen fördert.

Zur erfolgreichen Ausübung von Führungsaufgaben existieren verschiedene Voraussetzungen.[13] Zum einen sind Rollenerwartungen auf Seiten der Führungsperson und der Organisation zu klären und abzugleichen. Zum anderen sollte der organisationale Kontext strukturelle und kulturelle Rahmenbedingungen für eine gelungene Rollengestaltung und -durchsetzung bieten. Zur Ausgestaltung der Rolle gehört außerdem, dass die Führungsperson wichtige persönliche Voraussetzungen und Kompetenzen für eine erfolgreiche Ausübung und Durchsetzung der Rolle mitbringt bzw. entwickelt. Nicht zuletzt sollte Autorität idealerweise auch durch persönliche und fachliche Aspekte ausgestrahlt werden, um die entsprechend Rolle durchzusetzen.

---

[12] Vgl. hier und im Folgenden Pfister, A./Neumann, U., 2019.
[13] Vgl. hier und im Folgenden Lippmann, E./Steiger, T., 2019.

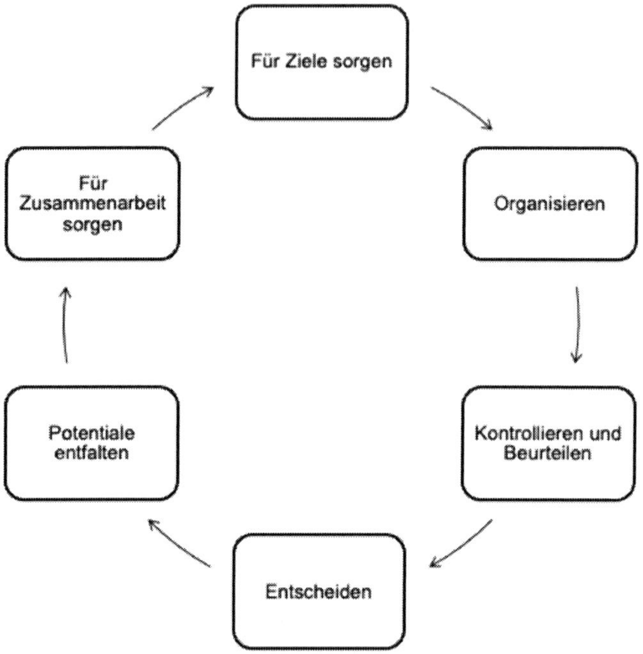

Abb. 1: Wesentliche Führungsaufgaben (Quelle: Pfister, A./Neumann, U., 2019, S. 61.)

Um Voraussetzungen für erfolgreiche Führung auf der individuellen Ebene von Personen zu untersuchen, bietet sich das Konzept der *Führungskompetenzen* an.[14] Diese sind notwendig, um komplexe Führungssituationen erfolgreich zu bewältigen.[15] Kompetenzen werden von Heyse/Erpenbeck (2009) als Selbstorganisationsfähigkeiten definiert: „Sie sind die individuellen Voraussetzungen, sich in konkreten Situationen an veränderte Bedingungen anzupassen, eigene Verhaltensstrategien zu ändern und erfolgreich umzusetzen“[16].

[14] Vgl. Häring, K./Litzcke, S., 2017.
[15] Vgl. Häring, K./Litzcke, S., 2017.
[16] Heyse, V./Erpenbeck, J., 2009, S. XII.

Kompetenzen werden in der Regel in verschiedene Cluster eingeteilt. Die heute weit verbreitete Einteilung in Fach-, Methoden-, Sozial- und Personalkompetenz ist unter Kompetenzforschern weit verbreitet.[17] Sie basiert auf Überlegungen von Roth (1971), der mit der Unterteilung Sach-, Sozial- und Selbstkompetenz gearbeitet hat, wobei in späteren Jahren Sachkompetenzen in Fach- und Methodenkompetenzen unterteilt wurden.[18]

Fachkompetenz beschreibt die Fähigkeit, fachbezogene Aufgaben zu bewältigen.[19] „Diese umfasst neben theoretischen Kenntnissen auch praktisch anwendbares Handlungswissen und erfordert intellektuelle sowie handwerkliche Fähigkeiten und Fertigkeiten."[20] Sie kann durch Erfahrungs- und Lernprozesse erworben, trainiert und weiterentwickelt werden.[21] *Methodenkompetenzen* beinhalten fachübergreifende Kenntnisse, Fertigkeiten und Fähigkeiten, die zur systematischen und kreativen Problemlösung erforderlich sind. Sie ermöglichen passende Lösungsstrategien für Aufgaben und Probleme zu entwickeln und dabei u.a. vorhandenes Fachwissen entsprechend aufzuarbeiten und einzusetzen. *Fach- und Methodenkompetenzen* können auch gemeinsam betrachtet werden und umfassen die grundlegende Fähigkeit, sachliche Probleme zielgerichtet zu bewältigen.[22] Dazu zählen u.a. der Einsatz von Arbeitstechniken, Planung und Umsetzung von Zielen sowie der kompetente Umgang mit Informationen und neuen Medien.[23]

Sozialkompetenzen „[…] umfassen alle Kenntnisse und Fähigkeiten, die uns dazu befähigen, in zwischenmenschlichen Beziehungen angemessen zu kommunizieren und zu handeln."[24] Sie betrachten somit das Verhalten

[17] Vgl. Erpenbeck, J. et al., 2017. Der Kompetenzrahmen in der Aus- und Weiterbildung innerhalb der EU basiert ebenfalls auf dieser Clusterung.

[18] Vgl. Roth; H., 1971.

[19] Vgl. hier und im Folgenden Pastoors, S., 2018.

[20] Pastoors, S., 2018, S. 2.

[21] Vgl. hier und im Folgenden Pastoors, S., 2018.

[22] Vgl. Häring, K./Litzcke, S., 2017. Diese Überlegung führt Fach- und Methodenkompetenzen zusammen, wie auch ursprünglich bei Roth, H., 1971 erfolgt.

[23] Vgl. Kernen, H. et al., 2019.

[24] Pastoors, S., 2018, S. 2.

in sozialen Beziehungen und Gruppen.[25] Um eine erfolgreiche Zusammenarbeit zu erreichen, ist es wichtig, die Bedürfnisse anderer Menschen zu erkennen und in das eigene Handeln einzubeziehen.[26] Ein zentraler Aspekt im Rahmen sozialer Interaktion ist es, kommunikativ und kooperativ selbstorganisiert zu handeln, um Ziele und Pläne erfolgreich zu entwickeln und umzusetzen.[27] Beispiele, die den Sozialkompetenzen zugeordnet werden können, sind u.a. Kommunikationsfähigkeit, die Fähigkeit zum Konfliktmanagement sowie Durchsetzungsvermögen.[28]

Selbstkompetenzen beinhalten die Fähigkeit, der Selbsteinschätzung sowie sich produktiv zu entfalten, aus seinen Erfahrungen zu lernen und sich weiter zu entwickeln.[29] Dazu gehört eine gewisse Offenheit für Veränderungen, auf eigene Initiative Möglichkeiten zu nutzen und mitzugestalten.[30] Hohe Selbstkompetenzen befähigen dazu, Aufgaben eigenverantwortlich zu erledigen und eine positive Wirkung für unser Umfeld zu haben.[31] Selbstkompetenzen können beispielsweise Kritikfähigkeit, Verantwortungsbewusstsein und Eigeninitiative sein.

Auch Führungskompetenzen können den Clustern Fach- und Methoden-, Sozial- sowie Selbstkompetenzen zugeordnet werden. Sie ermöglichen es, dass Führungskräfte „[…] sich bei der Bewältigung von Führungsaufgaben (also in offenen und unüberschaubaren, komplexen und dynamischen Situationen) selbstorganisiert, das heißt ohne äußeren Anstoß und ohne Hilfe von Dritten, zurecht[…]finden“[32].

Kompetenzen werden nicht als fixe Eigenschaften verstanden, sondern als entwickelbare Handlungsdispositionen, die durch Erfahrungen, Reflexion, gezielte, aber auch nicht geplante Lernprozesse wachsen können.[33] Neben

[25] Vgl. Kauffeld, S./Paulsen, H. F. K., 2018.
[26] Vgl. Pastoors, S., 2018.
[27] Vgl. Grote, S. et al., 2006.
[28] Vgl. Kanning, U. P., 2002.
[29] Bröckermann, R., 2011.
[30] Vgl. Kauffeld, S./Paulsen, H. F. K., 2018.
[31] Vgl. hier und im Folgenden Pastoors, S., 2018.
[32] Bröckermann, R., 2011, S. 6-7.
[33] Vgl. Kauffeld, S./Paulsen, H. F. K., 2018.

formalen Weiterbildungsangeboten betonen aktuelle Studien die Bedeutung informellen Lernens – etwa im Ehrenamt, im Sport oder in digitalen Spielumgebungen. Gerade Letztere werden zunehmend in der Kompetenzforschung diskutiert: Erste Arbeiten deuten darauf hin, dass Onlinespiele beispielsweise strategisches Denken, Kommunikation und Konfliktmanagement fördern können.[34]

World of Warcraft ist ein Online-Rollenspiel, in dem tausende Spielende gleichzeitig miteinander interagieren, wodurch ein dynamisches Umfeld entsteht, das umfangreiche Interaktion und Teamarbeit erfordert.[35] Dabei finden sich komplexe Formen von kollektiver Entscheidungs- und Organisationspraxis, die Parallelen zur Praxis in Unternehmen aufweisen. Neben der Organisation von Gilden werden für Schlachtzüge auf höheren Schwierigkeitsstufen Teams zusammengestellt, die dann im Raid kämpfen.[36] Raids sind gruppenbasierte Aktivitäten, in denen zehn bis 30 Spielende gemeinsam strategisch anspruchsvolle Gegner, sogenannte Raidbosse, besiegen müssen.[37] Insbesondere auf hohen Schwierigkeitsstufen erfordert dies detaillierte Vorbereitung, Rollenverteilung, dynamische Koordination und präzise Kommunikation unter Zeitdruck.[38] Die zentrale Verantwortung für diese Aufgaben übernehmen in der Regel Raid-Leiter.[39]

Charakteristisch ist, dass Raid-Leiter auf freiwilliger Basis agieren, ohne institutionelle Machtbefugnisse.[40] Führung erfolgt über informelle Autorität, Kommunikationsgeschick und situative Entscheidungen. Zusätzlich sind Tools wie Logs, Add-ons, externe Plattformen (z. B. Discord) und schriftliche Strategiepläne integrale Bestandteile des Führungsprozesses.[41] Die Aufgaben von Raid-Leitern reichen dabei von der strategischen Vorbereitung über die Koordination der Gruppe während der Raids bis hin zur

[34] Vgl. Rausch, S. et al., 2012.
[35] Vgl. Glas, R., 2013.
[36] Vgl. Malon, K. L., 2009.
[37] Vgl. Fandom, 2025.
[38] Vgl. Williams, J. P./Kirschner, D., 2012.
[39] Vgl. Reeves, B./Read, J. L., 2009.
[40] Vgl. hier und im Folgenden Reeves, B. et al., 2008; Corneliussen, H. G./Rettberg, J. W., 2008.
[41] Vgl. Van Dijk, N./Broekens, J., 2010.

Durchführung von Nachbesprechungen und dem Erarbeiten von Verbesserungsmaßnahmen für künftige Spielverläufe.[42]

Anhand der unterschiedlichen Aufgaben, die Raid-Leiter übernehmen, lässt sich Führung im Raid-Leading in verschiedene Phasen einteilen:

1. *Vorbereitung, strategische Planung und Zusammenstellung des Teams*: In dieser Phase analysieren Raid-Leiter die bevorstehenden Herausforderungen, z. B. neue Bossmechaniken oder geänderte Spielsysteme.[43] Auf Grundlage dieser Analysen werden Strategien entworfen, Rollen verteilt, Ausrüstungsanforderungen definiert und die Kommunikation über Plattformen organisiert.[44] Es sind insbesondere analytisches Denken, strategisches Planen und strukturierte Kommunikation gefragt. Vor dem eigentlichen Raid wird das Team zusammengestellt, gebrieft, moralisch gestärkt und auf gemeinsame Ziele eingeschworen.[45] Raid-Leiter übernehmen eine inspirierende Rolle, schaffen Klarheit über Erwartungen und schaffen durch Empathie und Humor eine produktive Atmosphäre.[46] Wichtig sind dabei soziale Kompetenzen wie Motivation, Empathie und situationsangemessene Ansprache.[47]

2. *Durchführung des Raids*: Während der Raidkämpfe übernehmen Raid-Leiter die Moderation, geben Echtzeitkommandos, reagieren auf Fehler oder unvorhergesehene Situationen und koordinieren das Team.[48] Feedback wird teilweise unmittelbar gegeben, ebenso wie Anpassungen an der Taktik.[49] Diese Phase verlangt hohe Aufmerksamkeit, Entscheidungsfähigkeit, Stressresistenz sowie die Fähigkeit, unter Druck konstruktiv zu kommunizieren.

---

42 Vgl. Reeves, B./Read, J. L., 2009.
43 Vgl. Williams, J. P. et al., 2014.
44 Vgl. Reeves, B. et al., 2008.
45 Vgl. Chen, M., 2009; Nardi, B./Harris, J., 2006; Williams, J. P./Kirschner, D., 2012.
46 Vgl. Reeves, B. et al., 2008.
47 Vgl. Williams, J. P. et al., 2014.
48 Vgl. Nardi, B. A., 2010; Reeves, B. et al., 2008; Williams, J. P./Kirschner, D., 2012; Williams, J. P. et al., 2014.
49 Vgl. Nardi, B. A., 2010.

3. *Reflexion und Feedback*: Nach dem Raid erfolgt eine Nachbesprechung, in der sowohl positive als auch verbesserungswürdige Aspekte angesprochen werden.[50] Raid-Leiter nehmen Rückmeldungen auf, kommunizieren eigene Beobachtungen und überarbeiten ggf. die Strategie für kommende Sessions.[51] Diese Phase erfordert Selbstreflexion, Feedbackkompetenz sowie die Bereitschaft zur kontinuierlichen Weiterentwicklung der Führungspraxis.

Die in den Phasen des Raid-Leading zu bewältigenden Aufgaben lassen sich sehr gut den Clustern von grundsätzlichen Führungsaufgaben nach Pfister/Neumann (2019) zuordnen.[52] Sie beinhalten Für Ziele sorgen, Organisieren, Kontrollieren und Beurteilen, Entscheiden, Potenziale entfalten und Für Zusammenarbeit sorgen.[53] Somit sollte ein umfangreiches Umfeld zur Förderung unterschiedlicher Führungskompetenzen gegeben sein.

Die bisherige Forschung, sowohl in der Wissenschaft als auch in praxisorientierten Studien, liefert erste Hinweise darauf, dass Raid-Leading vielfältige Führungskompetenzen fördert. So identifizieren Prax (2010) und Williams et al. (2014) Fähigkeiten zur Koordination, Kommunikation, Entscheidungsfindung und Problemlösung als zentrale Elemente der Führungsrolle im virtuellen Raum.[54] Darüber hinaus gibt es Hinweise darauf, dass Raid-Leading zur Entwicklung strategischer Kompetenzen beitragen kann. Silva/Mousavidin (2015) kommen zu dem Schluss, dass insbesondere Problemlösungsfähigkeiten sowie kooperative Zusammenarbeit im Rahmen virtueller Führungsaufgaben gefördert werden.[55] Auch Reeves et al. (2008) liefern Hinweise darauf, dass virtuelle Führungsrollen zur Entwicklung zentraler Führungskompetenzen beitragen können.[56] In seiner

[50] Vgl. Prax, P., 2010.
[51] Vgl. Prax, P., 2010.
[52] Vgl. Pfister, A./Neumann, U., 2019.
[53] Vgl. Pfister, A./Neumann, U., 2019.
[54] Vgl. Prax, P., 2010; Williams, J. P. et al., 2014.
[55] Vgl. Silva, L./Mousavidin, E., 2015.
[56] Vgl. Reeves, B. et al., 2008.

Reflexion betont er, dass die Tätigkeit als Leiter einer Raid-Gilde insbesondere Kompetenzen in den Bereichen Motivation, Rekrutierung sowie Strategieentwicklung und -umsetzung gefördert habe.[57]

Diese Erkenntnisse decken sich mit Aussagen aus der Praxis, in der Raid-Leading häufig als komplexe, selbstorganisierte Führungsaufgabe erlebt wird, die ein hohes Maß an Verantwortungsbewusstsein und sozialer Kompetenz erfordert.[58] Zwar bleibt eine systematische Erhebung bislang aus, doch die überblicksartige Analyse existierender Studien legt nahe, dass vielfältige Führungskompetenzen im Rahmen von Raid-Leading kontinuierlich erprobt und erweitert werden. Auf Basis der umfangreichen Aufgabenvielfalt, der hohen Koordinationsanforderungen und des komplexen sozialen Umfelds eröffnet das Raid-Leading einen Erfahrungsraum, der eine differenzierte Betrachtung als Entwicklungsumgebung für Führungskompetenzen verdient.

Studien wie jene von Prax (2010), Williams et al. (2014) oder Silva/Mousavidin (2015) verweisen auf die Relevanz von Führungskompetenz in Onlinespielen, analysieren diese jedoch meist deskriptiv und ohne systematische Verknüpfung mit etablierten Kompetenzclustern. Die vorliegende Studie schließt hier eine Lücke, indem sie anhand qualitativer Interviews explizit untersucht, wie Führung im virtuellen Raum konkret gestaltet wird und welche Kompetenzen sich dabei entwickeln können.

3 Methodisches Vorgehen

Die vorliegende Untersuchung basiert auf einem qualitativ-explorativen Studiendesign. Diese Wahl begründet sich durch das Erkenntnisinteresse, subjektive Deutungsmuster, Erfahrungswerte und Sinnzuschreibungen von Personen zu erheben, deren Erfahrungsfeld bislang wenig erforscht ist.[59] Qualitative Verfahren bieten hier besondere Stärken, da sie es ermöglichen, komplexe und kontextspezifische Erfahrungen detailliert zu rekonstruieren.[60]

---

[57] Vgl. Reeves, B. et al., 2008.
[58] Vgl. Then, L., 2024.
[59] Vgl. Denzin, N. K./Lincoln, Y. S., 2017; Flick, U., 2022.
[60] Vgl. Patton, M. Q., 2014.

Konkret wurde ein designgeleitetes Vorgehen mit halbstrukturierten, leitfadengestützten Interviews gewählt.[61] Dies erlaubte sowohl eine Vergleichbarkeit der zentralen Inhalte als auch Raum für individuelle Vertiefungen und narrative Anteile. Ziel ist, die subjektiven Perspektiven der Befragten zu erfassen und diese im Lichte bestehender Kompetenzkategorisierungen zu analysieren.

Die Auswahl der Interviewpartner erfolgte anhand gezielter Kriterien. Teilnehmende mussten mindestens zwei Jahre aktive Erfahrung als Raid-Leiter auf höchstem Schwierigkeitsgrad in World of Warcraft vorweisen und aktuell ein oder mehrere Raids organisieren. Die Rekrutierung erfolgte über einschlägige Foren, Discord-Server sowie durch persönliche Kontakte in der Spielcommunity. Insgesamt konnten 14 Raid-Leiter gewonnen werden, davon elf männlich und drei weiblich. Die Altersspanne reicht von 23 bis 41 Jahren, die durchschnittliche Spielerfahrung liegt bei acht Jahren.

Die Interviews wurden im Januar 2025 über den Sprachdienst Discord durchgeführt. Sie dauerten zwischen 45 und 65 Minuten und wurden mit Einwilligung der Befragten vollständig aufgezeichnet. Anschließend erfolgte eine wortgetreue Transkription durch ein spezialisiertes Transkriptionsprogramm, ergänzt durch manuelle Nachkorrekturen zur Sicherstellung der Textgenauigkeit[62].

Für die Auswertung wurde die qualitative Inhaltsanalyse nach Kuckartz (2022) gewählt.[63] Diese Methode erlaubt es, theoriebasierte Kategorien mit induktiven Elementen zu kombinieren. Die erste Kategoriensystematik wurde deduktiv auf Basis der Kompetenzcluster unter Einsatz von Atlas.ti erstellt. Sie umfasst zunächst die vier Hauptkategorien Fach- und Methoden-, Sozial- sowie Selbstkompetenz und deren Erwerb. In einem ersten Analysezyklus wurden diese Hauptkategorien durch offene Codierung anhand der Interviewtranskripte um insgesamt 18 Subkategorien erweitert, z.B. Kommunikationsfähigkeit, Problemlösungskompetenz und Entscheidungsfähigkeit. Im Verlauf der Analyse wurden die Kategorien mehrfach geschärft. Überflüssige oder redundante Kategorien wurden zusammengeführt, unklare Definitionen präzisiert. Ein kodierleitendes Manual wurde

[61] Vgl. Helfferich, C., 2019.
[62] Vgl. Dresing, T./Pehl, T., 2018.
[63] Vgl. Kuckartz, U., 2022.

erstellt, das Definitionen, Ankerbeispiele und Abgrenzungskriterien enthält.[64] So entstand ein tragfähiges Kategoriensystem mit vier Haupt- und 22 Subkategorien. Jede Interviewtranskription wurde vollständig codiert. Dabei wurden 357 relevante Textstellen identifiziert und den Kategorien zugeordnet. Insgesamt sichert dieses methodische Vorgehen Transparenz, Nachvollziehbarkeit und Validität der qualitativen Ergebnisse.

4 Ergebnisse

Die qualitative Inhaltsanalyse der Interviews fördert eine Vielzahl an Erfahrungen, Einschätzungen und Beobachtungen zutage, die deutliche Hinweise für die Entwicklung vielfältiger Führungskompetenzen liefern. Die konkreten Anforderungen im dynamischen und komplexen Spielkontext, der Umgang mit großen heterogenen Teams, kontinuierliches Feedback sowie reflektierte Erfahrungen bieten umfangreiche Lernmöglichkeiten, um sich als Führungskraft weiterzuentwickeln. Insgesamt zeigt sich, dass das Raid-Leading ein breites Spektrum an Führungskompetenzen adressiert. Der Kompetenzerwerb geschieht durch Learning by Doing, die aktive Ausübung der Führungsrolle, die Reflexion und Anpassung der eigenen Handlungen über die Zeit. Zudem wird berichtet, dass die weiterentwickelten Kompetenzen in den beruflichen Alltag übertragen werden. Abb. 2 gibt einen Überblick zu den geförderten Führungskompetenzen nach Clustern.

Abb. 2: Geförderte Führungskompetenzen nach Kompetenzclustern (Quelle: Eigene Darstellung.)

[64] Vgl. Schreier, M., 2012.

4.1 Fach- und Methodenkompetenzen

Fach- und Methodenkompetenzen wurden in allen Interviews reflektiert, wobei der Fokus auf den Methodenkompetenzen lag. Besonders häufig wurden Fähigkeiten wie situative Problemlösung, Übertragung von Aufgaben auf Teammitglieder, strukturierte Planung und Organisation sowie systematische Analyse diskutiert. Die Befragten schilderten, wie sie aus vergangenen Ereignissen und Misserfolgen gezielt Erkenntnisse ziehen und ihre Strategien und Verhaltensweisen adaptieren. Als wesentliche Kompetenzen konnten Problemlösungskompetenz, Delegations-, Organisations- und Analysefähigkeit sowie IT-Kompetenz herausgearbeitet werden.

Problemlösungskompetenz verstanden als die Kompetenz raid-bezogene Herausforderungen strukturiert und effektiv zu bewältigen, wurde von fast allen Interviewten teilweise mehrfach diskutiert. Sie berichten, dass sie durch das Raid-Leading zunehmend besser darin geworden sind, sich Problemen aktiv zu stellen. Insbesondere fällt es ihnen leichter, sich an unvorhergesehene Herausforderungen anzupassen und angemessen auf die daraus resultierenden Situationen zu reagieren. So beschreibt ein Interviewee beispielsweise, dass er seinen Problemlösungsprozess im Laufe der Zeit angepasst hat.[65] Während er früher alle Probleme als gleichwertig betrachtete, priorisiert er diese nun nach ihrer Dringlichkeit.[66] Zudem geben die Interviewten an, dass sie im Umgang mit wiederkehrenden Problemen gezielt Strategien entwickelt haben, um diese effektiv zu lösen. Während Herausforderungen vor und nach dem Raid überwiegend analytischer und organisatorischer Struktur sind, erfordern Probleme während des Raids spontane Entscheidungen in Echtzeit. In Summe fördert die Bewältigung der teilweisen sehr unterschiedlich gelagerten Probleme vor, während und nach dem Raid insbesondere die Fähigkeit situativ auch auf unvorhergesehene Entwicklungen zu reagieren.

Weiterhin stand die *Delegationsfähigkeit* im Fokus. Sie beschreibt die Kompetenz Aufgaben auf andere zu übertragen, und zeigte sich v. a. in der gezielten Aufgabenverteilung vor und während des Raids. Elf Interviewees

[65] Vgl. Interview 10.
[66] Vgl. Interview 10.

gaben an, dass das Raid-Leading ihre Delegationsfähigkeit positiv beeinflusst hat. Es wurde hervorgehoben, dass es ihnen anfänglich schwerfiel, Aufgaben abzugeben, da sie u.a. glaubten, dass nur sie es gut machen könnten. Andere Interviewees beschrieben, dass sie durch die Übernahme von zu vielen Aufgaben an ihre Kapazitätsgrenzen gelangten und dann lernen mussten, Aufgaben abzugeben. „Ich habe das lange versucht, alles selber zu managen, und das führte immer zu der Situation, dass es mich ausgebrannt hatte.“[67] Einige Teilnehmende berichten von einem direkten Transfer ihrer im Raid-Leading erworbenen Delegationsfähigkeiten in das Berufsleben. So schildert beispielsweise ein Interviewee, dass die zuvor beschriebenen Verhaltensmuster auch in seinem beruflichen Alltag erkennbar waren und er anfänglich dazu neigte, Aufgaben selbst zu erledigen.[68] Durch die Erfahrung im Raid-Leading habe er jedoch gelernt, auch im beruflichen Kontext Aufgaben gezielt zu delegieren. Ein weiterer Interviewee berichtet über einen spieleübergreifenden Lernprozess und betont, dass er durch das Delegieren von Aufgaben in World of Warcraft erkannt habe, nicht alle Herausforderungen alleine bewältigen zu können.[69] Mehrere Interviewte stellten einen direkten Bezug zu ihrem alltäglichen Leben her und hoben die Übertragbarkeit dieser Erkenntnis auf berufliche Kontexte hervor.

Auch die *Organisationsfähigkeit* spielte bei vielen eine wichtige Rolle. Sie zeigt sich in der Kompetenz, raid-bezogene Aufgaben, Prozesse und Ressourcen effizient zu strukturieren, zu priorisieren und zu koordinieren. Zehn Interviewees berichten von einer Verbesserung ihrer organisatorischen Fähigkeiten. Insbesondere wurde hervorgehoben, dass die Planung und Durchführung von Raids dazu beigetragen habe ein ausgeprägtes Auge für Details zu entwickeln, was ihnen dabei helfe, den organisatorischen Überblick zu bewahren. Zudem wurde berichtet, dass begonnen wurde, die Organisation gezielt effizienter zu gestalten, indem verstärkt auf Hilfsmittel wie Dokumentationen, Notizlisten, Excel-Tabellen und AddOns zurückgegriffen wurde. Die versierte Planung, beispielsweise in Excel, hilft einem Interviewee konkret in der Organisation seiner Zahnarztpraxis.[70]

[67] Interview 6.
[68] Vgl. Interview 11.
[69] Vgl. Interview 14.
[70] Vgl. Interview 3.

Zusätzlich berichtete ein anderer Interviewee, dass die Entwicklung seiner Organisationsfähigkeit notwendig wurde, da er den anfänglichen Aufwand unterschätzt hatte.[71] Die Interviewees berichten zudem von positiven Auswirkungen über World of Warcraft hinaus auch in ihrem Beruf, da das Spielen gezielte und effiziente Organisation voraussetzt, um die anstehenden Herausforderungen bewältigen zu können.

Auch über eine verbesserte *Analysefähigkeit* wurde reflektiert. Analysefähigkeit beschreibt die Kompetenz, raid-bezogene Fehler oder Ursachen für Probleme systematisch zu identifizieren und zu verstehen. Die Hälfte der Interviewees gaben an, eine Verbesserung ihrer Analysefähigkeit festgestellt zu haben. Diese äußert sich insbesondere darin, dass sie durch die Nutzung von Warcraftlogs gelernt haben, Fehlerquellen schnell und effizient zu identifizieren. Zudem geben die Interviewten an, sich gezielt weitere Tools angeeignet zu haben, um ihre Fehleranalyse zu optimieren. Mittlerweile verwenden sie für diesen Zweck bis zu vier verschiedene Analysewerkzeuge, die sie zu Beginn ihrer Tätigkeit als Raid-Leiter noch nicht genutzt haben. Auch anderweitige Analysestrategien wurden implementiert. Ein Interviewee berichtet beispielsweise, dass er und sein Team während des Raids Notizen zu den einzelnen Versuchen anfertigen.[72] Diese Notizen helfen dabei sich gezielt zu merken, auf welche Versuche in der Nachbereitung und Fehleranalyse besonderes Augenmerk gelegt werden sollte.[73] Diese Auswertung von vergangenen Ereignissen, das Erkennen von systematischen Fehlern sowie Stärken-Schwächen-Analysen können direkt auf den beruflichen Kontext übertragen werden.

Auch *IT-Kompetenz*, im Sinne des Erlernens des Umgangs mit Technologien und der sicheren und effizienten Nutzung von Technologien, wurde von mehreren Befragten hervorgehoben. Sie entwickelte sich gemäß der Interviewten als Folge der Implementierung verschiedener Tools, die zur Organisation, Nachbereitung und Fehleranalyse eines Raids genutzt werden. Insgesamt sprechen mehrere Teilnehmende von einer positiven Entwicklung ihrer IT-Kompetenz. Einige Teilnehmende berichteten, dass die Einarbeitung in verschiedene Tools ihre allgemeine Fähigkeit verbessert

---

[71] Vgl. Interview 2.
[72] Vgl. Interview 5.
[73] Vgl. Interview 5.

hat, sich in neue Programme und Tools auch anderer Art einzuarbeiten. Es wurde betont, dass der Umgang mit unterschiedlichen Tools dann im Berufsleben ebenso vereinfacht wird.

4.2 Sozialkompetenzen

Sozialkompetenzen wurden in jedem Interview mit Nachdruck hervorgehoben. Es werden viele Teamsituationen beschrieben, in denen Raid-Leiter auf unterschiedliche Art und Weise die Teamdynamiken führen und managen müssen. Besonders hervorgehoben wurde die elementare Bedeutung von Kommunikation. Ohne erstklassige Kommunikation ist ein erfolgreiches Raid-Leading nicht vorstellbar, da rund zwanzig Personen koordiniert werden müssen. Zudem reflektiert die Mehrzahl der Interviewten, dass durch das Zusammenstellen des Teams, dieses zu motivieren, im Raid zu führen und im Anschluss zu begleiten, eine ausgeprägte Kompetenz im Umgang mit Teamzusammenarbeit entsteht. Die Raid-Umgebung zeigt sich als dichtes, intensives soziales Umfeld, das vielfältige Sozialkompetenzen fördert. Folgende Kompetenzen wurden konkret diskutiert: Kommunikationsfähigkeit, Zusammenarbeit, Konfliktmanagement, Feedbackkompetenz, Empathievermögen, Motivationsfähigkeit und Recruiting-Kompetenz.

Kommunikationsfähigkeit wurde in fast allen Interviews als zentrale Voraussetzung für gelingendes Raid-Leading und als besonders wesentliches Entwicklungsfeld beschrieben. Sie beinhaltet die Kompetenz vor Menschen zu sprechen, Informationen klar und verständlich zu übermitteln sowie die Kommunikation an verschiedene Situationen und Adressaten anzupassen. Durch das regelmäßige Raid-Leading fällt den Interviewees das Sprechen vor größeren Gruppen mittlerweile deutlich leichter. Ohne diese Fähigkeit ist die Rolle eines Raid-Leiters nicht erfolgreich zu übernehmen. Daraus ergibt sich die Notwendigkeit diese Fähigkeit auf- und auszubauen, die von den Befragten so geschildert und wahrgenommen wurde: „[…] ich habe vorher nie so wirklich von mir aus gesprochen. Vor allem nicht so in, mit so großen Gruppen [sic!]. […] also es musste sich verbessern, sonst hätte ich den Raid-Lead-Posten nicht machen können"[74]. „[...] und die Leute lernen es dann on the fly im Prinzip mit."[75]

Gleichzeitig wurden kommunikative Strategien sowie Methoden entwickelt und implementiert. So hat beispielsweise ein Interviewee Vorlaufzeiten für bestimmte Aktionen geplant und angesagt, um bestimmte Prozesse im Raid zu optimieren.[76] Darüber hinaus geben die Teilnehmenden an, ihre Kommunikation gezielt angepasst zu haben, um Informationen für alle verständlich bereitzustellen. Dabei liegt der Fokus zum einen darauf, Inhalte strukturiert und effizient an die gesamte Gruppe zu vermitteln, also die Dinge auf den Punkt zu bringen und auf Wesentliches zu fokussieren. „Die Ansagen sind klarer geworden, die sind kürzer, knapper geworden, auch wesentlich reduzierter."[77] Und zum anderen heben die Interviewten hervor, dass sie im Laufe ihrer Zeit als Raid-Leiter die Bedeutung einer offenen und transparenten Kommunikation erkannt haben. Sie betonen, insbesondere wie essenziell es ist, das gesamte Team aktiv in den Kommunikationsprozess einzubinden und beispielsweise die Hintergründe für Entscheidungen zu teilen. Darüber hinaus wird vereinzelt darauf hingewiesen, dass die Teilnehmenden gelernt haben, in bestimmten Situationen für Ruhe zu sorgen und auf kommunikativer Ebene angemessen mit unterschiedlichen Persönlichkeiten und Charaktereigenschaften umzugehen.

Zusammenarbeit wurde sehr häufig (in 13 von 14 Interviews) thematisiert. Sie beschreibt die Kompetenz, die Relevanz von Zusammenarbeit und Teamgeist zu erkennen und zu fördern, um gemeinsame Ziele effektiv zu erreichen. Die Teilnehmenden berichten insgesamt von einer positiven Entwicklung ihrer Fähigkeit im Team zusammenzuarbeiten, und betonen, dass sie im Laufe der Zeit erkannt haben, wie essenziell ein gut funktionierendes Team für das Erreichen der gesetzten Ziele ist. Sie beschreiben, dass sie gelernt haben, dass selbst stark unterschiedliche Persönlichkeiten und Interessengruppen innerhalb eines Teams erfolgreich kooperieren können, wenn diese auf das Ziel der erfolgreichen Bewältigung des Raids ausgerichtet werden. Zudem wurde erkannt, dass das Delegieren von Aufgaben

---

[74] Interview 2.
[75] Interview 4.
[76] Vgl. Interview 1.
[77] Interview 8.

und die Verteilung von Verantwortung zur besseren Teamarbeit beitragen kann. Letztendlich wurde reflektiert, dass es für eine gute Zusammenarbeit darum geht, die Stärken der Gruppenmitglieder zur Geltung zu bringen und ein gemeinsames Ziel zu verfolgen.

Konfliktmanagement wurde von einer großen Mehrzahl der Interviewees angesprochen. Es bezieht sich auf die Kompetenz, Konflikte zu erkennen, konstruktiv zu moderieren und Lösungen herbeizuführen. Die Interviewees berichten, dass sie erst durch das Raid-Leading Konfliktmanagement als Führungsaufgabe verstanden haben. Sie haben gelernt, dass aktive Konfliktlösung wichtig ist, um eine harmonische Atmosphäre im Raid aufrechtzuerhalten. In diesem Zusammenhang haben sie sich angewöhnt Konflikte möglichst zeitnah zu klären, anstatt diesen aus dem Weg zu gehen. Die Interviewten berichten, dass sie über die Zeit Strategien entwickelt haben, um Konflikte frühzeitig zu erkennen und lösungsorientiert zu moderieren.

Auch *Feedbackkompetenz*, als Kompetenz konstruktives Feedback zu geben, wurde von einigen Teilnehmenden diskutiert. Die Interviewten berichten von positiven Entwicklungen in der Art und Weise, wie sie ihrem Team Feedback geben. Sie geben an, dass sie ihre Art Feedback zu geben, bewusst angepasst oder sogar erst durch das Raid-Leading gelernt haben. Rückmeldungen konkret, situativ und wertschätzend zu formulieren, wird als wichtige Kompetenz für erfolgreiches Raid-Leading eingeschätzt. Die Interviewten berichten, dass sie durch das Raid-Leading lernten, ihr Feedback auf eine konstruktive Weise zu formulieren und zu vermitteln.

Empathievermögen spielte implizit in vielen Aussagen eine Rolle, beispielsweise wenn es um das Verstehen emotionaler Zustände oder um Rücksichtnahme auf private Belange ging. Es bezieht sich auf die Kompetenz, sich in andere Menschen hineinzuversetzen und deren Emotionen und Perspektiven zu verstehen und entsprechend zu reagieren. Mehr als die Hälfte der Interviewten berichten, dass sie durch das Raid-Leading empathischer geworden sind. Die Interviewten führen aus, dass sie ein Bewusstsein dafür entwickelt haben, dass hinter den einzelnen Spielercharakteren reale Menschen mit individuellen Perspektiven und Emotionen stehen. Im Laufe der Jahre haben die Teilnehmenden gelernt, die Persönlichkeiten ihrer Mitspieler besser einzuschätzen und Strategien entwickelt, um angemessen mit unterschiedlichen Charakteren umzugehen. Dazu gehört ein gewisses Fingerspitzengefühl für die aktuelle Situation und u.a. den richtigen Tonfall in den jeweiligen Situationen zu finden. Zudem wurde reflektiert, dass damit der eigene Führungsstil geprägt wurde und sich dieser auf das Berufsleben überträgt.

Motivationsfähigkeit wurde von der Hälfte der Interviewten reflektiert. Sie bezeichnet die Kompetenz, sich selbst und andere zu begeistern und zu zielgerechtem Handeln anzuregen. Sieben Interviewte geben an, dass das Motivieren von Raid-Gruppen ihre allgemeine Motivationsfähigkeit verbessert hat. Darüber hinaus geben einige Interviewte an, Strategien entwickelt zu haben, um die Motivation für ihr Team auch über längere Zeit aufrechtzuerhalten, bspw. durch den Einsatz von gezielten Pausen und Ablenkungen. Einige Interviewte sagen außerdem, dass sie mittlerweile besser beurteilen können, wie Personen motivierbar sind und ob ihre Motivationsstrategien wirken.

Schließlich wurde *Recruiting-Kompetenz* mehrfach diskutiert. Sie bezieht sich auf die Kompetenz geeignete Kandidaten zu identifizieren und Bewerbungsgespräche zu führen. Im Raid-Leading bedeutet das, passende neue Mitglieder gezielt auszuwählen, in das Team zu integrieren und gleichzeitig bestehende Dynamiken zu erhalten. Die Interviewten berichten, dass sie viele Erfahrungen bei der Ansprache und Auswahl neuer Spieler gemacht haben und sich dadurch ihre Kompetenz potenziell passende Kandidaten auszusuchen deutlich verbesserte. Sie führen dies auf die Steigerung ihrer Menschenkenntnis zurück, die sowohl bei der Ansprache als auch in der Auswahl ermöglicht, die richtigen Charaktere für das eigene Team zu begeistern oder aber auch auszusortieren.

4.3 Selbstkompetenzen

Auch Selbstkompetenzen spielen eine Rolle. Die Interviewten berichten, wie sie durch das Raid-Leading gefordert wurden sich stressigen und herausfordernden Situationen zu stellen. Sie mussten in diesen Situationen häufiger schwierige Entscheidungen treffen, mit Feedback aus dem Team und Konfrontationen umgehen. Dadurch sind sie in verschiedenen Facetten der Selbstkompetenz gewachsen. Es wurden folgende Kompetenzen mehrfach thematisiert: Entscheidungsfähigkeit, Kritikfähigkeit, Geduld, Selbstvertrauen, Stressresistenz und Vorbildfunktion.

Entscheidungsfähigkeit wurde am häufigsten reflektiert. Sie beschreibt, die Kompetenz, unter Berücksichtigung von Informationen, Zielen und möglichen Konsequenzen eigenständige Entscheidungen zu treffen und durchzusetzen. Fast alle Interviewten berichten von einer Entwicklung ihrer Entscheidungsfähigkeit. Dabei stehen insbesondere Entscheidungen zur Zusammenstellung des Teams im Fokus. Die Teilnehmenden geben an, dass es ihnen mittlerweile leichter fällt, bestimmte Spielende auf die Ersatzbank zu setzen, wenn deren Leistung nicht ausreicht. Zudem habe sich ihre Entscheidungsfindung hinsichtlich der Zuweisung von Rollen und Aufgaben im Raid spürbar verbessert. Einige Teilnehmende berichten, dass die Entwicklung ihrer Entscheidungsfähigkeit im Raid einen direkten Einfluss darauf hat, wie sie mittlerweile Entscheidungen im echten Leben treffen. Durch die Erfahrungen im Raid-Leading treffen sie Entscheidungen schneller und verarbeiten diese einfacher. Als Beispiel führt ein Interviewee die Entscheidung über Abmahnungen und Entlassungen an.[78] Ein anderer Interviewee beziehet dies auf die Neubesetzung einer vakanten Position.[79] Insgesamt zeigt sich, dass Klarheit und Geschwindigkeit in Entscheidungssituationen durch Raid-Leading gefördert werden

Kritikfähigkeit zeigte sich bei mehreren Interviewten. Sie wird verstanden als Kompetenz konstruktive Kritik anzunehmen, zu reflektieren und produktiv damit umzugehen. In den Interviews zeigt sie sich in der Bereitschaft, Rückmeldungen aus dem Team anzunehmen und daraus zu lernen. Interviewees berichten, dass sie Kritik nun offener begegnen, nicht mehr persönlich nehmen oder gar als Angriff sehen, sondern vielmehr in Ruhe reflektieren und Schlussfolgerungen für das eigene Handeln ableiten.

Geduld wurde ebenfalls einige Male hervorgehoben. Sie lässt sich beschreiben als die Kompetenz, in herausfordernden oder wiederkehrenden Situationen ruhig, besonnen und tolerant zu bleiben, insbesondere wenn andere Personen im Raid mehr Zeit benötigen, um Sachverhalte zu verstehen oder Aufgaben zu bewältigen. Einige Interviewees reflektieren, wie sie gelernt haben, Frustration auszuhalten und sich nicht mehr aufzuregen, sondern Situationen hinzunehmen und auszuhalten.

---

[78] Vgl. Interview 2.

[79] Vgl. Interview 11.

Die Hälfte der Interviewten beschreiben eine Entwicklung in ihrem *Selbstvertrauen.* Selbstvertrauen bezeichnet die Kompetenz, auf die eigenen Stärken und Kompetenzen zu vertrauen und Herausforderungen mit Zuversicht und Entschlossenheit zu begegnen. Die Interviewten berichten, dass Raid-Leading dazu beigetragen hat ihr Selbstvertrauen zu stärken, da sie sehr vielfältige Situationen in der Führungssituation bewältigen mussten. Sie beschreiben, dass sie sich nicht mehr alles gefallen lassen, weniger Angst vor Konfrontationen und Hierarchien haben und sie insgesamt forscher geworden sind.

Stressresistenz wurde ein paar Mal als Ergebnis kontinuierlicher Konfrontation mit Drucksituationen benannt. Sie bezeichnet die Kompetenz auch unter Druck in stressreichen Situationen oder bei hoher Belastung handlungsfähig, ruhig und leistungsfähig zu bleiben. Die Interviewten geben an, dass das Raid-Leading ihre Fähigkeit mit Stress umzugehen beeinflusst hat. Sie betonen, dass sich ihr Umgang mit Stress deutlich gebessert hat, sie mittlerweile in stressigen Situationen einen klaren Kopf behalten und diese mit Ruhe angehen.

Von einigen Interviewten wurde eine *Vorbildfunktion* schließlich als implizite Erwartung wahrgenommen. Die Vorbildfunktion bezeichnet die Kompetenz, durch eigenes Verhalten Orientierung für andere zu bieten und als positives Beispiel voranzugehen. Interviewees berichten, dass ihnen im Laufe der Jahre ihre Rolle als Vorbild bewusst geworden ist und sie ihr Verhalten entsprechend angepasst haben. So berichtet ein Interviewee beispielsweise, im Gegensatz zu früher, die eigene schlechte Laune nicht auszuleben, um die Stimmung im Raid nicht negativ zu beeinflussen.[80] Zudem sehen sie die Vorbildwirkung von klarer Kommunikation als Raid-Leiter als sehr wichtig an. Es ist ihnen klar geworden, dass es für Gefolgschaft im Raid-Leading notwendig ist, diese Vorbildfunktion zu erfüllen.

4.4 Kompetenzerwerb

Die *Hauptquelle* des Kompetenzerwerbs liegt im aktiven Ausüben der Führungsrolle selbst. Die Interviewten betonen, dass insbesondere herausfordernde Situationen wie Konflikte im Team, wiederholtes Scheitern an

[80] Vgl. Interview 2.

Spielmechaniken oder das Führen heterogener Gruppen zu einem intensiven Erfahrungslernen führen. Daneben spielen soziale Rückmeldeschleifen, beispielsweise durch Feedback aus der Gruppe, eine zentrale Rolle. Auch Selbstbeobachtung und die bewusste Auseinandersetzung mit dem eigenen Verhalten wurden mehrfach als Lernimpulse genannt.

Der *Prozess* des Kompetenzerwerbs im Kontext des Raid-Leading erfolgt weder geplant noch standardisiert, sondern wird im Sinne eines informellen Lernens situativ angestoßen. In den Interviews wurde deutlich, dass sich bestimmte Routinen erst mit wachsender Erfahrung ausbilden. Diese Entwicklung vollzieht sich über wiederkehrende Zyklen aus Anforderung, Handlung, Reflexion und Anpassung. Fehler werden nicht als Rückschritte, sondern als Lerngelegenheiten verstanden. Viele beschreiben, dass sie über vielfältige Erfahrungen über eine lange Zeit durch Learning by Doing herausfanden, wie sie mit Rollenverteilung, Kommunikation, Konflikten oder Motivationsaspekten am besten umgehen.

Ein spannender Befund ist der beschriebene *Transfer* der im Spiel entwickelten Kompetenzen in berufliche Kontexte. Fast alle Befragten berichteten, dass sie Kompetenzen, wie beispielsweise Kommunikationsfähigkeit, Konfliktmanagement, Entscheidungsfähigkeit, Selbstvertrauen, Delegationsfähigkeit und IT-Kompetenz, in ihren Arbeitsalltag integriert haben. Ein Interviewee beschrieb, wie er durch das Raid-Leading gelernt habe, schwierigere Entscheidungen zu treffen.[81] Dies helfe im Berufsalltag dabei, auch unangenehme Maßnahmen wie Abmahnungen oder Kündigungen konsequent umzusetzen, wenn die Leistung nicht den Erwartungen entspricht. Eine andere Person berichtete, dass sie gelernt habe, dass es möglich ist, Menschen mit unterschiedlichen Persönlichkeiten und Charaktereigenschaften zu koordinierter Zusammenarbeit zu motivieren.[82] Dieser Lerntransfer resultiert aus der Erfahrung in World of Warcraft als Raid-Leiter eine heterogene Gruppe auf ein gemeinsames Ziel auszurichten. Auch wurde deutlich, dass die im Spiel erfahrene Führungsrolle bei manchen eine gesteigerte Sicherheit im beruflichen Auftreten erzeugt. Insgesamt zeigt sich, dass Raid-Leading nicht nur ein Kompetenzfeld im Spiel ist, sondern als Trainingsraum für reale Führungssituationen fungiert.

[81] Vgl. Interview 7.
[82] Vgl. Interview 12.

5 Diskussion

Die vorliegenden Ergebnisse zeigen, dass Raid-Leading in World of Warcraft ein breites und differenziertes Spektrum an Führungskompetenzen fördert. Diese Befunde leisten einen Beitrag zur empirischen Fundierung der These, dass virtuelle Erfahrungsräume bedeutsame Lernumgebungen für den Erwerb von Führungskompetenzen darstellen können.[83] Im Abgleich mit bestehenden Studien zur Führungskräfteentwicklung[84] wird deutlich, dass viele der im Raid-Leading reflektierten Kompetenzen auch in organisationalen Kontexten zentrale Bedeutung besitzen. So finden sich beispielsweise Kommunikations-, Entscheidungs-, Problemlösungs- und Konfliktlösungskompetenz regelmäßig in Anforderungsprofilen moderner Führungskräfte.[85] Die Ergebnisse dieser Studie legen nahe, dass solche Fähigkeiten durch informelles Lernen unter realitätsnahen Bedingungen im virtuellen Raum ausgebildet werden können.

Diese Beobachtungen bestätigen die Annahme, dass informelles Lernen in virtuellen Kontexten erhebliche Potenziale für die Führungskräfteentwicklung bietet. Es wird nicht nur durch konkrete Herausforderungen ausgelöst, sondern auch durch die Möglichkeit zur kontinuierlichen Erprobung und Reflexion, ohne die direkten Sanktionen oder Kosten, die im beruflichen Umfeld auftreten könnten.

Die Diskussion über die Übertragbarkeit virtueller Führungserfahrungen ist dabei keineswegs neu[86], wurde bislang aber noch nicht mit Blick auf Kompetenzcluster geführt. Die Einordnung der Ergebnisse entlang der Kompetenzdimensionen erlaubt es, potenzielle Transferleistungen in den beruflichen Führungsalltag nicht nur anekdotisch, sondern konzeptionell zu erfassen. Dabei bietet die Kompetenzclusterung einen geeigneten analytischen Rahmen, um die erfassten Dimensionen zu strukturieren und vergleichbar zu machen.

Ein kritischer Aspekt betrifft die Frage nach der Generalisierbarkeit der Ergebnisse. Zwar zeigt die qualitative Analyse klare Muster, doch bleibt

---

[83] Vgl. Reeves, B. et al., 2008.
[84] Vgl. Day, D. V. et al., 2014; Gentry, W. A. et al., 2008.
[85] Vgl. Gentry, W. A. et al., 2008.
[86] Vgl. Reeves, B. et al., 2008.

unklar, inwiefern sie auf andere Spielkontexte, andere Rollen im Spiel oder andere Plattformen übertragbar sind. Auch bleibt offen, ob ein kausaler Zusammenhang zwischen Raid-Leading und Kompetenzzuwachs besteht oder ob sich hier ein Selbstselektionsphänomen abzeichnet, das heißt, ob Personen mit bestimmten Neigungen und Fähigkeiten sich besonders häufig in Führungsrollen im Spiel wiederfinden.

Gleichzeitig erlaubt die Studie praktische Potenziale zu benennen. Die Nutzung virtueller Umgebungen für Training und Entwicklung könnte gerade für jüngere Zielgruppen neue, niedrigschwellige Lernzugänge eröffnen. Ansätze des Game-based Learning[87] und Simulationstrainings[88] könnten davon profitieren, wenn Führungssituationen in Formate wie das Raid-Leading übersetzt und reflektiv begleitet würden. Zudem könnte die Aufnahme von Raid-Leading als Führungserfahrung in den Lebenslauf von Bewerbenden für die Personalauswahl nützliche Hinweise auf die potenziellen Kompetenzen von Kandidaten geben.

Zusammenfassend stützt die Studie die Annahme, dass Raid-Leading eine komplexe Führungsleistung darstellt, die eine Vielzahl von Kompetenzen adressiert. Die Vielfalt, Dynamik und soziale Komplexität der Spielsituationen bieten ein bemerkenswertes Übungsfeld für Führungshandeln. Entscheidend für die Förderung von Führungskompetenzen und den Transfer in den beruflichen Alltag ist dabei die bewusste Reflexion des Erlebten und der Kontextualisierung im realen Führungshandeln.

6 Limitationen und weitere Forschung

Wie jede qualitative Studie unterliegt auch diese Untersuchung bestimmten Einschränkungen, die bei der Interpretation der Ergebnisse zu berücksichtigen sind. Eine zentrale Limitation liegt in der geringen Fallzahl und der nicht-repräsentativen Stichprobe. Zwar wurde versucht, eine möglichst große Spannbreite an Erfahrungsprofilen abzubilden, doch bleibt die Frage offen, inwiefern die Ergebnisse auf andere Spielergruppen, Spielumgebungen oder Führungskulturen übertragbar sind.

[87] Vgl. Kiili, K., 2005.
[88] Vgl. Aldrich, C., 2005.

Ein weiterer methodischer Aspekt betrifft die Subjektivität qualitativer Auswertung. Trotz kodierleitendem Manual und intersubjektiven Kontrollschritten ist nicht auszuschließen, dass bestimmte Deutungen durch Vorerfahrungen oder theoretische Prägungen der Auswertenden beeinflusst wurden. Auch die Rolle der Forschenden als Teil der Spielcommunity könnte sowohl Zugänge erleichtert als auch Wahrnehmungsfilter erzeugt haben.

Ebenfalls kritisch zu reflektieren ist die Unschärfe in der Trennung zwischen Spiel- und Realwelt. Während zahlreiche Interviewpartner von einem Transfer erlernter Kompetenzen in berufliche Kontexte berichteten, bleibt unklar, wie stabil dieser Transfer tatsächlich ist. Ebenso wenig konnte überprüft werden, ob diese Selbsteinschätzungen auch von Dritten (z.B. Kollegen, Vorgesetzten) bestätigt würden.

Zukünftige Forschung könnte hier ansetzen, indem triangulative Designs mit quantitativen Ergänzungen oder vergleichenden Beobachtungsstudien entwickelt werden. Auch wäre eine Längsschnittstudie sinnvoll, um die Entwicklung und Stabilität von Führungskompetenzen über einen längeren Zeitraum im Spiel und im Beruf zu analysieren. Darüber hinaus erscheint es lohnend, andere Rollen im Spiel auf ihr Führungspotenzial hin zu untersuchen und geschlechterspezifische Dynamiken stärker in den Fokus zu rücken.

Nicht zuletzt bietet die Integration spielbasierter Erfahrungen in formelle Lernformate wie Führungstrainings oder Assessment Center einen vielversprechenden Entwicklungsansatz. Hier könnten Simulationen oder Szenarien aus dem Raid-Kontext gezielt als Reflexionsimpuls oder Trainingsfall eingebunden werden. Solche Formate sollten jedoch wissenschaftlich fundiert und pädagogisch begleitet sein, um ihre Wirksamkeit zu sichern.

Insgesamt zeigt sich, dass die Erschließung virtueller Welten als Kompetenzräume noch am Anfang steht. Die vorliegende Studie kann hierzu einen Beitrag leisten und als explorativer Impuls für eine systematischere Forschung an den Schnittstellen von Spiel, Lernen und Führung dienen.

7 Ausblick

Die Erkenntnisse dieser Studie machen deutlich, dass virtuelle Spielwelten, insbesondere das Raid-Leading in World of Warcraft, ein bislang wenig ausgeschöpftes Potenzial für die Entwicklung von Führungskompetenzen bergen. In einer zunehmend digitalisierten, komplexen und projektbasierten Arbeitswelt könnten gerade solche dynamischen, selbstorganisierten und auf Kooperation angelegten Erfahrungsräume einen wertvollen Beitrag zur Persönlichkeits- und Kompetenzentwicklung leisten.

Zukünftig wäre es denkbar, spielbasierte Lernformate gezielt in die betriebliche Weiterbildung zu integrieren, beispielsweise als flankierendes Modul in Führungskräfteprogrammen oder als Ausgangspunkt für Reflexionsprozesse in Assessment Centern. Gleichzeitig eröffnet sich auch auf theoretischer Ebene die Chance, Modelle informellen Lernens weiterzuentwickeln.

Nicht zuletzt wirft die Studie die Frage auf, wie zukünftig das Zusammenspiel zwischen spielerischem Lernen, digitaler Sozialisation und beruflicher Handlungskompetenz systematisch gefördert und erforscht werden kann. Die Verbindung von Gaming-Kultur, pädagogischer Gestaltung und organisationalem Lernen könnte dabei ein zukunftsweisendes Feld, mit Potenzialen weit über den Kontext von World of Warcraft hinaus, markieren.

Damit lädt die Studie ein, bestehende Grenzen zwischen Spiel und Arbeit, Lernen und Unterhaltung, digitalem Raum und realer Welt neu zu denken. Dies könnte als Grundlage für eine Führungskräfteentwicklung dienen, die den Herausforderungen des 21. Jahrhunderts gerecht wird.

Quellenverzeichnis

Aldrich, C. (2005): Learning by Doing: A Comprehensive Guide to Simulations, Computer Games, and Pedagogy in e-Learning and Other Educational Experiences, San Francisco: Pfeiffer.

Bröckermann, R. (2011): Führungskompetenz. Versiert kommunizieren und motivieren, Ziele vereinbaren und planen, fordern und fördern, kooperieren und beurteilen, Stuttgart: Schäffer-Poeschel.

Chen, M. (2009): Communication, coordination, and camaraderie in World of Warcraft. Games and Culture, 4(1), S. 47–73.

Corneliussen, H. G./Rettberg, J. W. (2008): Digital Culture, Play, and Identity: A World of Warcraft® Reader, Cambridge, MA: MIT Press.

Day, D. V./Fleenor, J. W./Atwater, L. E./Sturm, R. E./McKee, R. A. (2014): Advances in leader and leadership development: A review of 25 years of research and theory. The leadership quarterly, Vol. 25 (1), S. 63-82.

Denzin, N. K./Lincoln, Y. S. (2017): The SAGE Handbook of Qualitative Research, 5. Aufl., Thousand Oaks, CA: Sage.

Dresing, T./Pehl, T. (2018): Praxisbuch Interview, Transkription & Analyse, 8. Aufl., Marburg: Eigenverlag.

Erpenbeck, J./Rosenstiel, L./ Grote, S./Sauter, W. (2017): Handbuch Kompetenzmessung. Erkennen, verstehen und bewerten von Kompetenzen in der betrieblichen, pädagogischen und psychologischen Praxis, 3. Aufl., Stuttgart: Schäffer-Poeschel.

Fandom (2025): Mythis mode, URL: https://wowpedia.fandom.com/wiki/Mythic_mode, Zugriff: 17.01.2025.

Flick, U. (2022): An Introduction to Qualitative Research, 7. Aufl., London: Sage.

Gentry, W. A./Harris, L. S./Baker, B. A./Leslie, J. B. (2008): Managerial skills: What has changed since the late 1980s. Leadership and Organization Development Journal, Vol. 29, S. 167–181.

Glas, R. (2013): Battlefields of Negotiation: Control, Agency, and Ownership in World of Warcraft, Amsterdam: University Press.

Grote, S./Kauffeld, S./Billich-Knapp, M./Lauer, L./Frieling, E. (2006): Kompetenzen und deren Management: ein Überblick, in: Kauffeld, S./Frieling, E./Grote, S. (Hrsg.): Kompetenzmanagement, 2. Aufl., Stuttgart: Schäffer-Poeschel, S. 15–35.

Häring, K./Litzcke, S. (2017): Führungskompetenzen lernen: Eignung, Entwicklung, Aufstieg, 2. Aufl., Stuttgart: Schäffer-Poeschel.

Helfferich, C. (2019): Leitfaden- und Experteninterviews, in: Baur, N./Blasius, J. (Hrsg.): Handbuch Methoden der empirischen Sozialforschung, Wiesbaden: Springer VS, S. 559–574.

Heyse, V./Erpenbeck, J. (2009): Kompetenztraining: Strategien, Konzepte und Praxisbeispiele für die Kompetenzentwicklung in Organisationen, Münster: Waxmann.

Hogg, M. A./Van Knippenberg, D./Rast III, D. E. (2012): Intergroup leadership in organizations: Leading across group and organizational boundaries. Academy of management review, Vol. 37(2), S. 232-255.

Hughes, R. L./Ginnett, R. C./Curphy, G. J. (2021): Leadership: enhancing the lessons of experience, New York: McGraw-Hill.

Kanning, U. P. (2002): Soziale Kompetenz - Definition, Strukturen und Prozesse, in: Zeitschrift für Psychologie, Bd. 154–163, Nr. 210(4).

Kauffeld, S./Paulsen, H. F. K. (2018): Kompetenzmanagement in Unternehmen: Kompetenzen beschreiben, messen, entwickeln und nutzen, Stuttgart: W. Kohlhammer.

Kernen, H./Meier, G./Negri, C./Gundrum, E. (2019): Führungstheorien, in: Lippmann, E./Pfister, A./Jörg, U. (Hrsg.): Handbuch Angewandte Psychologie für Führungskräfte, 5. Aufl., Berlin: Springer-Verlag.

Kiili, K. (2005): Digital game-based learning: Towards an experiential gaming model. Internet and Higher Education, Vol. 8(1), S. 13–24.

Kjellström, S./Törnblom, O./Stålne, K. (2020): A dialogue map of leader and leadership development methods: A communication tool. Cogent Business & Management, 7(1).

Kuckartz, U. (2022): Qualitative Inhaltsanalyse. Methoden, Praxis, Computerunterstützung, 5. Aufl., Weinheim: Beltz Juventa.

Lippmann, E./Steiger, T. (2019): Das Rollenkonzept der Führung, in: Lippmann, E. et al.: Handbuch angewandte Psychologie Für Führungskräfte, 5. Aufl., Berlin/Heidelberg: Springer, S. 61-96.

Malone, K. L. (2009): Dragon Kill points, in: Games And Culture, Bd. 4, Nr. 3, S. 296–316.

Marsick, V. J./Watkins, K. E. (2001): Informal and incidental learning. New Directions for Adult and Continuing Education, 89, S. 25–34.

Nardi, B. A. (2010): My Life as a Night Elf Priest: An Anthropological Account of World of Warcraft, Ann Arbor: University of Michigan Press.

Nardi, B./Harris, J. (2006): Strangers and friends: Collaborative play in World of Warcraft, in: Proceedings of the 2006 20th anniversary conference on Computer supported cooperative work, ACM, S. 149–158.

Northouse, P. G. (2019): Leadership: Theory and Practice, 8th ed., Thousand Oaks, CA: Sage.

Pastoors, S. (2018): Einleitung, in: Becker J./Ebert, H. (Hrsg.): Praxishandbuch berufliche Schlüsselkompetenzen, Berlin/Heidelberg: Springer-Verlag.

Patton, M. Q. (2014): Qualitative Research & Evaluation Methods, 4. Aufl., Thousand Oaks, CA: Sage.

Pearce, C. L./Conger, J. A. (2003): Shared Leadership: Reframing the Hows and Whys of Leadership, Thousand Oaks, CA: Sage.

Pfingsten, U. (2021): Soziale Kompetenzen, in: Lohaus, A./Domsch, H. (Hrsg.): Psychologische Förder- und Interventionsprogramme für das Kindes- und Jugendalter, 2. Aufl., Berlin: Springer, S. 223–241.

Pfister, A./Neumann, U. (2019): Führungstheorien, in: Lippmann, E./Pfister, A./Jörg, U. (Hrsg.): Handbuch angewandte Psychologie Für Führungskräfte, 5. Aufl., Berlin/Heidelberg: Springer, S. 39-74.

Prax, P. (2010): Leadership Style in World of Warcraft Raid Guilds, Conference Paper, Proceedings of Nordic DiGRA 2010 Conference: Experiencing Games: Games, Play, and Players.

Rausch, S./Faßhauer, U./Martens, A. (2012): Kompetenzentwicklung in Computerspielen am Beispiel von WoW. Conference Paper. DeLFI 2012: Die 10. e-Learning Fachtagung Informatik der Gesellschaft für Informatik e.V.

Reeves, B./Malone, T./O'Driscoll, T. (2008): Leadership's Online Labs. Harvard Business Review, 87(5), S. 58–66.

Reeves, B./Read, J. L. (2009): Total engagement: How games and virtual worlds are changing the way people work and businesses compete. Harvard Business Press.

Roth, H. (1971): Pädagogische Anthropologie. Bd. II: Entwicklung und Erziehung, Hannover: Hermann Schroedel Verlag.

Schreier, M. (2012): Qualitative Content Analysis in Practice, London: Sage.

Silva, L./Mousavidin, E. (2015): Strategic thinking in virtual worlds: Studying World of Warcraft, in: Computers in Human Behavior, Bd. 46, S. 168–180.

Then, L. (2024): Wie ich mal Raid-Leader in WoW war und was ich fürs Leben gelernt habe, URL: https://mein-mmo.de/wow-raid-lead-fuers-leben-gelernt/, Zugriff: 07.07.2025.

Van Dijk, N./Broekens, J. (2010): Virtual team performance depends on distributed leadership, in: International Conference on Entertainment Computing, Berlin/Heidelberg: Springer, S. 91-102.

Williams, J. P./Kirschner, D. (2012): Coordinated Action in the Massively Multi-player Online Game World of Warcraft, in: Symbolic Interaction, Bd. 35, Nr. 3, S. 340–367.

Williams, J. P./Kirschner, D./Suhaimi-Broder, Z. (2014): Structural Roles in Massively Multiplayer Online Games: A Case Study of Guild and Raid Leaders in World of Warcraft, in: Studies in symbolic interaction, S. 121–142.

Yukl, G. (2012): Effective leadership behavior: What we know and what questions need more attention. Academy of Management perspectives, 26(4), S. 66-85.

Stefan Janßen & David Skibb & Malte Zeckel

Umgang von Versicherungsunternehmen mit Negative Word of Mouth in den Sozialen Medien

1 Einleitung

Die Sozialen Medien haben sich auf die Online-Kommunikation und das Verhältnis zwischen Unternehmen und Konsumenten nachhaltig ausgewirkt. So haben sie nicht nur die Machtbalance verschoben und Konsumenten deutlich mehr Handlungsmacht verliehen, sondern auch eine Entwicklung gefördert, durch welche die vormalige einseitige Kommunikation von Unternehmen zu Konsumenten zu einer bi- oder multilateralen Kommunikation geworden ist, d. h. zu einem Dialog oder Diskurs, an dem Konsumenten aktiv teilnehmen.[1]

Dies bringt einerseits, insbesondere aus der Sicht von Marketing und Customer-Relationship-Management, Vorteile, so etwa maßgeschneiderte Kundenansprache und eine Vielzahl von aussagekräftigen Kundendaten, die sich wiederum für individualisiertes Marketing und persönliche Ansprache nutzen lassen. Andererseits birgt es auch potenzielle Gefahren, nämlich dann, wenn Beschwerden oder negative Kommentare (negative Word-of-Mouth, nWOM) von Kunden oder auch (ehemaligen) Mitarbeitern viral gehen und die Reputation eines Unternehmens beschädigen. Gerade die Sozialen Medien haben die Eigenschaft, Kritik und negative Meinungen zu verstärken und in einen *Sturm der Entrüstung* zu verwandeln.[2]

Daher sollten die Sozialen Medien notwendigerweise einen festen Bestandteil des Reputationsmanagements jedes Unternehmens darstellen.[3] Die Bedeutung der Reputation zeigt sich daran, dass das Reputationsrisiko in den letzten beiden Jahrzehnten zu einem der wichtigsten Risiken im Unternehmensbereich geworden ist und diesbezügliche Bedrohungen daher

---

[1] Vgl. Hart, M., 2015, S. 214; Mirbabaie, M. et al., 2023, S. 100.
[2] Vgl. Ettl-Huber, S./Roither, M., 2014, S. 167; Mirbabaie, M. et al., 2023, S. 100.
[3] Vgl. Hart, M., 2015, S. 214; Weitzl, W. J./Einwiller, S., 2020, S. 749.

zeitnah identifiziert, beobachtet und gemanagt werden müssen.[4] Ebenso wird dem Thema auch in der Forschung zunehmend Raum gewidmet.[5]

In der Versicherungsbranche spielen, wie allgemein im Finanzdienstleistungsbereich, Reputation und Vertrauen eine Hauptrolle, zumal die Einschätzung von und der Umgang mit Risiken zum Kerngeschäft der Branche gehören. Gerade deswegen stellt das Reputationsrisiko für den Versicherungssektor eine besonders große Bedrohung dar und diese sind dazu angehalten, ein proaktives Reputationsmanagement zu betreiben.[6]

Aus den dargestellten Überlegungen ergibt sich die folgende Forschungsfrage, welche dieser Beitrag zu beantworten sucht: Wie können Versicherungsunternehmen zur Vermeidung von Reputationsrisiken auf Negative Word-of-Mouth in den Sozialen Medien reagieren?

Daher wird zunächst auf die besonderen Merkmale von Versicherungsunternehmen, deren Umgang mit Risiken und die Bedeutung der Reputation für die Branche eingegangen. Abschnitt 3 befasst sich mit nWOM, dessen Determinanten und möglichen Folgen sowie der Stellung im Rahmen des Reputationsmanagements. Abschnitt 4, welcher den Kern des Beitrags bildet, da vor allem hieraus die Erkenntnisse für die Beantwortung der Forschungsfrage gewonnen werden, veranschaulicht, wie Unternehmen auf nWOM reagieren können und welche Empfehlungen sich daraus für Versicherungsunternehmen ableiten lassen. Abschließend erfolgt ein Fazit.

2 Besonderheiten von Versicherungsunternehmen und deren Geschäftstätigkeit und die Bedeutung der Reputation in der Versicherungsbranche

Der folgende Abschnitt gliedert sich in drei Teile: Zunächst werden die wesentlichen Eigenschaften der Geschäftstätigkeit von Versicherungsunternehmen erläutert. Danach wird auf die Bedeutung der Reputation in der Branche eingegangen und abschließend werden mögliche Risiken und die Bedeutung des Risikomanagements im Versicherungssektor erläutert.

---

[4] Vgl. Aula, P./Heinonen, J., 2016, S. 135f.

[5] Vgl. Eisenegger, M./Schranz, M., 2011, S. 128.

[6] Vgl. Eccles, R. G./Vollbracht, M., 2006, S. 395; Heidinger, D./Gatzert, N., 2018, S. 2.

2.1 Wesentliche Merkmale der Geschäftstätigkeit von Versicherungsunternehmen

Zunächst ist anzuführen, dass Versicherungsunternehmen, wie auch Kreditinstitute und andere Finanzdienstleister, zu den regulierten Sektoren gehören und daher Compliance und die Einhaltung diesbezüglicher Vorschriften und Regeln eine wichtige Rolle spielen.[7] Versicherungsunternehmen können im Wesentlichen als Unternehmen des Finanzdienstleistungsbereiches gesehen werden, die sich mit dem Management von Risiken befassen, welche von Krankheits- über Unfall- bis zu Vermögensrisiken reichen können. Dabei spielt Vertrauen eine grundlegende Rolle, einerseits das Vertrauen des Versicherungsunternehmens in die Versicherten und deren Aufrichtigkeit, was ein Krankheits- oder Unfallrisiko u. Ä. betrifft. Im Sinne der Principal-Agent-Theorie kann von einer Informationsasymmetrie bzw. verborgenen Informationen gesprochen werden. Es besteht die Gefahr, dass Versicherte opportunistisch handeln (z. B. einen Versicherungsfall absichtlich herbeiführen, um die Versicherungssumme zu erhalten). Andererseits müssen Versicherte dem Versicherungsunternehmen vertrauen können, dass bei Eintreten des Versicherungsfalles die vereinbarte Versicherungssumme tatsächlich ausbezahlt wird und keine Berufung auf etwaige Ausnahmeregelungen folgt.[8]

Hinzu kommt, dass Versicherungsunternehmen gewöhnlich Verträge verkaufen, die wenig transparent sind, da sie von Virtualität, einer üblicherweise langen Laufzeit (wie etwa bei Lebensversicherungen) und einem hohen Grad an Komplexität hinsichtlich der spezifischen Bedingungen gekennzeichnet sind. Dies führt zu einer Informationsasymmetrie zuungunsten des Versicherten. Für den ist nicht klar, wie sich die Risikoberechnung und Profitmargen in einer Versicherungsprämie widerspiegeln, ob ein Versicherungsunternehmen etwa mit Recht Versicherungsansprüche ablehnt und ob es über das notwenige Kapital verfügt, um im besten Interesse des Kunden handeln zu können.[9]

---

7 Vgl. Gonzalez, D., 2015, S. 154f.

8 Vgl. Guiso, L., 2012, S. 7f.; Pezhman, R. et al., 2013, S. 760; Ta, N., 2024, S. 367.

9 Vgl. Tica, A./Weißenberger, B. E., 2022, S. 58.

Aus der großen Bedeutung des Vertrauens folgt, dass die Reputation in der Versicherungsbranche eine tragende Rolle spielt, zumal sich Reputationskrisen einzelner Unternehmen, und auch verwandter Branchen, wie des Bankensektors, auf die gesamte Branche negativ auswirken können, wie es etwa im Zuge der Finanzkrise 2008 und der darauffolgenden Jahre geschah. Daraus ergibt sich die Notwenigkeit, dem Reputationsrisikomanagement besondere Aufmerksamkeit zu schenken.[10] Ebenso ist das Medienimage der Branche von Relevanz, wie die Berichterstattung über diverse Skandale. Folglich ist von Bedeutung, Reputations- und Vertrauenskrisen, die stark geschäftsschädigend sein können, zu vermeiden.[11]

2.2 Bedeutung der Reputation für Versicherungsunternehmen

Da eine gute Reputation eine vertrauensaufbauende Wirkung hat, stellt die Pflege bzw. Verbesserung der eigenen Reputation eine wichtige Aufgabe dar. Damit können etwa die immateriellen Vermögenswerte eines Unternehmens erweitert, der Wiedererkennungswert im Kreise der Konsumenten und die Loyalität gesteigert sowie deren Entscheidung, eine Versicherung zu erwerben, positiv beeinflusst werden.[12]

Allerdings stellt sich das Problem, dass gerade die Versicherungsbranche anfällig für Skandale ist. Dies ist umso schwerwiegender, da der finanzielle Erfolg von Versicherungsunternehmen in hohem Maße von der Erhaltung einer guten Reputation abhängig ist. Es geht dabei darum, wie ein Individuum die wesentlichen Attribute und die Performance eines Unternehmens sowie dessen Verhalten gegenüber seinen Anspruchsgruppen beurteilt. Die Reputation eines Versicherungsunternehmens kann auch, wie erwähnt, durch die Assoziation mit anderen Unternehmen aus den gleichen oder verwandten Branchen beschädigt werden.[13]

Tica und Weißenberg führen an, dass das Reputationskapital eines Versicherungsunternehmens einerseits durch die Handlungen des Unternehmens sowie seiner direkten und indirekten Mitarbeiter (wie Versicherungsvermittlern) teilweise oder vollständig zerstört werden könne, aber auch

[10] Vgl. Guiso, L., 2012, S. 6; Ta, N., 2024, S.367.
[11] Vgl. Eccles, R. G./Vollbracht, M., 2006, S. 397.
[12] Vgl. Ta, N., 2024, S. 366.
[13] Vgl. Heidinger, D./Gatzert, N., 2018, S. 1f.

dann, wenn die Überzeugungen des Kunden aufgrund eines externen Ereignisses erschüttert würden, z. B. eines Skandals, der ursprünglich ein anderes Versicherungsunternehmen betrifft, dessen Auswirkungen aber die Branche als Ganzes betreffen.[14] Daraus folgt, dass Versicherungsunternehmen im Hinblick auf den Schutz der Reputation nicht nur sich selbst gegenüber Verantwortung tragen, sondern auch für die Branche, aufgrund des ggf. zu erwartenden Spillover-Effekts.

Eine Studie von Eccles und Vollbracht zeigt, dass die Kernreputationsrisiken für den deutschen Versicherungssektor aus unterschiedlichen Quellen stammen. Während diese von 1998 bis 2000 vor allem mit Schadenersatzforderungen u. Ä. in Verbindung standen, die sich aus einzelnen deutschen Versicherungsgesellschaften im Dritten Reich ergaben, war von 2001 bis 2003 der Verlust an finanziellen Reserven aufgrund sich verschlechternder Ergebnisse oder Verluste maßgeblich, welcher Versicherer daran hinderte, ihren Aufgaben nachzukommen, während seit 2004 das Vorgehen des New Yorker Anwalts Eliot Spitzer gegen die Versicherungsindustrie (darunter deutsche Unternehmen) verstärkt reputationsschädigend wirkte.[15] Tica und Weißenberg merken an, dass die Versicherungsbranche über Jahrzehnte hinweg eine der skandalanfälligsten Branchen überhaupt sei.[16]

Ta erläutert in einer Studie im Jahr 2024 Faktoren, die das Reputationsrisiko von Versicherungsunternehmen beeinflussen: Zum ersten die Qualität des Personals.[17] Diese sei von großer Bedeutung, da es sich bei Versicherungsunternehmen um Dienstleister handele und die Qualität des Personals sich somit direkt auf die Dienstleistung (z. B. Beratung im Hinblick auf Versicherungsprodukte) auswirke. Dies gelte umso mehr, wenn Versicherungsprodukte einander ähneln. Entscheidend für den Konsumenten sei die Qualität der Dienstleistung. Ebenso gelte, dass hochwertige Angestellte über ein stärkeres moralisches und rechtliches Bewusstsein verfügen und moralische Risiken oder Betrugsfälle weniger wahrscheinlich seien, was das Reputationsrisiko senke.[18]

---

[14] Vgl. Tica, A./Weißenberger, B. E., 2022, S. 59.
[15] Vgl. Eccles, R. G./Vollbracht, M., 2006, S. 397.
[16] Vgl. Tica, A./Weißenberger, B. E., 2022, S. 58.
[17] Vgl. Ta, N., 2024, S. 366f.
[18] Vgl. Ta, N., 2024, S.366.

Ein zweiter wesentlicher Faktor sei laut Ta die Art des Reputationsmanagements in Versicherungsunternehmen. So könne beispielsweise ein striktes Management von Versicherungsgeschäften oder reputationsschadende Schadensabwicklungen vermieden werden. Ebenso könne sich eine positive Wirkung ergeben, wenn das Management ein Frühwarnsystem für Reputationsrisiken bzw. Präventionsmaßnahmen einführe.

Ausschlaggebend könne auch das Corporate Charisma sein, dass sich in der Anzahl, der Struktur und dem Hintergrund der Shareholder widerspiegele. Ta vertritt die Ansicht, dass kleinere, öffentlich weniger bekannte Unternehmen, über eine geringere Reputation verfügen. Dies erhöhe, seiner Auffassung nach, das Reputationsrisiko für kleinere Versicherungsunternehmen. Außerdem vertritt Ta die Ansicht, dass die Kunden größeres Vertrauen in börsennotierte Unternehmen hätten.[19]

Von Bedeutung seien des Weiteren auch die finanziellen Kennzahlen des Unternehmens. Demnach wirken solide finanzielle Kennzahlen, die belegen, dass sich das Unternehmen in einem guten Zustand befindet, vertrauenserweckend und stärken die Reputation. Als letzter Faktor ist schließlich die Medienberichterstattung zu nennen. Diese umfasst in der heutigen Zeit neben den traditionellen Medien, d. h. Radio, Fernsehen und Presse, vor allem auch die Sozialen Medien, worauf in Abschnitt 3 genauer einzugehen ist, deren Reichweite und Geschwindigkeit jene der herkömmlichen Medien bei weitem übertreffen.[20]

Es zeigt sich also, dass das Management der eigenen Reputation in jedem Versicherungsunternehmen ein Schwerpunkt sein sollte, da sich zahlreiche Reputationsrisiken ergeben können. Doch sind diese bei weitem nicht die einzigen Risiken, die für die Versicherungsbranche von Relevanz sind. Auf weitere mögliche Risiken und das Thema Risikomanagement in Versicherungsunternehmen ist nun näher einzugehen.

2.3 Risiken und Risikomanagement in Versicherungsunternehmen

Unter Risiko ist im Wesentlichen eine mögliche negative Abweichung (im Sinne einer quantifizierbaren Größe) von einem erwarteten Niveau zu verstehen, weshalb Unternehmen bestrebt sind, Risiken, im Rahmen eines

---

[19] Vgl. Ta, N., 2024, S. 367.
[20] Vgl. Ta, N., 2024, S. 367.

systematischen Risikomanagements, im Vorhinein zu verhindern (Prävention), oder aber in ihren negativen Auswirkungen zu reduzieren bzw. zu bewältigen.[21]

Die Risiken, denen sich die Versicherungsbranche ausgesetzt sieht, sind in den letzten Jahren gestiegen. So kommen zu einem zunehmenden Ergebnisdruck, der sich u. a. aus verschärften Regulationsmechanismen, gestiegenen Kundenanforderungen und neuen Wettbewerbern ergibt, auch Risiken, die aus der Digitalisierung resultieren (u. a. im Zusammenhang mit Datenschutz und Cyberangriffen, aber auch aus den dafür notwendigen höheren Investitionen) sowie Risiken, die aus dem gestiegenen Arbeitsdruck des Personals resultieren, da es u. a. bei großen Versicherungskonzernen zu einem großflächigen Personalabbau gekommen ist.[22]

An erster Stelle unter den herkömmlichen Risiken ist dabei das Reputationsrisiko zu nennen, das, laut einer Studie von Heidinger und Gatzert, in der Versicherungsbranche im Vergleich zu anderen Risiken in den letzten Jahren an Relevanz gewonnen habe.[23] Eine Deloitte-Studie aus dem Jahr 2014 zeigt, dass Unternehmen der Finanzdienstleistungsbranche Unternehmen anderer Branchen im Hinblick auf die Anerkennung der Bedeutung des Reputationsrisikos voraus sind.[24] Reputationsrisiken können sich neben den oben genannten Faktoren u. a. auch aus dem Vertrieb ergeben, weshalb besondere Vorsicht auf die Auswahl passender Vertriebswege und -partner gelegt wird.[25]

Zu den weiteren traditionellen Risiken, denen sich Versicherungsunternehmen gegenübersehen, zählen u. a. spezifische Vertriebsrisiken, die aus der Zusammenarbeit mit Vermittlern resultieren, aber auch aus den typischen Vergütungs- und Anreizgestaltungen sowie aus Beratung, Information, Betreuung und Schadenregulierung gegenüber den Kunden. Im Hinblick auf die Kunden können sich darüber hinaus Risiken aus Beschwerden von Kunden oder Verbraucherschutzorganisationen ergeben, weshalb diese

[21] Vgl. Arnold, R. et al., 2023, S. 4.
[22] Vgl. Arnold, R. et al., 2023, S. 9.
[23] Vgl. Heidinger, D./Gatzert, N., 2018, S. 22.
[24] Vgl. Deloitte, 2014, S. 6.
[25] Vgl. Beenken, M., 2023, S. 423.

systematisch erfasst und ausgewertet werden sollten.[26] Eine weitere Risikoquelle ist die Kundengeldsicherung.[27] Ebenso können sich bei der Schadenaufnahme und Schadenregulierung Risiken ergeben (z. B. aufgrund der unzureichenden oder falschen Darstellung des Schadens).[28]

Risiken in Versicherungsunternehmen können auf verschiedene Art und Weise gemanagt werde, so durch eine adäquate Schulung der Mitarbeiter und eine sorgfältige Auswahl der Vermittler, aber auch durch eine entsprechende Vertragsgestaltung.[29] Des Weiteren fokussiert sich das Risikomanagement in Versicherungsunternehmen auf die Kontrolle und Überwachung der Einhaltung gesetzlicher Bestimmungen.[30] Die wesentliche Bestandteile sind die Vermeidung und Kontrolle von (finanziellen) Verlusten, Selbstbehalte für Versicherte (die somit einen Teil des Risikos übernehmen), Risikotransfer (z. B. unter Nutzung eines Wiederversicherers bei Großrisiken, wie etwa einer Pandemie), Diversifikation (etwa des Portfolios) und Risikovermeidung (z. B. durch den Verkauf kleinerer statt umfassender Policen). Die individuelle Gestaltung des Risikomanagements hängt von den spezifischen Gegebenheiten des jeweiligen Versicherungsunternehmens ab.[31]

Nachdem gezeigt wurde, dass das Reputationsrisiko ein wesentliches Risiko der Versicherungsbranche darstellt, zumal es ein Risiko ist, das aus anderen Risikos erwachsen kann, soll im weiteren Verlauf der Faktor, der einen wesentlichen Einfluss auf dieses Risiko ausüben kann, nämlich nWOM in den Sozialen Medien, im Mittelpunk stehen.

3 Negative Word of Mouth als Bestandteil des Reputation Risk Managements

Der folgende Abschnitt gliedert sich in drei Teile. Zunächst werden Begriffe wie nWOM, Reputation und Reputationsrisiko näher definiert und

[26] Vgl. Beenken, M., 2023, S. 421.
[27] Vgl. Beenken, M., 2023, S. 422.
[28] Vgl. Beenken, M., 2023, S. 426.
[29] Vgl. Beenken, M., 2023, S. 423f.
[30] Vgl. Kokobe, S. A./Gemechu, D., 2016, S. 1.
[31] Vgl. Kokobe, S. A./Gemechu, D., 2016, S. 3.

deren wesentliche Merkmale bestimmt. Danach wird auf die Determinanten des nWOM in den Sozialen Medien eingegangen und abschließend auf dessen mögliche Folgen.

3.1 Definition Negative Word of Mouth, Reputation und Reputationsrisiko

Bevor der Begriff der Reputation näher definiert wird, scheint es sinnvoll, zunächst die Reputation von dem Begriff des Images abzugrenzen, da diese Termini auf den ersten Blick sehr ähnlich scheinen bzw. oft synonym verwendet werden, aber eben nicht dasselbe bezeichnen. Ein Image, das sich vom lateinischen *Imago*, Bildnis, ableitet, ist ein subjektives Bild oder eine Vorstellung, die jemand, beispielsweise von einem Unternehmen, hat. Die Reputation geht darüber hinaus: Reputation bedeutet die Aggregation dieser subjektiven Bilder zu einem absoluten Wert, der letztlich über die wahrgenommene Qualität und Absatzerfolge entscheidet.[32] Dabei spielen Glaub- und Vertrauenswürdigkeit eine wesentliche Rolle. Guiso führt an, die Reputation sei öffentliche Information über die Vertrauenswürdigkeit einer Person oder eines Unternehmens.[33] Eine präzisere Definition, die auf die unterschiedlichen Facetten der Reputation eingeht, lautet: Demnach sei unter Reputation die umfassende Beurteilung eines Unternehmens durch dessen Stakeholder zu verstehen, und zwar im Hinblick auf deren Handhabung der Beziehungen zu diesen Stakeholdern in Vergangenheit, Gegenwart und Zukunft, welche die Bereitschaft und Fähigkeit des Unternehmens reflektiert, die Erwartungen der Stakeholder fortlaufend zu erfüllen. Außerdem beschreibt diese die Gesamtattraktivität des Unternehmens im Vergleich zu anderen Unternehmen.[34]

Die Reputation wird als wertvoller immaterieller Vermögenswert und Ressource gesehen, die einen potenziellen Wettbewerbsvorteil bieten kann. So lassen sich damit leichter hochqualifizierte Talente gewinnen und in Krisenzeiten Mitarbeiter binden. Ebenso macht eine gute Reputation das Unternehmen attraktiver für Kunden und Investoren und ist eine wesentliche Voraussetzung für eine gute Beziehung zu den (klassischen) Medien. Die

[32] Vgl. Ternés, A./Runge, C., 2016, S. 5.
[33] Vgl. Guiso, L., 2012, S. 5.
[34] Vgl. Helm, S., 2011, S. 7.

Reputation stellt ein fragiles Konstrukt dar. Deren Aufbau Zeit und Aufwand benötigt, wohingegen sie sehr leicht und schnell verloren gehen kann, wenn sie nicht angemessen gemanagt wird.[35]

Dazu eignet sich ein durchgehendes Reputationsmanagement, das sowohl die genannten klassischen Medien als auch insbesondere die Online-Medien, darunter vor allem die Sozialen Medien, abdeckt.[36] Positiv beeinflusst wird die Reputation des Weiteren von Aktivitäten im Bereich der Corporate Social Responsibility, mit Hilfe derer das Unternehmen vor allem in den Bereichen Umwelt und Soziales seine Übernahme von Verantwortung zu demonstrieren beabsichtigt. Umgekehrt können Verstöße z. B. gegen Menschenrechte oder aber Umweltverschmutzung zu schweren Reputationsschäden führen.[37]

Angesichts der oben erläuterten potenziellen Vorteile einer guten Reputation, ist diese von sehr hohem Wert für das Unternehmen und ihr Verlust zählt den größten Risiken, denen Unternehmen ausgesetzt sind. Dies gilt insbesondere auch deshalb, weil, wie erwähnt, der (Wieder-) Aufbau der Reputation sehr viel Zeit in Anspruch nimmt.[38]

Eine besondere Bedrohung für die Reputation können die Sozialen Medien darstellen. Dies trifft sowohl auf Einzelpersonen (z. B. enttäuschte Kunden oder u. U. ehemalige Mitarbeiter) als auch Interessenverbände, Nichtregierungsorganisationen (z. B. Green Peace, LTGB-Organisationen) zu. [39] Aus diesem Grund ist es von essentieller Bedeutung, die Risiken, die mit der Kommunikation in den Sozialen Medien einhergehen, genau zu kennen und effektiv zu managen.[40]

Der Begriff Reputationsrisiko bezeichnet den Verlust der (guten) Reputation.[41] Dies kann zum Verlust von Wettbewerbsfähigkeit, Marktposition, Produktivität, internem und externem Vertrauen und Loyalität von Seiten

[35] Vgl. Helm, S., 2011, S. 3; Guiso, L., 2012, S. 5; Aula, P./Heinonen, J., 2016, S. 4; Ternés, A./Runge, C., 2016, S. 5f.

[36] Vgl. Ternés, A./Runge, C., 2016, S. 6.

[37] Vgl. Eisenegger, M./Schranz, M., 2011, S. 133.

[38] Vgl. Aula, P./Heinonen, J., 2016, S. 29.

[39] Vgl. Pownall, C., 2015, S. 22; Aula, P./Heinonen, J., 2016, S. 39.

[40] Vgl. Pownall, C., 2015, S. 29.

[41] Vgl. Aula, P./Heinonen, J., 2016, S. 133.

der Stakeholder führen.[42] Das Reputationsrisiko wirkt sich somit in erster Linie auf die immateriellen Vermögenswerte des Unternehmens, so u. a. auf den Markenwert, aus. Es ist jedoch typischerweise mit anderen Prozessen im Unternehmen verbunden. Reputationsrisiken können aus Mängeln in operativen Bereichen erwachsen, aber auch aus externen Gründen, darunter insbesondere aus Skandalen. Allgemein entsteht ein Reputationsrisiko immer dann, wenn das Unternehmen (oder auch nur einer dessen Mitarbeiter) eine Handlung durchführt, die von Stakeholdern als unangemessen, unethisch oder illegal betrachtet wird.[43]

Damit ist auf den dritten hier zu behandelnden Begriff einzugehen, nämlich die Mundpropaganda (Word-of-Mouth, WOM). Darunter ist die informelle Kommunikation zwischen Konsumenten, oft in Form von Ratschlägen oder Empfehlungen, zu verstehen. Diese Form der Kommunikation ist nicht neu, beschränkte sich aber vor der Entstehung des Internets, und noch mehr der Sozialen Medien, weitgehend auf traditionelle und direkte Netzwerke, die im Wesentlichen den Familienkreis, Freunde und Kollegen umfassten. Mit den Sozialen Medien ist das Netzwerk der potenziellen Sender und Empfänger um ein Vielfaches gewachsen und kann Tausende oder auch Millionen von Nutzern umfassen.[44] In diesem Zusammenhang kann von electronic Word-of-Mouth (eWOM) gesprochen werden, definiert als „consumer-generated information and opinion about products and brands shared online (through social media, online communities etc.).”[45]

Ist diese Art der informellen Kommunikation von Kritik an oder Beschwerden über Unternehmen oder Marken gekennzeichnet, wird sie als negatives Word-of-Mouth (nWOM) bezeichnet. Damit drücken Nutzer ihre Unzufriedenheit an einem Unternehmen, Produkt oder einer Dienstleistung aus und üben Kritik, weil ihre Erwartungen nicht erfüllt wurden. Allgemein gilt nWOM in seiner Wirkung stärker als positives WOM, wo-

---

42 Vgl. Gonzalez, D., 2015, S. 54; Aula, P./Heinonen, J., 2016, S. 39.

43 Vgl. Deloitte, 2014, S. 4; Gonzalez, D., 2015, S. 54; Aula, P./Heinonen, J., 2016, S. 133.

44 Vgl. Pfeffer, J. et al., 2014, S. 118; Aula, P./Heinonen, J., 2016, S. 59; Chiosa, A. R./Anastasiei, B., 2017, S. 157.

45 Chiosa, A. R./Anastasiei, B., 2017, S.158.

bei der negative Effekt sogar dann noch anhalten kann, wenn die ursprüngliche Behauptung widerlegt wurde. Dies weist auf die Problematik hin, dass Unternehmen wenig Kontrolle über die Kommunikation in den Sozialen Medien haben, auch wenn diese aktiv daran teilnehmen.[46]

Besonders anfällig für Kritik und Angriffe in den Sozialen Medien sind Unternehmen, die in Hochrisikobranchen, wie dem Finanzdienstleistungsbereich, tätig sind.[47] Wird in kurzer Zeit eine große Anzahl negativer Kommentare und Beschwerden in sozialen Netzwerken gepostet, wobei oft nur intensiver Empörung Ausdruck verliehen wird, ohne auf spezifische Kritikpunkte zu verweisen, wird dies als *online firestorm*, d. h. als Sturm der Entrüstung im Netz bezeichnet. Ein solcher kann auf bloßen unbestätigten Gerüchten oder aber auf tatsächlichen Vorkommnissen basieren.[48]

3.2 Determinanten des negativen WOM in den Sozialen Medien

Im Hinblick auf die Determinanten des nWOM in den Sozialen Medien unterscheiden Balaji et al. zwischen kontextuellen, individuellen und sozialen Netzwerk-Determinanten. Kontextuelle Determinanten umfassen ein Gefühl der Ungerechtigkeit (d. h. ungerecht von einem Unternehmen oder dessen Mitarbeitern behandelt worden zu sein), Firm Attribution (das Ausmaß, in dem ein Kunde annimmt, dass das Verhalten eines Unternehmens verantwortlich ist für einen Fehler, Mangel, eine unzureichende Dienstleistung etc.) und das Unternehmensimage bzw. die Unternehmensreputation, die sich auf die Wahrnehmung des Unternehmens auswirken. Zu den individuellen Determinanten werden Face concern (Projizierung des Selbstbildes auf andere im Rahmen von Beziehungen) und die Fähigkeit zur Regulierung von Emotionen gezählt. Zu den sozialen Netzwerk-Determinanten zählen Intensität (das Ausmaß, in dem die sozialen Netzwerke in das tägliche Leben des Konsumenten integriert sind) und Tie Strength (die Stärke der Beziehung eines Individuums zu anderen Mitgliedern eines Netzwerkes)[49] Balaij et al. weisen im Rahmen einer empirischen Studie nach, dass,

---

[46] Vgl. Thomas, J. B. et al., 2012, S. 87; Chiosa, A. R./Anastasiei, B., 2017, S. 159f.

[47] Vgl. Mirbabaie, M. et al., 2023, S. 99.

[48] Vgl. Pfeffer, J. et al., 2014, S. 118.

[49] Balaji, M. S. et al., 2016, S. 532f.

ausgehend von den genannten möglichen Determinanten, erfahrene Kunden/Konsumenten mit starker Verbindungen zu anderen Nutzern sich infolge eines Vorkommnisses, welches ihren Unmut erregt, mit höherer Wahrscheinlichkeit an nWOM-Aktivitäten beteiligen, da sie weniger Wert auf ihr Image legen. Umgekehrt neigen Nutzer mit geringer Erfahrung weniger zu nWOM. Dies gilt auch für jene mit einer ausgeprägten Fähigkeit zur Regulierung ihrer Emotionen.[50]

Eine Studie von Weitzl und Einwiller nennt zwei verschiedene Konsumentengruppen mit unterschiedlichen Motiven, sich an nWOM-Aktivitäten zu beteiligen. Zum ersten revengeful complainants, also Konsumenten, die online auf Rache sinnen und non-revengeful complainants, deren Beschwerde oder negativem Kommentar konstruktivere Ziele und nicht primär Rache zugrunde liegen. Die Autoren gehen davon aus, dass neben Rachemotiven auch früheres Brand Commitment ein wesentlicher Treiber der Konsumentenreaktionen sei.[51] Auf dieser Basis, d. h. ausgehend von dem Commitment der Konsumenten vor Auftreten des Ärgernisses und dem Ziel, das sie mit ihrer Beschwerde bzw. ihrem negativem Kommentar verfolgen, teilen sie Konsumenten, die sich in den Sozialen Medien über Marken beschweren, in drei Hauptkategorien ein: Zum ersten revengeful loyalists, worunter unzufriedene Kunden zu verstehen sind, die zuvor ein starkes affektives Commiment für die Marke gefühlt hatten und deren Online-Beschwerde durch den aufrichtigen Wunsch nach Rache getrieben ist, da sie schwer enttäuscht von der Marke sind. Zum zweiten constructive loyalists, worunter Personen aufzufassen sind, die ebenfalls eine starke Bindung zur Marke hatten, ihre Beschwerde jedoch nicht als Mittel betrachten, der Marke zu schaden, sondern vielmehr als Chance, die Beziehung zur Marke wiederherzustellen. Zum dritten constructive unattached customers, worunter Kunden zu verstehen sind, die nur eine schwache, rein transaktionale Beziehung zur Marke haben, die keine affektiven Elemente aufweist. Daher entwickeln sie keine starken Rachegefühle, wenn es zu einem Ärgernis kommt. Sie beabsichtigen, die Beziehung auf kooperative Weise wiederherzustellen.[52]

[50] Vgl Balaji, M. S. et al., 2016, S. 536.
[51] Vgl. Weitzl, W. J./Einwiller, S., 2020, S. 741.
[52] Vgl. Weitzl, W. J./Einwiller, S., 2020, S. 742f.

Es zeigt sich also, dass nWOM sowohl von kontextuellen als auch persönlichen Faktoren abhängt und dementsprechend auch unterschiedliche Motive damit verfolgt werden können.

3.3 Mögliche Folgen des negativen WOM

WOM als informelle Form der elektronischen Massenkommunikation über Produkte, Marken und Dienstleistungen spielt mittlerweile bei Kauf- und Buchungsentscheidungen eine wichtige Rolle. Wurden diese zuvor aufgrund der Grundlage der Ratschläge von Familienmitgliedern und Freunden oder auch herkömmlicher Werbung in traditionellen Medien getroffen, wird sie nun stark von der Meinung anderer Nutzer, etwa in Form von Sterne-Bewertungen und Rezensionen, beeinflusst.[53] Dies gilt, im negativen Sinn, auch für nWOM, was impliziert, dass Produkte und Dienstleistungen, über die eine bestimmte Anzahl an Nutzern (oder z. B. besonders einflussreiche Influencer) schlecht reden, mit geringerer Wahrscheinlichkeit gekauft oder gebucht werden.[54] Die Glaubwürdigkeit des Kommentars sei dabei laut einer Studie von Barhorst et al. nicht ausschlaggebend.[55]

Daneben könne nWOM, wie eine empirische Studie von Chiosa und Anatasiei zeigt, die Markenwahrnehmung ändern, was wiederum dazu führen kann, dass Konsumenten sich von der Marke abwenden und nicht länger damit assoziiert werden wollen.[56] Eine negative Markenwahrnehmung und eine ausbleibende Kaufabsicht könnten in der Folge zu Einkommensverlusten führen.[57] Ebenso könne sich nWOM negativ auf die Reputation eines Unternehmens oder einer Marke auswirken. Mirbabaei et al. merken an, dass konstantes nWOM darauf hinweise, dass das Unternehmen kontinuierlich für bestimmte negative Resultate verantwortlich gemacht werde, was dem Unternehmen schade, weshalb dieses reagieren müsse.[58]

---

[53] Vgl. Balaji, M. S. et al., 2016, S. 529; Nee, I., 2016, S. 2; Barhorst, J. B. et al., 2020, S. 3.

[54] Vgl. Thomas, J. B. et al., 2012, S. 87.

[55] Vgl. Barhorst, J. B. et al., 2020, S. 23.

[56] Vgl. Chiosa, A. R./Anastasiei, B., 2017, S. 168.

[57] Vgl. Thomas, J. B. et al., 2012, S. 93.

[58] Vgl. Mirbabaie, M. et al., 2023, S. 103.

Da die Sozialen Medien in zunehmendem Maße als Recherchequelle für herkömmliche Massenmedien dienen, kann nWOM, insbesondere dann, wenn es bestimmte Ausmaße annimmt, auch zu einer Skandalisierung eines Themas in den Massenmedien führen, die wiederum eine Public Relations-Krise auslösen können.[59]

Auch wenn nWOM nicht zwangsläufig immer negative Folgen haben muss, so kann dieses doch, wie ebenfalls erläutert, beträchtlichen Schaden anrichten, der von Reputationsschäden bis zu Umsatzverlusten reicht. Daher kann nWOM in den Sozialen Medien nicht ignoriert werden, sondern muss gemanagt werden, was üblicherweise im Rahmen des Reputationsmanagements geschieht.[60] Auf diverse diesbezügliche Reaktionsmöglichkeiten wird im folgenden Abschnitt eingegangen.

4 Möglichkeiten der Reaktion auf Negative Word of Mouth in den Sozialen Medien

Es wurde veranschaulicht, dass nWOM von unterschiedlichen Determinanten beeinflusst wird, darunter dem Kontext und der Persönlichkeit der Konsumenten. Dementsprechend unterschiedlich können auch die Reaktionen von Seiten des Unternehmens sein, die es der jeweiligen Situation anzupassen gilt. Zunächst kann zwischen reaktiven und proaktiven Interventionen unterschieden werden. Reaktive Interventionen erfolgen als Reaktion auf Anfrage von Kunden im Rahmen ihrer nWOM-Kommunikation. Proaktive Interventionen setzen früher an und adressieren nWOM unmittelbar nach dessen Auftreten. Allgemein kann gesagt werden, dass diesbezügliche Reaktionen schnell sein sollten und eventuell vorliegende Serviceprobleme ohne Verzögerung und zur Zufriedenheit des Kunden gelöst werden sollten.[61]

Eine weitere Grobeinteilung wird von Weitzl und Einwiller getroffen. Sie unterscheiden zwischen folgenden Möglichkeiten: Defensive Reaktionen, im Falle derer das Unternehmen darauf beharre, dass kein Problem vor-

[59] Vgl. Ettl-Huber, S./Roither, M., 2014, S. 168; Balaji, M. S. et al., 2016, S. 528.
[60] Vgl. Hart, M., 2015, S. 215.
[61] Vgl. Balaji, M. S. et al., 2016, S. 538.

liegt, den Beschwerdeführer Fehlverhalten oder Irrtums vorwirft oder versucht, die Schuld jemandem anderen zuzuschieben. Es übernimmt mithin keine oder nur begrenzte Verantwortung.[62] Eine ähnliche Strategie ist die von Pownall genannte Minimierungsstrategie. Dabei veröffentlicht das Unternehmen als Reaktion neue Inhalte, um die Nutzer von den negativen Kommentaren abzulenken, da diese so weiter nach unten rücken und deren Sichtbarkeit abnimmt. Allerdings funktioniert dies zwar in den sozialen Netzwerken wie Facebook, aber nicht bei Suchmaschinen wie Google.[63] Im Falle von gegensätzlichen Reaktionen wird das Problem anerkannt und volle Verantwortung übernommen. Derlei Reaktionen können von einer einfachen Entschuldigung bis zu Schadenersatz, Rabatt oder Produktumtausch reichen.

Eine dritte Möglichkeit ist es, zu schweigen, bedeutungslose Kommentare abzugeben oder wenig hilfreiche Reaktionen zu zeigen, die das Problem nicht lösen (z. B. eine Bitte um direkten Kontakt auf einem anderen Kanal).[64]

Andere Autoren treffen eine feinkörnigere Einteilung. So nennen Thomas et al. (2012) fünf mögliche Reaktionsweisen: Delay, Respond, Partner, Legal Action und Censorship. Im Falle einer Verzögerungsstrategie (Delay) wartet das Unternehmen mit seiner Antwort ab, in der Hoffnung, dass die in den Sozialen Medien geäußerte Kritik oder Empörung nach einiger Zeit von selbst verschwinden wird, was eine spätere Reaktion oder auch ein Unterlassen jeglicher Reaktion ermöglicht. Außerdem hat das Unternehmen so Zeit, die Beschwerde oder Kritik genau zu analysieren und eine passende Reaktion zu wählen. Laut Thomas et al. könne diese Reaktion besser sein als eine schnelle, unüberlegte Antwort oder sinnlose Wortgefechte mit Nutzern. Auch sei die Aufmerksamkeitsspanne der Nutzer oft kurz. Problematisch an der Verzögerungsstrategie sei hingegen, dass diese leicht den Eindruck erwecken könne, dass Unternehmen arrogant, gleichgültig und unwillig seien, mit Konsumenten in einen Dialog zu treten und ihnen zuzuhören. Im schlimmsten Fall wachse die negative Social-Media-

[62] Vgl. Weitzl, W. J./Einwiller, S., 2020, S. 745.
[63] Vgl. Pownall, C., 2015, S. 93.
[64] Vgl. Weitzl, W. J./Einwiller, S., 2020, S. 745.

Kampagne während des Zögerns exponentiell an.[65] Daher beurteilen Thomas et al. diese Strategie als insgesamt relativ riskant.[66] Allerdings vertritt etwa Pownall die Meinung, dass es durchaus angebracht sein könne, auf nWOM gar nicht zu reagieren, wenn der entsprechende Kommentar beispielsweise vollkommen falsche Anschuldigungen enthalte oder die Situation sehr volatil sei. In solchen Fällen könne u. U. die Nutzergemeinschaft dem Unternehmen zur Hilfe eilen und es verteidigen.[67]

Unter der Respond-Strategie subsumieren Thomas et al. eine Verhaltensweise, im Sinne derer negativem Feedback Gehör geschenkt, es anerkannt und ggf. auch darauf eingegangen werde. Die genaue Art der Reaktion hänge dabei davon ab, wie groß der Druck von Seiten der Konsumenten sei. In extremen Fällen könne sogar eine Geschäftsentscheidung, die zu den negativen Kommentaren oder dem Sturm der Entrüstung geführt hat, widerrufen werden.[68] Der Vorteil der Respond-Strategie bestehe darin, dass das Unternehmen die Gelegenheit habe, aktiv an der Konversation in den Sozialen Medien teilzunehmen und diese bis zu einem gewissen Ausmaß zu beeinflussen. Potenziell könnten unzufriedene in loyale Kunden mit einer starken Bindung an das Unternehmen verwandelt werden. Auch könnten triviale Sachverhalte geklärt werden, bevor diese eskalieren. So könnten Kunden beruhigt und Gerüchte entkräftet bzw. inkorrekte Informationen klargestellt werden und das Unternehmen habe die Gelegenheit, transparent und authentisch aufzutreten.[69] Die genaue Art der Reaktion hänge u. a. davon ab, ob die geäußerte Kritik legitim sei. Ist dies der Fall, kann z. B. eine Entschuldigung angebracht sein. Bei falschen Behauptungen könne hingegen eine Gegendarstellung verlangt werden.[70] Allerdings könnte diese Art der Reaktion auch zu Streitigkeiten mit Kunden führen, so etwa, wenn eine Kunde mit der Art der Antwort nicht zufrieden ist.[71]

Eine dritte von Thomas et al. genannte Strategie ist die Partner-Strategie, eine proaktive Strategie, im Rahmen derer das Unternehmen die Kunden

[65] Vgl. Thomas, J. B. et al., 2012, S. 91f.
[66] Vgl. Thomas, J. B. et al., 2012, S. 93.
[67] Vgl. Pownall, C., 2015, S. 92.
[68] Vgl. Thomas, J. B. et al., 2012, S. 93.
[69] Vgl. Thomas, J. B. et al., 2012, S. 94.
[70] Vgl. Pownall, C., 2015, S. 92.
[71] Vgl. Thomas, J. B. et al., 2012, S. 95.

zu Pseudomitarbeitern bzw. Partnern macht und proaktiv eine konstruktive Beziehung zu ihnen herstellt. Die Konsumenten könnten zu Markenbotschaftern gemacht werden, was Kosten und Ressourcen spare.[72] Allerdings scheint die Strategie eher für Lifestyle-Produkte geeignet (als Beispiel nennen Thomas et al. Coca Cola und dessen Fanpage), zumal Partner auch mit Insider-Wissen des Unternehmens versorgt würden.[73] Für Versicherungsunternehmen scheint die Partner-Strategie daher kaum sinnvoll zu sein.

Eine weitere mögliche Strategie, die anzuwenden ist, wenn der Konsument eine berechtigte Beschwerde oder Kritik vorbringt, ist ein Kompromiss in Form von u. a. Rückerstattung, Ersatz, Rabatt, Gutscheinen, Upgradeangebot etc. Wenn es sich um komplexere Sachverhalte handelt, bei denen die Schuldfrage unklar ist, eignet sich diese Strategie weniger gut. Ferner kann es sinnvoll sein, die diesbezüglichen Verhandlungen offline und persönlich, nicht öffentlich in den Sozialen Medien, zu führen.[74]

Eine defensive Möglichkeit der Reaktion stellt die Beschreitung des Rechtsweges dar. Diese kann etwa die Form einer Unterlassungsklage, einer Diversion oder einer Schadenersatzforderung annehmen. Allerdings können Klagen die Situation u. U. noch verschlimmern, da meist in (traditionellen) Massenmedien darüber berichtet wird und diese oft für den Konsumenten Partei ergreifen. Ebenso kann sich dadurch das Ausmaß an nWOM noch weiter steigern.[75]

Eine letzte Möglichkeit stellt schließlich die Zensur dar, die auf die Löschung bzw. Unterdrückung unerwünschter Informationen und Kommentare hinausläuft. Diese Strategie ist als sehr problematisch anzusehen, da sie das Potenzial hat, die Situation darüber hinaus eskalieren zu lassen und das Ausmaß an nWOM weiter zu steigern. Zudem fällt Zensur im Internet sehr schwer und mit der Löschung eines negativen Kommentars verschwindet nicht automatisch die darin geäußerte negative Wahrnehmung oder Kritik. Allerdings kann die Löschung bei Falsch-informationen und gefälschten Rezensionen durchaus sinnvoll sein. Auch bieten die meisten

[72] Vgl. Thomas, J. B. et al., 2012, S. 96.
[73] Vgl. Thomas, J. B. et al., 2012, S. 97.
[74] Vgl. Pownall, C., 2015, S. 92.
[75] Vgl. Thomas, J. B. et al., 2012, S. 99; Pownall, C., 2015, S. 93.

Social-Media-Plattformen mittlerweile die Möglichkeiten, Fake Accounts zu melden. Diese werden von ihnen gelöscht.[76]

Die genannten Strategien schließen einander nicht zwangsläufig aus. So kann etwa eine Strategie eine weitere Strategie notwendig machen und es können auch hybride Strategien angewandt werden, je nach Kontext und Bedarf. Insgesamt empfiehlt sich aber eine proaktive Herangehensweise, im Zuge derer sich das Unternehmen mit den Gegebenheiten und Potenzial der Sozialen Medien vertraut macht, genaue Richtlinien für den Umgang mit nWOM aufstellt und auch vorab festlegt, wer das Unternehmen in den sozialen Netzwerken vertritt, also dort aktiv sein kann und darf. Abgesehen davon hängt die individuelle Strategie auch von der Größe und den Ressourcen des Unternehmens, dem Zielpublikum, und der jeweiligen Problemstellung und deren Komplexität ab. Davon abgesehen empfiehlt es sich in jedem Fall, die Fassung zu bewahren, professionell, hilfsbereit und demütig aufzutreten und keinesfalls einen abweisenden, drohenden oder unhöflichen Ton zu wählen.[77] Auch sollte danach gestrebt werden, die Filterblase der betreffenden Nutzer zu zerstören, indem ihnen Informationen zur Verfügung gestellt werden, die den negativen Kommentaren entgegenwirken. Diese Informationen sollten aus vertrauenswürdigen Quellen stammen, z. B. von gewöhnlichen Nutzern, welche die Information weitergeben. Diesbezüglich empfiehlt es sich, proaktiv Fan-Netzwerke zu kreieren.[78] In der Versicherungsbranche ist dies jedoch schwer vorstellbar.

Zu den Präventivstrategien im Hinblick auf nWOM gehören Social Listening, d. h. die Beobachtung der Kommentare und Stimmung (Sentiment) in den Sozialen Medien und allgemein Monitoring im Hinblick auf die Social-Media-Kommunikation.[79] Sentiment bezieht sich darauf, wie negativ eine Beschwerde oder eine Behauptung in den Sozialen Medien gesehen wird. Weitere relevante Faktoren sind die Sichtbarkeit der Kritik und Viralität (d. h. das Potenzial, dass nWOM viral geht, je nachdem, wer damit interagiert, wie weit es sich bereits verbreitet hat und abhängig seines

---

[76] Vgl. Thomas, J. B. et al., 2012, S. 100; Pownall, C., 2015, S. 93.

[77] Vgl. Thomas, J. B. et al., 2012, S. 102f.; Pfeffer, J. et al., 2014, S. 124; Pownall, C., 2015, S. 93f.

[78] Vgl. Pfeffer, J. et al., 2014, S. 124.

[79] Vgl. Barhorst, J. B. et al., 2020, S. 24; Mirbabaie, M. et al., 2023, S. 114.

Formats und seiner Eignung, geteilt zu werden (Shareability). Ebenso relevant ist der Einfluss desjenigen, der nWOM postet. Dieser lässt sich an der Anzahl der Follower, der Glaubwürdigkeit des Nutzers/Konsumenten und dessen Autorität im Hinblick auf das Problem ermessen.[80]

5 Fazit

Sowohl für Teilbereiche der Finanzdienstleistungsbranche allgemein als auch speziell für das Versicherungswesen ist das Vertrauen der Kunden von grundlegender Bedeutung. Dieses ist eng verknüpft mit der Reputation eines Unternehmens, welche zahlreiche potenzielle Vorteile mit sich bringt. Unternehmen mit guter Reputation genießen nicht nur hohes Vertrauen unter Kunden, sondern erfreuen sich auch eines hohen Ausmaßes an Loyalität, sowohl von Kunden- als auch Mitarbeiterseite, gelten als attraktive Arbeitgeber und weisen eine höhere Resilienz in Krisenzeiten auf. Entsprechend stellt die Reputation einen wertvollen immateriellen Vermögenswert und einen möglichen Wettbewerbsvorteil dar. Umgekehrt kann eine Beschädigung der Reputation schwerwiegende Folgen, darunter Verluste im Hinblick auf Marktposition, Produktivität und Gewinne, haben. Hinzu kommt, dass der Aufbau einer guten Reputation ein langfristiger und aufwendiger Prozess ist, während die Zerstörung der Reputation sehr schnell erfolgen kann.

Angesichts dessen zählt das Reputationsrisiko zu den schwerwiegendsten Risiken, denen ein Unternehmen, vor allem auch in der Versicherungsbranche, welche in der Vergangenheit von zahlreichen Skandalen geprägt war, ausgesetzt ist. Es sollte daher unbedingt Teil eines umfassenden Risikomanagements sein.

Maßgeblichen Einfluss auf die Reputation eines Unternehmens üben heutzutage die Sozialen Medien aus, zumal diese wiederum in vielen Fällen den klassischen Medien als Informationsquelle dienen. Dabei spielt nWOM, in Form von Beschwerden, Kritik und negativen Kommentaren, die sich mit großer Geschwindigkeit verbreiten und eine große Reichweite aufweisen, eine wichtige Rolle. Im Extremfall kann sich eine Vielzahl von nWOM-Kommentaren zu einem Sturm der Entrüstung verdichten.

---

[80] Vgl. Pownall, C., 2015, S. 88f.

Die in der Einleitung gestellte Forschungsfrage – Wie können Versicherungsunternehmen zur Vermeidung von Reputationsrisiken auf Negative Word-of-Mouth in den Sozialen Medien reagieren? – kann folgendermaßen beantwortet werden: Je nach Art der Beschwerde oder Kritik der Persönlichkeit und des Einflusses des betreffenden Konsumenten bzw. Nutzers stehen Versicherungsunternehmen verschiedene Strategien zur Verfügung, die u. U. auch kombiniert werden können. Diese können von einer entgegenkommenden Reaktion bis hin zur Löschung des Postings oder einer Klage reichen. Allgemein empfiehlt sich ein präventiver und proaktiver Ansatz, der Social Listening und nWOM-Monitoring umfasst. Ist die Beschwerde oder Kritik legitim, ist eine höfliche Entschuldigung und Erklärung, u. a. auch eine Art Kompensation angebracht. Die Kommunikation sollte stets sachlich und unaufgeregt sein. Im Falle von Falschmeldungen und illegitimen Anschuldigungen kann in manchen Fällen auch eine Löschung oder eine Unterlassungsklage angebracht sein, doch stellen diese nur das extremste Mittel dar. Empfehlenswerter ist es, die Nutzergemeinschaft für sich zu gewinnen und zum eigenen Fürsprecher zu machen und das Problem diskret zu lösen.

Weiterführende Forschungsthemen in diesem Bereich könnten etwa die Frage betreffen, mit welcher Art von nWOM Versicherungsunternehmen üblicherweise am häufigsten konfrontiert sind – etwa im Vergleich zu Lifestylemarken – und wie gut sie auf den Umgang mit nWOM vorbereitet sind. Zwar geht aus der Literatur hervor, dass im Banken- und Versicherungsbereich ein besonderes Bewusstsein für die Bedeutung des Reputationsrisikos herrsche, es wäre aber zu fragen, inwiefern nWOM in den Sozialen Medien diesbezüglich Beachtung findet und welche Relevanz es im Bereich der Reputationsrisiken überhaupt einnimmt. Hierzu könnten sich etwa Fallstudien eignen.

Quellenverzeichnis

Arnold, R./Berg, M./Goecke, O./Heep-Altiner, M./Müller-Peters, H. (2023): Vorab: Risiko im Wandel als Herausforderung für die Versicherungswirtschaft, in: Arnold, R./Berg, M./Goecke, O./Heep-Altiner, M./Müller-Peters, H. (Hrsg.): Risiko im Wandel. Herausforderungen für die Versicherungswirtschaft. Wiesbaden: Springer Gabler, S. 3-10.

Aula, P./Heinonen, J. (2016): The Reputable Firm. How Digitalization of Communication Is Revolutionizing Reputation Management. Wiesbaden: Springer.

Balaji, M. S./Khong, K. W./Chong, A. Y. L. (2016): Determinants of negative word-of-mouth communication using social networking sites, in: Information & Management, Vol. 53, S. 528-540.

Barhorst, J. B./Wilson, A./ Brooks, J. (2020): Negative tweets and their impact on likelihood to recommend, in: Journal of Business Research, Vol. 117, No. 4, S. 727–739.

Beenken, M. (2023): Risiken im Versicherungsvertrieb, in: Arnold, R./Berg, M./Goecke, O./Heep-Altiner, M./Müller-Peters, H. (Hrsg.): Risiko im Wandel. Herausforderungen für die Versicherungswirtschaft, Wiesbaden: Springer Gabler, S. 409-429.

Chiosa, A. R./Anastasiei, B. (2017): Negative Word-of-Mouth: Exploring the Impact of Adverse Messages on Consumer's Reactions on Facebook, in: Review of Economic Business, Vol. 10, No. 2, S. 157-173.

Deloitte (2014): 2014 global survey on reputation risk. Reputaton@Risk, online im Internet: gx_grc_Reputation@Risk survey report_FINAL.pdf (deloitte.com), Zugriff: 15.04.2025

Eccles, R. G./Vollbracht, M. (2006): Media Reputation of the Insurance Industry: An Urgent Call for Strategic Communication Management, in: The Geneva Papers, Vol 31, S. 395-408.

Eisenegger, M./Schranz, M. (2011): Reputation Management and Corporate Social Responsibility, in: Ihlen, Ö./Bartlett, J. L./May, S.

(Hrsg.): The Handbook of Communication and Corporate Social Responsibility, New York: John Wiley & Sons, S. 128-146.

Ettl-Huber, S./Roither, M. (2014): Social Media: Vom Kommunikationsrisiko zum Instrument der Krisenkommunikation, in: Stumpf, M./Wehmeier, S. (Hrsg.) Kommunikation in Change und Risk. Wirtschaftskommunikation unter Bedingungen von Wandel und Unsicherheiten, Wiesbaden: Springer VS, S. 167-182.

Gonzalez, D. (2015): Managing Online Risk. Apps, Mobile, and Social Media. Oxford/Waltham: Elsevier.

Guiso, L. (2012): Trust & Insurance Market, in: EIE Working Paper 07/12, July 2012.

Hart, M (2015): Social Media, in: Doorley, J./Garcia, H. F. (Hrsg.) Reputation Management: The Key to Successful Public Relations and Corporate Communication, 3. Aufl., New York: Routledge, S. 211-247.

Heidinger, D./Gatzert, N. (2018): Awareness, Determinants and Value of Reputation Risk Management: Empirical Evidence from the Banking and Insurance Industry, in: Working Paper, School of Business and Economics, Chair of Insurance Economics and Risk Management, Friedrich-Alexander University Erlangen-Nürnberg (FAU).

Helm, S. (2011): Corporate Reputation: An Introduction to a Complex Construct, in: Helm, S./Liehr-Gobbers, K./Storck, C. (Hrsg.) Reputation Management. Wiesbaden Springer, S. 3-16.

Kokobe, S. A./Gemechu, D. (2016): Risk Management Techniques and Financial Performance of Insurance Companies, in: International Journal of Accounting Research, Vol. 4, Nr. 1, S. 1-5.

Mirbabaie, M./Stieglitz, S./Marx, J. (2023): Negative Word of Mouth on Social Media: A Case Study o Deutsche Bahn's Accountability Management, in: Schmalenbachs Zeitschrift für betriebswirtschaftliche Forschung, Vol. 75, S. 99-117.

Nee, I. (2016): Managing Negative Word-of-Mouth on Social Media Platforms. The Effect of Hotel Management Responses on Observers' Purchase Intention. Wiesbaden: Springer Gabler.

Pezhman, R./Javadi, M. H. N./Shahin, A. (2013): Analyzing the Influence of Ethical Sales Behavior on Customers Loyalty through Customer Satisfaction and Trust in Insurance Company, in International Journal of Academic Research in Business and Social Sciences, Vol. 3, No. 9, S. 754-763.

Pfeffer, J./Zorbach, T./Carley, K. M. (2014): Understanding online firestorms: Negative word-of-mouth dynamics in social media networks, in: Journal of Marketing Communications, Vol. 20, No. 1-2, S. 117-128.

Pownall, C. (2015): Managing Online Reputation: How to Protect your Company on Social Media. New York: Palgrave MacMillan.

Ta, N. (2024): A Brief Discussion on Reputation Risk and Management of Insurance Company, in: Frontiers in Business, Economics and Management, Vol. 13, No. 3, S. 366-368.

Ternés, A./Runge, C. (2016): Reputationsmanagement. Employer Branding. Wiesbaden: Springer Gabler.

Thomas, J. B./Peters, C. O./Howell, E. G./Robbins, K. (2012): Social Media and Negative Word of Mouth: Strategies for Handling Unexpecting Comments, in: Atlantic Marketing Journal, Vol. 1, No. 2, S. 87-108.

Tica, A./Weißenberger, B. E. (2022): How regulatory changes are driven by a need for control in reputational scandals: a case study in the German insurance industry, in: Journal of Accounting & Organizational Change, Vol. 18 No. 1, S. 57-76.

Weitzl, W. J./Einwiller, S. (2020): Profiling (un-)committed online complainants: their characteristics and post-webcare reactions, in: Journal of Business Research, Vol. 117, No. 4, S. 740–753.

Ashley Kirspel & Matthias Kirspel

Sportswashing in Autocracies. The case of Saudi Arabia and FIFA

1 Introduction

"If sportswashing is going to increase my GDP by 1%, then we will continue doing sportswashing. I don't care"[1] Saudi Crown Prince Mohammed bin Salman said in a Fox News interview in September 2023. Sportswashing can be defined as the intentional employment of sport by a state or corporate actor to distract public attention from unethical policies. Major sport events such as the World Cup or the Olympic Games are popular worldwide. They are attractive to autocratic governments that use soft power to influence public opinion.[2] The hosting of the 1936 Olympics by Nazi Germany is the most infamous case of sportswashing in history. One year after his regime had passed the Nuremberg Laws to strip Jews of their civic rights, Hitler was able to turn the games into a showpiece for Nazi propaganda.[3] In 2022, Qatar hosted the FIFA World Cup. In 2021, it was discovered that 6,500 migrant workers had died since Qatar won the bid in 2010. Human rights groups assert that the workers built stadiums and other infrastructure related to the games and died due to abusive working conditions, which Qatar denies. FIFA refused to compensate workers who were harmed by the games' preparations and delivery, against the advice of its sub-committee for human rights.[4] In 2024, FIFA awarded hosting rights for the 2034 Men's World Cup to Saudi Arabia, whose government has been accused of grave human rights violations. Critics claim the Saudi government uses sportswashing to cover up its human rights violations and expand its influence. Human rights groups claim FIFA violated its Human Rights Policy.[5] The goal of this article is firstly, to analyse Saudi Arabia's employment of sportswashing to achieve the objectives of the Saudi ruling

[1] Kainz, N., 2023.

[2] Cf. Merritt, E. C., 2024.

[3] Cf. Kershaw, I., 2008, p. 345ff.

[4] The organisers claimed that only 400-500 died while working on projects connected to the World Cup, the others died of natural causes. Cf. Roan, D., 2024a.

[5] Cf. Human Rights Watch, 2024a.

elite, placing it within the context of *Vision 2030*, and cover allegations of human rights abuses. Secondly, to utilise the integrated social contract theory to ascertain whether FIFA acted unethically when it awarded the 2034 World Cup to Saudi-Arabia.

2 Saudi Arabia as a case study for sportswashing

Since its establishment in 1932, Saudia Arabia has been governed as autocratic monarchy. The King has ruled in partnership with the royal family, the Saudi business elite and the conservative Sunni clergy.[6] In 1992, King Fahd introduced the Basic Law of Governance, which declared the Qur'an and the Sunna (Traditions) of the Prophet the kingdom's constitution and created the Shura Council.[7] Its delegates are appointed by the King and can only provide advice and review social and economic policies. Social media posts perceived as *insulting Islam* are grounds for punishment by the state.[8] The Basic Law declares Saudi Arabia an Islamic state. Sunni Islam is the de facto state religion. A punitive social and legal framework systematically suppresses the civic and religious freedoms of non-Sunni Muslims such as the Shia minority, and non-Muslims, who are banned from publicly practicing their faith.[9] In 2024, 12 Shia supporters of the Al Safa Football Club were sentenced to prison terms for singing a religious chant honouring Imam Ali, an important religious leader for Shia Muslims, during a game. They were sentenced under Saudi cybercrime laws, which are used to punish alleged offenders for offline actions and have been criticised for violating freedom of expression.[10] Saudis who convert to another religion may be sentenced to death for *apostasy*. Saudi legal system is based on the sharia, specifically the interpretation of the Hanbali school of Sunni Islamic jurisprudence. Publications that contradict Islam are banned, as is trying to *cast doubt* on Islamic tenets or *promoting atheism*. Thus, there is no freedom of religion or expression.[11] The Law for Crimes of Terrorism and its Financing, contains a very loose definition of what constitutes acts

[6] Cf. Human Rights Watch, 2019, p. 11.
[7] Cf. Kingdom of Saudi Arabia, 1992.
[8] Cf. Wehrey, F., 2015.
[9] Cf. US State Department, 2023a, p. 1ff.
[10] Cf. Pearson, M., 2024.
[11] Cf. US State Department, 2023a, p. 1.

of terrorism that can potentially encompass any criticism of Saudi policies and norms. Some of these can be punished with death. This enables the security services to criminalise various forms of peaceful protest, such as criticism of the King and Crown Prince.[12] Political parties and pluralism are not tolerated, as even moderate critics are prosecuted. Only municipal advisory councils are elected with very little power. Freedom House classifies Saudi Arabia as *not free*.[13] Saudi Arabia has emphasised the importance of reforms meant to improve women's rights. Since 2018 women may enter sports stadiums,[14] while the government abolished the ban on women driving. But weeks before the ban was lifted, Saudi security agencies arrested women's rights defenders.[15] The Personal Status Law of 2022 places women under a male relative as their *guardian*. Women must obtain permission from a male guardian to marry. Married women must exercise obedience to their husbands in a *reasonable manner*. A woman can lose the right to financial support from her husband if she refuses to have sexual intercourse, live in the marital home or travel with him, without a *legitimate excuse*. While a husband may unilaterally divorce his wife, she must petition a court and prove that *harm* makes continuing the marriage impossible.[16] All women are placed under male guardianship. In a 2024 report, the German Federal Office for Migration and Refugees stated that the guardianship system leaves women vulnerable to abuse by their guardians, while having few ways to obtain justice.[17] Women's rights advocates, government critics and members of religious minorities are arrested without charge or trial, subjected to torture and denied legal assistance. Saudi authorities detain government critics or individuals believed to be connected to them without judicial oversight, violating their right to a fair trial.[18] In 2022 Nourah Al-Qahtani was sentenced to 45 years in prison for tweets that *violated public order*. She is a Shia Muslim who used social media to peacefully advocate for women's rights, the release of detained human

[12] Cf. Human Rights Watch, 2017.

[13] The last municipal elections took place in 2015. The 2019 elections were suspended for unknown reasons. Cf. Freedom House, 2024.

[14] Cf. BBC News, 2018.

[15] Cf. Ingber, S., 2018.

[16] Cf. Human Rights Watch, 2023.

[17] Cf. Bundesamt für Migration und Flüchtlinge, 2024, p. 10f.

[18] Cf. Human Rights Watch, 2025a.

rights activists and freedom for Palestine. The UN Working Group on Arbitrary Detention declared her arrest arbitrary and called for her immediate release.[19] Salma-al-Shehab, a doctoral student at the University of Leeds, was sentenced to a 34-year prison term for retweeting and following Saudi dissidents and human rights activists. She was released in 2025, but released prisoners of conscience still face restrictions such as travel bans and the requirement to wear an ankle monitor.[20] Under *Zina* rules, sex outside of marriage is banned, which has been used to silence sexual abuse or rape victims. These rules are arbitrary and not codified, which increases the risk for female Saudi citizens, foreign nationals and migrant workers.[21] Due to discriminatory legislation, women who work at or attend the World Cup may face the risk of abuse while only having a heavily circumscribed ability to seek redress. Same-sex relationships are illegal in the kingdom, and punishable by death.[22] In 2019 five men were executed for alleged same-sex sexual intercourse.[23] LGBT+ foreign nationals visiting Saudi Arabia risk persecution due to their gender identity and sexual orientation because there are no laws to protect them.[24] FIFA's statutes prohibit discrimination of any kind, including on account of race, religion, gender, political opinion or sexual orientation.[25]

About 13.4 million migrant workers live in Saudi Arabia. They constitute about 42% of the total Saudi population.[26] Over 80% of the country's private sector labour force is comprised of migrant workers.[27] Most of them are from India, Bangladesh or Pakistan. Migrant workers form the backbone of the construction boom that has been unleashed by Crown Prince

[19] Cf. UN Human Rights Council Working Group on Arbitrary Detention, 2023, p 1ff.

[20] Cf. Human Rights Watch, 2025a.

[21] Cf. Amnesty International, 2024a, p. 64. Zina is a term in Islamic law that refers to illicit sexual relations. Cf. The Economist, 2018.

[22] Cf. Office of the United Nations High Commissioner for Human Rights, 2023, p. 10.

[23] Cf. Bundesamt für Migration und Flüchtlinge, 2024, p. 8.

[24] Cf. Amnesty International, 2024a, p. 67.

[25] Cf. FIFA, 2022, p. 11.

[26] Cf. Human Rights Watch, 2024b, p. 1.

[27] Most have manual, service or clerical jobs. Cf. Bundesamt für Migration und Flüchtlinge, 2024, p. 14.

Mohammad bin Salman for Vision 2030.[28] It has been estimated that as of 2022, Saudi Arabia spent more than $1.1 trillion on 15 "giga-projects" for the Vision 20230 programme including newly built stand-alone cities. This includes venues for the World Cup, such as the Neom mega-city. This makes their situation especially pertinent for an assessment of Saudi Arabia's investments in sports and the 2034 World Cup.[29] Migrant workers' lives are defined by the kafala system, which governs relations between migrant workers and their employers. The kafala system also exists in the other Gulf Cooperation Council states such as Qatar and the United Arab Emirates.[30] Critics call it a system of modern-day slavery that facilitates systematic abuse, exploitation and human trafficking.[31] Under the kafala system, migrant workers are tied to their employer, who acts as their sponsor (kafeel). This means that the responsibility for a migrant worker's immigration and employment status has been transferred from the state to the employer.[32] As residential and work permits are connected, a migrant worker may only stay in Saudi-Arabia as long as he or she has a contractual with their employer. This gives the employer a disproportionate amount of power. Trade unions and strikes are banned in Saudi-Arabia, granting employers unconstrained power over employees. Saudi employees may join workers' committees, but not migrant workers.[33] Migrant workers may not participate in protests or collective bargaining.[34] These conditions create a highly unequal relationship between migrant workers and their sponsors. Migrant workers who arrive in Saudi-Arabia must pay exorbitant, illegal recruitment fees to acquire a job. Research by human rights groups has revealed rampant wage theft, which manifests in workers being underpaid, not being paid their salaries or payment being delayed. Employers often

---

[28] Cf. Human Rights Watch, 2024b, p. 18.

[29] Cf. Amnesty International, 2024a, p. 55f.

[30] Cf. International Labour Organisation, 2017, p. 3.

[31] Cf. Abdulumer, A., 2024.

[32] Cf. International Labour Organization, 2017, p. 3.

[33] Cf. International Labour Organization, 2023, p. 4. Workers' committee members must be approved by the Saudi Ministry of Human Resources and Development and government and employer representatives may attend committee meetings; US State Department, 2023b, p. 81f.

[34] Cf. Human Rights Watch, 2024b, p. 3.

arbitrarily alter the terms of the contract after a worker's arrival.[35] Despite the promulgation of the Labour Reform Initiative in 2021, employers de facto retain the power to prohibit migrant workers from transferring to a different job or leaving the country.[36] Employers are supposed to apply for, renew and cancel residence and work permits for migrant workers. If they do not, the workers are in Saudi Arabia illegally, despite not being at fault, and face prosecution. Workers who leave their workplace without permission face the risk of criminal charges for absconding, which is punished with imprisonment and deportation. This is also the case if they are trying to escape abuse at the workplace.[37] In 2022, Amnesty International reported that hundreds of thousands of Ethiopian migrants were being forcibly returned to Ethiopia after having been arbitrarily held in detention centres because they did not have valid residence permits. Ex-detainees testified that they were denied adequate sanitation facilities, food, water or treatment for diseases. Children, pregnant women and the severely sick were also held in these inhuman conditions. Detainees were tortured after they protested detention conditions or tried to get medical care.[38] The kafala system exposes migrant workers face to passport confiscation, very long working hours, and unsafe working conditions. Their ability to obtain justice is heavily circumscribed. Saudi Arabia excludes workers from the minimum wage.[39] The sheer number of workers makes it difficult for embassies of their countries of origin to assist migrant workers suffering from abuse.[40] This applies especially to migrant workers employed in remote locations, such as construction sites for the Neom "giga-project". Saudi authorities have been accused of providing inadequate protection for workers who are required to labour in extreme heat, putting their health and potentially their lives at risk.[41] The *Guardian* estimated that four Bangladeshi migrant workers died every day in 2022. 76% had been labelled as having died of "natural causes".[42] These risks are pertinent because Saudi-

[35] Cf. Human Rights Watch, 2024b, p. 25ff.
[36] Cf. Human Rights Watch, 2024b, p. 35f.
[37] Cf. Bundesamt für Migration und Flüchtlinge, 2024, p. 14.
[38] Cf. Amnesty International, 2022a.
[39] Cf. Amnesty International, 2024a, p. 8.
[40] Cf. Human Rights Watch, 2024b, p. 24.
[41] Cf. Human Rights Watch, 2024b, p. 50ff.
[42] Cf. Pattinson, P., 2024.

Arabia must still build a lot of the infrastructure for the World Cup. The Saudi government has committed itself to building 11 new stadiums and refurbishing 4 existing ones.[43] 200,000 new migrant workers are supposed to be hired for the construction of the "smart city" Neom, which includes the futuristic, 170 km long, linear city The Line and is intended to be one of the World Cup venues.[44] In 2024, the human rights organisation ALQST reported that Abdul Wali Skandar Khan, a 25-year-old Pakistani engineer and father of two, had died on 28 December 2023 after a guardrail collapsed. He was working on a Neom construction site as an employee of China Comservice, via the subcontractor Falcon Group. According to the report, neither the company nor the Saudi authorities properly investigated the death or arranged for the body to be repatriated. His brother had to travel to Saudi at his own expenses to retrieve Khan's body. China Comservice did not fulfil its pledge to provide compensation and access to CCTV camera footage. Instead, it only deposited a small amount of the promised compensation in the Pakistani embassy' account. The family is still fighting to access the funds and receive accountability for his death.[45] Moreover, the ITV documentary "Kingdom Uncovered. Inside Saudi Arabia" claimed that over 21,000 Nepalese, Bangladeshi and Indian migrant workers who were working on mega-projects connected to Vision 2030 had died since 2017. Workers who were interviewed in the documentary mentioned poor working conditions and 16-hour workdays at The Line. The National Council for Occupational Safety and Health in Saudi Arabia denied the allegations and claimed that only 1.12 per 100,000 workers died in work-related incidents, which would mean Saudi Arabia has one of the lowest rates of work-related deaths in the world.[46] In 2024, the Building and Workers' International Union (BWI) filed a forced labour complaint at the International Labor Organization (ILO) against the Saudi Arabian government. The complaint was submitted ahead of FIFA's decision to award hosting rights for the 2034 World Cup to Saudi Arabia. The complaint described severe human rights violations that amounted to forced labour and

[43] Saudi Arabia has also promised to build 185,000 new hotel rooms and considerably expand its transportation network infrastructure. Cf. FIFA, 2024a, p. 48, 168, 182ff.

[44] Cf. Amnesty International, 2024a, p. 8.

[45] Cf. ALQST, 2024a, p. 4.

[46] Cf. Mills, F., 2024.

contradicted the Forced Labour Convention and other international treaties ratified by the Saudi government. It highlighted the abuse of 21,000 migrant workers from Nepal, Bangladesh and the Philippines, who were owed unpaid wages by two bankrupt Saudi construction companies. Based on a 2019 estimate from the Executive Court in Riyadh, one of these firms, Saudi Oger, owes migrant workers approximately $693 million in unpaid wages or benefits. By now, repayment has begun, but it is still difficult for the affected workers to receive their payments. According to a BWI survey of 193 migrant workers, 85% of the surveyed experienced debt bondage, 65% had their passports and identity documents withheld, 63% were unable to freely end their contract despite giving reasonable notice or leave after it had expired, and 46% reported that payment of their wages had been delayed or refused. The report described the abuses as systemic and emphasised the need for immediate remedy. One of the interviewed workers stated that they slept in a warehouse alongside rats and mosquitoes, were forced to beg for food and take odds jobs, suffered from extreme weather conditions and were denied medical care if they got sick.[47]

Saudi Arabia's large-scale investments in sports are connected to the rise of Mohammed bin Salman, son of King Salman bin Abdulaziz Al Saud. The Crown Prince is widely considered Saudi Arabia's de facto ruler. He is Prime Minister, Chairman of the Public Investment Fund (PIF) and Chairman of the Council of Economic and Development Affairs (CEDA).[48] At the time of his father's ascent, Saudi Arabia's economy was suffering from its dependency on high oil prices, and high youth unemployment. In 2017 Crown Prince Mohammed bin Nayef was ousted in a palace coup. In the place of his cousin, Mohammed bin Salman was elevated to crown prince.[49] Outwardly, he has presented himself as a modernising reformer who has encouraged foreign investment and improved the rights of Saudi women.[50] In 2016, he launched Vision 2030, which aims to diversify Saudi Arabia's economy and end its dependence on oil revenue.[51] To achieve this aim, Vision 2030 is meant to transform Saudi Arabia into

[47] Cf. Business & Human Rights Resource Centre, 2025.
[48] Cf. Shea, J., 2024.
[49] Cf. Human Rights Watch, 2019, p. 11ff.
[50] Cf. Human Rights Watch, 2019, p. 1.
[51] Cf. Roll, S., 2019, p. 7.

a global centre for tourism, entertainment, advanced technology and investment.[52] The Neom mega-city on the Red Sea coast, which is intended to encompass an area larger than Kuwait, is a pivotal Vision 2030 project.[53] Saudi Arabia's World Cup bid, and its other sports investments are also part of this scheme. The scheme is bankrolled by the PIF, Saudi Arabia's state-owned sovereign wealth fund, which also controls Neom. The PIF owns assets worth $925 billion, making it the world's sixth largest sovereign wealth fund.[54] At the same time, Mohammed bin Salman has presided over a crackdown against government critics, leading to mass arrests. In 2017, hundreds of Saudi princes, government officials and businessmen were arrested and detained without trial at the Ritz-Carlton hotel in Riyadh due to allegations of corruption. The purge was directed by the Crown Prince. Saudi government has been accused of subjecting the detainees to torture. The *New York Times* reported that 17 of the detainees had to be hospitalised due to being physically abused. One of these detainees died in prison. Moreover, the detainees were forced to transfer financial assets and shares in their company to the government as a condition for their release. The forced transfers were carried out outside of the legal process. It has been alleged that the British law firm Clifford Chance helped Saudi government secure ownership of MBC, whose chairman was detained in the Ritz-Carlton. MBC is the largest media company in the Arab world.[55] 20 of the seized companies and financial assets were brought under the control of the PIF.[56] Human Rights Watch has reported that in late 2018 it received evidence that four high-profile women's rights advocates had been tortured while in detention. In 2018, *Washington Post* columnist Jamal Khashoggi, a Saudi critic of the Crown Prince, was brutally murdered and dismembered by Saudi agents in the Saudi consulate in Istanbul.[57] A declassified US intelligence report stated Mohammed bin Salman had ordered his death. [58] In 2019, Agnes Callamard, UN Special Rapporteur for extrajudicial, summary or arbitrary killings, concluded there was credible evidence

---

[52] Cf. Global Business Outlook, 2024.
[53] Cf. ALQST, 2024a, p. 2.
[54] Cf. Argaam, 2024.
[55] Cf. Hubbard, B. et al., 2018.
[56] Cf. Human Rights Watch, 2024c, p. 50.
[57] Cf. BBC News, 2021.
[58] Cf. The New York Times, 2021.

the Crown Prince and the Saudi stat were responsible for premeditated murder of Khashoggi.[59] In 2020, a senior Saudi official allegedly made a death threat against Callamard.[60] In response to Khashoggi's murder, Western companies boycotted a major investment conference in Saudi Arabia.[61] Mohammed bin Salman denied ordering Khashoggi's murder, claiming subordinates had acted without his knowledge.[62]

Repression has been accompanied by large-scale investments in sports. According to a Grant Liberty report from 2023, Saudi Arabia has invested over $50 billion in sports since 2016. Among other investments, this includes international golf and Formula 1 events, a 10-year contract to host World Wrestling Entertainment Events, sponsorship deals with famous football player, the purchase of Newcastle United F.C., a prestigious football team that plays in the English Premier League, and a potential merger between PGA Tour and the Saudi-backed LIV Golf.[63] The proposed merger was subject of a US Senate hearing, after two Senators and the Justice Department initiated an investigation. LIV Golf is funded by the PIF, which has invested billions in the US economy. The human rights organisation DAWN described the merger as part of a Saudi foreign influence campaign to obtain economic, political leverage and stifle criticism. It is characterised as a systematic effort to prevent a repeat of the backlash that occurred after Khashoggi's murder. During hearing, Senator Richard Blumenthal highlighted that the merger proposal included an unusually extensive non-disparagement clause that could be utilised to silence criticism of Saudi Arabia's policies from anyone involved with professional golf. Under terms of the clause, members of PGA Tour could risk legal liability if they criticised Saudi human rights violations. He characterised it as an attempt by an authoritarian regime to buy influence and cleanse its public image.[64] The purchase of Newcastle United F.C. in 2021 was also marked

[59] Cf. UN Human Rights Council. Special Rapporteur on Extrajudicial, Summary or Arbitrary Executions, 2019, p. 4.

[60] Cf. Kirchgaessner, S., 2021a.

[61] Cf. Torchia, A./Gamal, R. E./Rashad, M., 2018.

[62] Cf. Maxouris, C., 2019.

[63] Cf. Grant Liberty, 2023, p. 4ff.

[64] Cf. Jarrar, R., 2023. The PIF owns a 93% controlling share in LIV Golf; Human Rights Watch, 2024b, p. 79.

by controversy. Amnesty International urged the Premier League to refuse the deal due to Saudi Arabia's dire human rights record.[65] Per the terms of the deal, Newcastle was purchased by the PIF. PIF governor Yasir al-Rumayyan became chairman of the football club.[66] The Premier League received assurances that Newcastle would not be controlled by the Saudi state. However, this statement lacks credibility, since as a Saudi sovereign wealth fund PIF is a state entity. It is under the direct control of Mohammed bin Salman, the country's de facto ruler.[67] The Crown Prince chairs the PIF board, the Saudi Council of Ministers and the CEDA, which oversees the Fund. He has the power to appoint board members, most of whom are themselves high-ranking members of the Saudi government, can override the board and bypass the PIF's official governance rules.[68] Moreover, in 2023 the Saudi government argued that Rumayyan and the PIF should not be required to give evidence at the hearing on the PGA Tour-LIV Golf merger deal due to sovereign immunity laws. Rumayyan serves as chairman of LIV Golf.[69] As of 2024, he faces a £58 million lawsuit in Canada. The claimants accuse him of executing "malicious instructions" from the Crown Prince. In this context, he has also been accused of trying to harm, silence and destroy the family of Dr Saad Aljabri, a former intelligence chief and ex-advisor of the deposed Crown Prince Mohammed bin Nayef. Nayef has been in detention since 2020.[70] Furthermore, based on a UN report, the PIF may have helped facilitate Khashoggi's brutal murder. One of the companies transferred to the PIF in the aftermath of the anti-corruption purge of 2017 was Sky Prime Aviation. In 2019 UN investigator Callamarad reported that the Saudi agents who murdered Khashoggi used two jets owned by Sky Prime Aviation to travel to and from Istanbul.[71] The extortion of assets from individuals targeted during the Crown Prince's anti-corruption purge shows that the PIF has profited from arbitrary use of

---

[65] Cf. Ingle, S., 2021.

[66] Cf. Ingle, S., 2024.

[67] Cf. Human Rights Watch, 2024b, p. 77.

[68] Cf. Human Rights Watch, 2024b, p. 5ff.

[69] Cf. Jarrar, R, 2023.

[70] Cf. Ingle, S., 2024.

[71] Cf. UN Human Rights Council Special Rapporteur on Extrajudicial, Summary or Arbitrary Executions, 2019, p. 17ff.

power by the Saudi state. According to Saudi documents that were submitted to a Canadian civil court, Rumayyan was responsible for the forced transfer of 20 companies to the PIF, which was done at Mohammed bin Salman's behest.[72]

In 2024 Aramco, the Saudi state-owned oil company, signed a 4-year sponsorship deal with FIFA. Per deal, Aramco will sponsor tournaments such as the 2026 Men's World Cup and the 2027 Women's World Cup. In response, over 100 professional female football players petitioned FIFA to end the sponsorship agreement with the *nightmare sponsor*, citing brutal human rights violations by the Saudi government such as its persecution of LGBT+ individuals and systemic oppression of women.[73] As Saudi Arabia's successful World Cup bid shows, its relationship with FIFA has only grown stronger in the interim. As has been mentioned, Saudi Arabia's preparations for the World Cup also entail various large-scale construction projects. One of the intended venues is Neom, which is still under construction. The plans for the city include a 45,000-seat sports stadium. According to the project heads the land the futuristic mega-city is built on uninhabited. However, it was inhabited by the Huwaitat tribe. ALQST has documented Saudi persecution of this tribe. The Saudi authorities initiated a campaign to forcibly evict the natives, who attempted to peacefully resist and spread awareness of their plight on social media. In response, Saudi special forces conducted raids against the homes of Huwaitis who had sought to resist eviction. In 2020, a member of the tribe, Abdul Rahmin al-Huwaiti, was killed by soldiers. Moreover, many of the evicted residents were denied compensation.[74] 49 members of the tribe were arrested for peacefully resisting or speaking out against the forced displacement. Of these, 15 were sentenced to prison terms from 15 to 50 years, and 5 sentenced to death. They were tried as *terrorists* under Saudi Arabia's Counterterrorism Law.[75] In 2024, the Saudi ex-intelligence officer Colonel Rabih Alenezi told the BBC that he had been ordered to forcibly evict villagers to make room for The Line. He had been authorised to use lethal

[72] Cf. Kirchgaessner, S., 2021b.
[73] Cf. Levitt, T., 2024.
[74] Cf. ALQST, 2023, p. 5ff.
[75] Cf. ALQST, 2023, p. 11ff.

force. The Saudi government refused to comment on these allegations.[76] Malcolm Aw, the CEO of the green energy company Solar Water, cancelled a $100 million desalination contract with Neom after he learned that Saudi authorities were bulldozing villages.[77] Forced evictions have also taken place in Jeddah, another World Cup host city. As part of the Jeddah Central Project, the Saudi government intends to build a sports stadium and remodel several neighbourhoods, among other schemes. Officially, large-scale demolitions began in 2021 to facilitate development in poorly maintained, crime-ridden urban areas. Based on the findings of ALQST, many residents were not notified about the evictions and coerced into leaving their homes under threat of being sent to prison in case of noncompliance, even if they had proof of ownership. According to Amnesty International, over 558,000 residents have been affected. Government-aligned media outlets branded the forcibly displaced residents as criminals. About 47% of the evicted residents were foreign nationals but Saudi authorities excluded them from compensation.[78] In its bidding document, Saudi-Arabia linked the Jeddah Central Project to the World Cup, stating that one of the stadia would be in Jeddah Central Development. The evictions went unmentioned.[79] These events show there is a grave risk of FIFA and the World Cup's sponsors being implicated in human rights violations and bolstering the legitimacy of an autocratic regime. The process that led to FIFA confirming Saudi Arabia as host was controversial.[80] FIFA's Human Rights Policy, which was introduced in 2017, stipulates that the organisation must conduct human rights due diligence. It bears the responsibility to identify and address any negative human rights impacts of its operations. Per its own policy, FIFA must take adequate measures to prevent and mitigate human rights abuses. Thus, it must engage with a wide variety of stakeholders. According to FIFA's official policy, countries that issue a bid must adhere to strict human rights and labour standards.[81] On 10 December 2024, FIFA confirmed Saudi Arabia as the host country. The BBC called the bidding process, which had been fast-tracked by FIFA, a coronation

[76] Cf. Thomas, M./Gibaly, L. E., 2024.
[77] Cf. Porter, T., 2024.
[78] Cf. Amnesty International, 2022b.
[79] Cf. FIFA, 2024a, p. 34.
[80] Cf. Roan, D., 2024b.
[81] Cf. FIFA, 2017, p. 5ff.

and a formality. In October 2023 it was already clear that Saudi Arabia would be the sole bidder, as Australia, the only other candidate, had decided against submitting a bid. The implication was that Australia regarded the attempt as futile due to only being given a month to challenge the Saudi bid.[82] After announcing in June 2023 that the bidding process for the 2030 and 2034 would be carried out simultaneously, FIFA declared in October that the 2030 World Cup would take place in Europe, Africa and South America.[83] Due to FIFA's rotation policy, this meant that only bids from Asia and Oceania would be considered for 2034. In November 2024, FIFA's evaluation report gave the bid an average score of 4.2 out of 5, the highest in history.[84] FIFA's evaluation report declared that Saudi-Arabia was a *medium risk* for human rights. While the report admitted that implementing the Human Rights Strategy could require significant work, it asserted that the Saudi government had demonstrated a clear commitment. FIFA claimed that hosting the competition could improve Saudia Arabia's human rights situation.[85] Before confirming Saudi Arabia as host, FIFA published an *Independent Context Assessment* of human rights. The report helped ensure that Saudi Arabia as declared the host of the World Cup and was created by AS&H Clifford Chance, a Riyadh-based law firm. It is a joint venture between the Abuhimed Alsheikh Alhagbani Law Firm and Clifford Chance, the law firm that was accused of facilitating the forced ownership transfer of MBC during the 2017 crackdown. According to its website, AS&H Clifford Chance is Saudi-Arabia's *leading law firm*. Clifford Chance's clients include Saudi ministries and government entities, along with various "government-owned and privately held Saudi and international businesses"[86]. The PIF is one of its clients.[87] The Saudi Arabian Football Federation (SAFF) commissioned the Assessment. In it, the SAFF is referred to as a purely private and independent body that provides governance for football in Saudi-Arabia.[88] As has been established, the Saudi

[82] Cf. Roan, D., 2024b.
[83] Cf. Inside Fifa, 2023.
[84] Cf. Roan, D., 2024b. The score is based on a technical evaluation of the host cities; FIFA, 2024b, p. 104.
[85] Cf. FIFA, 2024b, p. 94.
[86] Clifford Chance, 2025.
[87] Cf. Clifford Chance, 2020a.
[88] Cf. AS&H Clifford Chance, 2024, p. 1.

royal house exercises autocratic control and Saudi-Arabia's sports ventures are being spearheaded by Mohammed bin Salman, the de facto ruler of the nation, so this description lacks credibility. The following passage from the document is crucial: "The defined scope of this Independent Context Assessment may differ from that of other independent context assessments in relation to other MSEs [mega-sporting events], each of which has been unique to each host country. As such, our assessment addressed the human rights and labour rights topics set forth by the scope of the Independent Context Assessment that we were asked to undertake determined by the SAFF in agreement with FIFA."[89] The report was drafted in a limited time frame, with a narrow scope and limited terms of reference. The following passage deserves scrutiny: "By agreement between SAFF and FIFA, this report is designed to provide an assessment of the Kingdom's alignment with 22 instruments that were specifically selected by SAFF and FIFA to delineate the scope of the Independent Context Assessment, having been ratified or acceded to by the Kingdom or (in the case of certain non-legally binding instruments) accepted by SAFF as applying to the hosting and staging of the FIFA World Cup 2024."[90] In a nutshell, this means the assessment disregarded various internationally recognised human rights because Saudi Arabia has not ratified the pertinent treaties, or the SAFF considered them irrelevant to the analysis. However, FIFA adopted the UN Guiding Principles on Business and Human Rights (UNGP) in 2016. The Guiding Principles stipulate that an assessment of human rights impacts should incorporate *all internationally recognised human rights* as a *reference point* because businesses could potentially have an impact on any of them.[91] Clifford Chance states that it adheres to the UN Guiding Principles on Business and Human Rights and the UN Global Impact, and expects its suppliers to respect all internationally recognised human rights that are in alignment with these policies.[92] The International Bill of Rights and the treaties that constitute the ILO's Fundamental Instruments were excluded, despite their crucial role for the present-day human rights legal architecture. Thus, the Independent Context Assessment did not take the rights to

---

[89] AS&H Clifford Chance, 2024, p. 4.
[90] AS&H Clifford Chance, 2024, p. 4.
[91] Cf. Office of the United Nations High Commissioner for Human Rights, 2011, p. 20.
[92] Cf. Clifford Chance, 2020b, p. 2.

freedom of expression, association and assembly, the right to freedom of religion, the right to adequate housing, the right to non-discrimination on the ground of sexual orientation and gender identity or the rights to join and form trade unions and engage in collective bargaining into account. On 28 October 2024, 11 rights groups, such as ALQST, Human Rights Watch, Amnesty International, BWI and the Gulf Centre for Human Rights warned AS&H Clifford Chance that the flawed assessment put the law firm at risk of being linked to abuses and expressed concern that it had ignored grave human rights abuses in Saudi-Arabia. AS&H Clifford Chance only made limited, selective use of the findings of UN bodies and the ILO regarding the human rights situation in Saudi Arabia. While the assessment's section on labour rights voiced some general concerns about the treatment of migrant workers, it did not mention the BWI's forced labour complaint, which had been brought before the UN. The coalition of rights groups stated that AS&H Clifford Chance had not sought the input of vital stakeholders, such as people who could be affected by human rights abuses, human rights organisations or trade unions.[93] Saudia Arabia submitted a Bid Book for its World Cup bid. The document covered human rights, but restricted itself to labour rights, diversity, anti-discrimination, accessibility, safeguarding and security.[94] FIFA's Human Rights Policy stipulates adherence to the UNGP. This commitment includes bidding for, and hosting events and incorporates all internationally recognised human rights. It requires FIFA to address and identify human rights risks in its operations and mitigate or prevent them.[95] Saudi Arabia has not joined the International Covenant on Civil and Political Rights or the International Covenant on Economic, Social and Cultural Rights, but these would still apply per the UNGP. As a result, the restricted focus of the Bid Book contradicted FIFA's Human Rights Policy.[96] The Bid Book stated that the Saudi government's Vision 2030 proved its commitment to human rights, including labour rights.[97] It connected the World Cup bid to Vision 2030, praising it as a visionary programme to create a more prosperous, innovative and diverse nation. It emphasised Saudi Arabis's commitment to FIFA's vision

[93] Cf. FairSquare, 2024, p. 1ff.
[94] Cf. FIFA, 2024a, p. 228ff.
[95] Cf. FIFA, 2017, p. 5ff.
[96] Cf. ALQST, 2024b, p. 5f.
[97] Cf. FIFA, 2024a, p. 230ff.

to make football global, and inclusive. It called the 2034 World Cup a "national celebration" that would deliver enduring benefits to the nation, its people, the host cities and the global football community, and proclaimed a "seamless alignment" with the goals of Vision 2030.[98] Allegations of human rights violations were not addressed. The human rights section presented no plans to reform or abolish the Kafala system and did not cover allegations of forced evictions, repression of government critics, women's rights activists or LGBT+ people. In its review of the Bid Book and the Independent Context Assessment, Amnesty International called both a *whitewash*. It urged FIFA to halt the bidding process until it had obtained a binding agreement from the Saudi government to improve the human rights situation.[99] In January 2025, FIFA rejected a request from the African Regional Organisation of the International Trade Union Confederation (ITUC) for independent oversight of migrant workers' conditions in Saudi Arabia in the lead-up to the World Cup. The ITUC urged FIFA to intervene in favour of the abolition of the kafala system. FIFA called the measures already in place sufficient.[100] However, in May 2025 Human Rights Watch reported that scores of migrant workers had perished in brutal, work-related accidents, such as being electrocuted and falling from buildings. The NGO warned of the risks posed by woefully inadequate safety measures at construction projects related to the World Cup. It noted that Saudi authorities continue to categorise most deaths as 'natural' and fail to carry out adequate investigations or provide the families of the deceased with compensation. FIFA claimed that it was committed for a workers' welfare system for all services and projects connected to the World Cup, but failed to provide details.[101] Recently, the Saudi government and ILO signed an agreement to improve working conditions in the kingdom. As of now it remains unclear whether this will lead to lasting improvements in labour and human rights or merely serve to whitewash Saudi policies.[102]

---

[98] Cf. FIFA, 2024a, p. 8ff.

[99] Cf. Amnesty International, 2024b.

[100] Cf. MacInnes, P., 2025.

[101] Cf. Human Rights Watch, 2025b.

[102] Cf. International Labour Organization, 2025.

3 FIFA's decision to accept Saudi Arabia as host of the 2034 World Cup

FIFA's confirmation of Saudi Arabia as host of the 2034 Men's World Cup was not accepted by the public without controversy. In Germany the Catholic president of Mission Aachen described the decision as a foul against the world-wide institution of human rights.[103] Deutschlandfunk described German politicians were divided on whether to support or criticise FIFA. Amnesty International sharply criticised the decision as ruthless. The English football association FA asked Saudia Arabia for assurance that all visitors would be welcomed and secure during the games.[104] This shows there was no consensus regarding the morality of FIFA's decision. There might not even be a common worldwide understanding if morality and ethical reasoning should be part of the decision-making process. To analyse this issue from a moral point of view, the *Integrative Social Contract Theory* (ISCT) will be used, a normative ethical theory based on the contract approach and specially developed for ethical conflict resolution for multinational corporations.[105] Before the analysis take place, a summary of the main ideas is necessary. The ISCT concept resembles the Rawlsian social contract theory, but Rawls' concept is primarily a political theory. It was designed to establish principles to develop rights and duties of citizens in a liberal society.[106] A social contract theory for business ethics must develop principles that are acceptable to a company's stakeholders. These principles require rules that are consistent with the fairness rules of Rawls. The rules should allow a fair bargaining process, and the original position approach should be used to develop them. All participants must be treated as rational autonomous agents. To simulate the veil of ignorance approach, exclusive knowledge about specific abilities and interest must be ignored.[107] ISCT was developed by the scholars Donaldson and Dunfee, who sought to incorporate the contractarian process of transforming normative judgements into an ethical management decision-making process.[108] The

[103] Cf. katholisch.de, 2024.
[104] Cf. Deutschlandfunk, 2024.
[105] Cf. Gilbert, U., 2022, p. 18.
[106] Cf. Sandbu, M. E., 2011, p. 180.
[107] Cf. Sandbu, M. E., 2011, p. 181.
[108] Cf. Donaldson, T./Dunfee, T. W., 1994, p. 254f.

aim is to ensure that principles of moral fairness are implemented, for instance, in a multinational company while leaving room for cultural differences, which Donaldson and Dunfee describe as moral free space.[109]

ISCT uses two types of contracts:

1. A *hypothetical* macrosocial contract which specifies principles.

2. A *real* microsocial contract which allows for moral free space.

A general assumption of ISCT is that contractors have bounded moral rationality. Specifically, it is assumed that they only have a limited ability to understand the ethical concepts of different ethical normative theories, such as Kantian ethics and the concept of the categorical imperative. Furthermore, the contractors might not be able to agree on a specific normative concept.[110] The macrosocial contract is rational, but in ISCT the veil of ignorance is not as thick as in the concept of Rawls.[111] The contractors are not ignorant about all the facts related to themselves. Their ignorance is related to their economic situation. They do not know to which economic community they belong to, and they do not know their personal wealth situation.[112] In the *hypothetical* macrosocial contract the contractors must agree on principles of economic interaction that are universally binding. These principles are called hypernorms and define moral obligations which must be followed. ISCT distinguishes between 3 types of hypernorms: procedural, structural and substantive. Procedural hypernorms describe general principles essential to support consent and conflict resolution at micro level[113] *Moral free space* should define the boundaries under which local economic communities can generate specific moral norms for their members. Procedurally relevant are the principles related to *exit and voice*. Individuals of a community must have the ability to exercise their voice and have the right of exit. If there is a conflict of interest at the micro level, then every micro level contractor should have the right to openly state their position and be able to *exit* the contract[114] The structural hypernorms are

[109] Cf. Donaldson, T./Dunfee, T. W., 1994, p. 260.

[110] Cf. Donaldson, T./Dunfee, T. W., 1994, p. 258f.

[111] Cf. Sandbu, M. E., 2011, p. 182.

[112] Cf. Sandbu, M. E., 2011, p. 181.

[113] Dunfee, T. W., 2000, p. 498.

[114] Cf. Gilbert, D. U., 2022, p. 21.

norms for establishing institutions. Definitions of property rights and contractual obligations are part of them. They are necessary for political and social organisations[115]. The substantive hypernorms are principles that define what is considered right and good. They might be derived from intellectual thoughts about justice and fairness, based on experience or internationally recognised principles such as the *Ten Principles of the UN Global Compact*. Fundamental human rights are part of it, but there are no definite lists related to substantive hypernorms.[116] As mentioned earlier, the parties of the macrosocial contracts will choose terms that allow specific communities to generate ethical norms for their respective community in a microsocial contract specific for it. The term community covers different entities like companies, departments within a company, international organisations, industries, unions etc.[117] Members of the relevant community, which are entitled to be part of the microsocial contractor, may exit. The contract is only binding if it is based on informed consent, not coercion.[118] The norms of microsocial contracts based on these principles are called authentic norms. The task of subscribing to a norm is described as follows:[119]

1. Compliance with the norm for recurring situations is approved by most members of the community.

2. Deviation from the norm for the situation above is disapproved by most members of the community.

3. Well over 50% of the members of the community will comply with the norm if they are faced with the situation above.

Unfortunately, authentic norms are not necessarily moral norms. Donaldson and Dunfee thus require that "a microsocial contract norm must be compatible with hypernorms".[120] These norms can be described as legitimate norms. Therefore, authentic norms might fail the hypernorm test and hence fail to be obligatory. Donaldson and Dunfee mention as an example Lookheed's bribe to Japanese prime minister Tanaka in the 1970s. The

[115] Cf. Dunfee, T. W., 2000, p. 498.
[116] Cf. Gilbert, D. U., 2022, p. 21.
[117] Cf. Donaldson, T./Dunfee, T. W., 1999, p. 40.
[118] Cf. Donaldson, T./Dunfee, T. W., 1994, p. 262f.
[119] Cf. Donaldson, T./Dunfee, T. W., 1994, p. 263f.
[120] Donaldson, T. /Dunfee, T. W., 1994, p. 265

bribe is seen as a distortion of the democratic process, which undermined the public's trust in government officials. As Donaldson states, corporations have a duty to protect their workforce from deprivation and support the right to political participation. Therefore, they must refrain from using bribes to undermine the democratic process or support military dictatorships.[121] A business community which implements authentic norms that enable such practices would uphold an authentic but non-obligatory norm.[122] The contractors of the macrosocial contract would recognise that, for instance, in a multinational company there might be conflicts occurring among norms of the microsocial contract. The contractors of a macrosocial contracts would therefore define in the macrosocial contract the principle that if there are conflicts between norms which satisfy the spirit of the macrosocial contract priority rules need to be established.

Six principles are suggested as a rule of thumb:[123]

1. Transactions solely within a single community, which do not have significant adverse effects on other humans or communities, should be governed by the host community's norms.

2. Community norms indicating a preference for how conflict-of-norms situations should be resolved should be applied, so long as they do not have significant ad- verse effects on other humans or communities.

3. The more extensive or more global the community which is the source of the norm is, the greater priority should be given to the norm.

4. Norms essential to the maintenance of the economic environment in which the transaction occurs should have priority over norms potentially damaging to that environment.

5. Where multiple conflicting norms are involved, patterns of consistency among the alternative norms provide a basis for prioritisation.

6. Well-defined norms should ordinarily have priority over more general, less precise norms.

---

[121] Cf. Donaldson, T., 1989, p. 88.
[122] Cf. Donaldson, T./Dunfee, T. W., 1994, p. 268.
[123] Cf. Donaldson, T./Dunfee, T. W., 1994, p. 268f.

The ISCT gives the local business communities a *moral free space* to define ethical norms for their members in microsocial contracts. The microsocial contracts need to be based on informed consent with well-defined exit rights. An authentic norm is only a legitimate norm if it is compatible with hypernorms. If there is conflict between legitimate norms priorities need to be set which are based on rules which comply with the macrosocial contract.[124] The ISCT is a normative theory which management, especially of multinational enterprises, can use to test whether an action is unethical. It makes it possible to specify norms which are generalisable but still allows boundaries moral free space for specific local business communities.

Testing based on the ISCT should comply with the following steps:[125]

The Authentic Norm Routine: The *Authentic Norm Routine* identifies whether authentic norms in the microsocial contract context exist. The following steps are relevant:

1. Identification of the relevant communities for the relevant actions. The checking process should allow to list communities who are affected by the action and have themselves norms relevant for the decision process.

2. Identification of the relevant norms of the relevant communities.

3. Are the norms based on informed consent and no coercion took place? norms based on coercion must be ignored.

4. Do the relevant communities allow exit and voice?

5. Microsocial contracts which do not pass steps 3 and 4 are not true social contracts. In this case ISCT does not apply.

6. Norms which passed are authentic norms. They get passed to the hypernorm routine.

To check the hypernorm routine the following steps are relevant:

1. Are the norms compatible with core substantive hypernorms? If not: norm is rejected.

[124] Cf. Donaldson, T./Dunfee, T. W., 1994, p. 270f.
[125] Cf. Donaldson, T./Dunfee, T. W., 1999, p. 207ff.

2. Are the norms compatible with structural hypernorms? If not: the norm is rejected

3. If the norms passed prior steps, the test for existence of conflicting norms needs to be carried out. Without conflicts norms are legitimate and obligatory. The testing process is complete. If conflicting legitimate norms exist, we need to use a rule of thumb routine to decide based on a priority list.

FIFA's decision is ethically controversial and severely criticised due to the human rights situation in Saudi Arabia, risks of further human rights violation, bidding process, vote by acclamation and support for Saudi sportswashing.[126] Thus, based on the ISCT testing template,[127] an ethical evaluation is required. The following communities are relevant to the evaluation:

- FIFA: relevant organisational bodies are the congress as legislative, the council as strategic and oversight and the general secretariat as operational and administrative[128], the national member associations. The bodies should be examined together to streamline the analysis.
- The Saudi state as the bidding nation.
- NGOs: Human rights NGOs such as Amnesty International and environmental groups.
- The football game audience as spectators and touristic visitors of the game as the relevant customer group.
- The migrant worker population in Saudi Arabia.
- Saudi nationals who have been or will be evicted from their homes because of construction work related to the games.

This list contains the most relevant groups. Following norms which might be relevant for the communities' microsocial contract will be assumed:

---

[126] Cf. Roan, D., 2024b.
[127] Cf. Donaldson, T./Dunfee, T. W. 1999, p. 196.
[128] Cf. FIFA, 2024c, p. 26.

- FIFA: is an association based on the Swiss Civil Code.[129] For our analysis, FIFA is primarily seen as a business enterprise. Therefore, it is committed to the norm to assess a World Cup mainly based on potential cost and benefit criteria. FIFA uses a weighted technical scoring system to analyse the relevant aspects. This includes commercial components. Additionally, a risk assessment is applied. The risk assessment includes human rights and sustainability as risk categories. Regarding human rights assessments, FIFA states that its decision on the recommendations developed by Prof. John, G. Ruggie, the architect of the UN Guiding Principles of Business and Human Rights, which means "on evidence of how effectively bidders intend to address human rights risks connected with the tournament. It is not about peremptorily excluding countries based on their general human rights context".[130] The risk assessment is based on documentation provided by the bidder.[131]
- Saudi Arabia: It can be assumed that the norms related to the Saudi bid are, in principle, to support economic growth as measured by GDP growth. Sportswashing as means to achieve this end is an officially accepted norm. The action necessary to support the event must comply with the Saudi understanding of Islamic law. The bidder accepts the requirement that the bidding document includes a human right risk assessment section based on a contracted report. Saudi Arabia used a law firm that had previously served as a contract partner and legal advisor to Saudi state institutions to provide the risk assessment.
- NGO's: Human rights activists would expect that all norms stated by the UN Declaration of Human Rights are implemented. Environmental Groups would expect that international accepted sustainability norms are met.
- Consumers: Visitors to the tournament would expect to be treated respectfully and that they are safe during their visit.

[129] Cf. FIFA, 2024c, p. 12.
[130] FIFA, 2024b, p. 89.
[131] Cf. FIFA, 2024b, p. 88.

- The migrant worker population would expect that their work and living places comply with at least minimum labour rights as defined by the ILO.
- Saudi nationals who are forced to relocate because of construction projects related to the World Cup. As a minimum, this community would expect that they will be adequately compensated for their eviction.

Are the norms grounded in consent?

FIFA norms related to the bidding process can be seen as grounded in consent. The bid of Saudi Arabia was accepted by the congress in a virtual meeting by acclamation. Only Norway's football federation abstained from the acclamation.[132] It can be assumed that the norms used and presented in the bidding evaluation report at least have the support of most association members. In principle, members are allowed to raise their voice, even if free speech might have transaction costs for member associations. As the members of the association can leave the association based on the status rules, the right to exit is also in place. Therefore, FIFA's norms related to the world cup bidding process can be evaluated as authentic norms. As for Saudi Arabian state norms related to the bidding process, this is a question which is quite difficult to answer. If we understand consent as a process where the Saudi population agreed in a free vote voting to actively support the bid and the bidding norms, then there would be no consent. "Without consent, without the right of people to choose whether to agree a to a contract or not, there can be no contract."[133] "Economic communities in which political coercion is used to stifle, as has been alleged to be the case for certain types of organizations the 1990s within the mainland of China, are de facto incapable of generation authentic norms."[134] Based on this statement of Donaldson and Dunfee we conclude that the authentic norms' test has failed and ISCT does not apply to a bid which is generated by a non-authentic contract. If this is correct the following questions arise: Did FIFA not need to check if the bidding institutions have procedural norms in place which allow to pass the second close of the macrosocial contract before it

[132] Cf. Roan, D. 2024b.
[133] Cf. Donaldson, T./Dunfee, T. W., 1999, p. 21.
[134] Donaldson, T./Dunfee, T. W., 1999, p. 43.

accepted the bid? Are authoritarian states even acceptable as potential bidders and allowed to prepare a bid and which procedures do they need to put in place?

For other communities' norms, we presume that the authentic norm routine has identified them as authentic norms. As the FIFA's norms were accepted as authentic, we need to perform the Hypernorm routine to assess them. For analytical reasons, we will ignore the previous assessment that the Saudi bid cannot be seen as a bid based on an authentic microsocial contract. If we test whether the norms are compatible with core substantive hypernorms we come to the following conclusions: The norms do not comply with all relevant human right norms stipulated by the UN Universal Declaration of Human Rights. This concern of human rights groups was already mentioned previously. We also could argue that the norms are not in compliance with lists provided by Donaldson related to fundamental rights.[135] FIFA accepted that the bidder had the goal of utilising sport events for the purpose of sportswashing. If sportswashing is a strategy of lying and deception, this is not acceptable for several ethical theories and generally accepted moral norms like the golden rule, which is also generally accepted in different religions. Endorsement of sportswashing means supporting lying and deception. Norms that support lying and deception can be seen as a violation of substantive hypernorms. The Saudi human rights assessment was produced by a contracting law form which also has other working relationship with the Saudi government. This is a conflict of interest which procedural hypernorms should prohibit. The Sarbanes Oxley Act in the US addressed this issue in the context of accounting and auditing. The rule of *auditor independence* prohibits the provision of non-audit services to an audit client.[136] A conflict of interest might compromise the assessment result and should be avoided based on corporate governance policies. FIFA norms fail the hypernorm routine. Therefore, based on ISCT rules FIFA's decision-making process is unethical. There is no need to assess the other authentic norms based on the hypernorm test as they have no influence on the verdict.

[135] Cf. Donaldson. T., 1989, p. 81, 86.
[136] Cf. Boatright, J. R., 2012, p. 319.

4 Conclusion

As the 1936 Berlin Olympics show, sportswashing has a long tradition. Yet at present there is no global consensus on whether it should be condemned, or autocratic regimes should be prohibited from hosting major sports events, even if there is considerable evidence that they are going to manipulate them to engage in reputation laundering and obfuscate systemic human rights violations. There are grounds for scepticism that the organisers of major sports events wish to take ethical aspects into consideration. To ensure this would require institutional rule changes, which is very difficult on a global scale. It would also require organisations such as FIFA to significantly increase engagement with stakeholders such as NGOs or, specifically in the case of Saudi Arabia and Qatar, migrant workers. However, if FIFA's customers and clients, such as visitors of the games, sponsors and players, do not exert significant pressure on FIFA to implement human rights due diligence, the association has no incentive to do so. This means host governments such as Saudi Arabia will likely continue to be rewarded and utilise sportswashing to further their political agendas. In that regard, it is a mistake to presume that sport is purely apolitical.

References

Abdulumer, A. (2024): MBS's 'Vision' for Saudi Arabia Relies on Rampant Abuse of Foreign Workers—Like My Father, URL: https://dawnmena.org/mbs-vision-for-saudi-arabia-relies-on-rampant-abuse-of-foreign-workers-like-my-father/, access on 12.05.2025.

ALQST (2024a): Neom. A human rights and environmental impact assessment, URL: https://alqst.org/File/briefings/neom-a-human-rights-and-environmental-impact-assessment-en.pdf, access on 21.04.2025.

ALQST (2024b): An Open Field for Violations. Saudi Arabia's 2034 FIFA World Cup bid, URL: https://alqst.org/File/briefings/an-open-field-for-violations-saudi-arabia-2034-fifa-world-cup-bid-en.pdf, access on 28.05.2025.

ALQST (2023): The Dark Side of Neom. Expropriation, expulsion and prosecution of the region's inhabitants, URL: https://alqst.org/uploads/the-dark-side-of-neom-expropriation-expulsion-and-prosecution-en.pdf, access on 21.04.2025.

Amnesty International (2024a): Playing a Dangerous Game? Human Rights Risks Linked to the 2030 and 2034 FIFA World Cups, URL: https://www.amnesty.org/en/documents/act30/8071/2024/en/, access on 06.05.2025.

Amnesty International (2024b): Global: FIFA should halt process for 2034 World Cup bid and demand credible human rights strategy for 2030, URL: https://www.amnesty.org/en/latest/news/2024/11/global-fifa-should-halt-process-for-2034-world-cup-bid-and-demand-credible-human-rights-strategy-for-2030/, access on 21.04.2024.

Amnesty International (2022a): Saudi Arabia. Ethiopian migrants forcibly returned after detention in abhorrent conditions, URL: https://www.amnesty.org/en/latest/news/2022/12/saudi-arabia-ethiopian-migrants-forcibly-returned-after-detention-in-abhorrent-conditions/, access on 05.05.2025.

Amnesty International (2022b): Saudi Arabia. Mass demolitions and forced evictions marred by violations and discrimination, URL: https://www.amnesty.org/en/latest/news/2022/06/saudi-arabia-mass-demolitions-and-forced-evictions-marred-by-violations-and-discrimination/, access on 21.04.2025.

Argaam (2024): PIF assets hit $925B, URL: https://www.argaam.com/en/article/articledetail/id/1777832, access on 20.04.2025.

AS&H Clifford Chance (2024): Independent Context Assessment, URL: https://digitalhub.fifa.com/m/3520525e1ccff4af/original/Context-assessment-of-the-impact-of-hosting-the-tournament-on-human-rights-Saudi-Arabia-World-Cup-2034-Bid-329623.pdf, access on 21.04.2025.

BBC News (2021): Jamal Khashoggi: All you need to know about Saudi journalist's death, URL: https://www.bbc.com/news/world-europe-45812399, access on 05.05.2025.

BBC News (2018): Saudi Arabia allows women at football game for first time, URL: https://www.bbc.com/news/world-middle-east-4266 8841, access on 06.05.2025.

Boatright, J. R. (2012): Ethics and the Conduct of Business,7th Edition, Upper Saddle River: Pearson Education Inc.

Bundesamt für Migration und Flüchtlinge (2024): Country report 65. Saudi Arabia. Human rights situation, URL: https://www.bamf.de/SharedDocs/Anlagen/EN/Behoerde/Informationszentrum/Laenderreporte/2024/laenderreport-65-Saudi-Arabien.pdf?__blob=publicationFile&v=4, access on 04.05.2025.

Business & Human Rights Resource Centre (2025): Saudi Arabia: BWI files ILO forced labour complaint ahead of 2034 FIFA World Cup bid amid 'epidemic' of migrant worker abuse, URL: https://www.business-humanrights.org/en/latest-news/saudi-arabia-bwi-files-ilo-forced-labour-complaint-ahead-of-2034-fifa-world-cup-bid-amid-epidemic-of-migrant-worker-abuse/, access on 21.04.2025.

Clifford Chance (2025): Delivering for our clients in Saudi Arabia through AS&H Clifford Chance, URL: https://www.cliffordchance.com/people_and_places/places/middle_east/saudi_arabia.html, access on 21.04.2025.

Clifford Chance (2020): Clifford Chance and AS&H advise PIF and SABIC on the USD 69.1 billion sale of PIF's shareholding in SABIC to Saudi Aramco – the largest ever M&A deal in the Middle East, URL: https://www.cliffordchance.com/news/news/2020/06/clifford-chance-and-as-h-advise-pif-and-sabic-on-the-usd-69-1-bi.html, access on 23.04.2025.

Clifford Chance (2020b): Human Rights & Modern Slavery, URL: https://www.cliffordchance.com/content/dam/cliffordchance/About_us/human-rights-and-modern-slavery.pdf, access on 21.04.2025.

Deutschlandfunk (2024): So reagieren Politik, Verbände und Nichtregierungsorganisationen auf die WM Vergabe an Saudi-Arabien, URL: https://www.deutschlandfunk.de/so-reagieren-politik-verbaende-und-nichtregierungsorganisationen-auf-die-wm-vergabe-an-saudi-arabien-100.html, access on 27.06.2025.

Donaldson, T. (1989): The Ethics of International Business, New York: Oxford University Press.

Donaldson, T., Dunfee, T.W. (1994): Towards a Unified Concept of Business Ethics: Integrative Social Contract Theory. The Academy of Management Review 19 (2), p. 252-284.

Donaldson, T., Dunfee, T.W. (1999): Ties that Bind A Social Contract Approach to Business ethics, Boston: Harvard Business School Press.

Dunfee, T.W. (2000): Dunfee Re Frederick: Nature and Norms. Business and Society Review 105 (4), p. 493-501.

FairSquare (2024): FIFA / Saudi Arabia: Human rights groups, football supporters, worker organisations express "deep concern" at global law firm's flawed World Cup 2034 assessment, URL: https://

fairsq.org/wp-content/uploads/2024/10/Clifford-Chance-Full-memorandum.pdf, access on 28.05.2025.

FIFA (2024a): The Saudi Arabia FIFA World Cup 2034 Bid Book, URL: https://digitalhub.fifa.com/m/5590de2b652bef03/original/The-Saudi-Arabia-FIFA-World-Cup-2034-Bid-Book.pdf, access on 21.04.2025.

FIFA (2024b): FIFA World Cup 2034™ Bid Evaluation Report, URL: https://digitalhub.fifa.com/m/51d8a13714827f1d/original/FIFA-World-Cup-2034-Bid-Evaluation-Report.pdf, access on 21.04.2025.

FIFA (2024c): Legal Handbook, URL: https://digitalhub.fifa.com/m/bd789dd9dfbf3dd/original/FIFA-Legal-Handbook-2024.pdf, access on 25.06.2025.

FIFA (2022): FIFA Statutes 2022, URL: https://digitalhub.fifa.com/m/3815fa68bd9f4ad8/original/FIFA_Statutes_2022-EN.pdf, access on 06.05.2025.

FIFA (2017): FIFA's Human Rights Policy, URL: https://digitalhub.fifa.com/m/1a876c66a3f0498d/original/kr05dqyhwr1uhqy2lh6r-pdf.pdf, access on 24.04.2025.

Freedom House (2024): Saudi Arabia. Freedom in the World 2024 Country Report, URL: https://freedomhouse.org/country/saudi-arabia/freedom-world/2024, access on 25.04.2025.

Gilbert, D. U. (2022): Integrative Social Contract Theory": Ein Ansatz zur Übernahme ethischer Verantwortung in multinationalen Unternehmen, Wirtschaftswissenschaftliches Studium 51 (9), p. 18-24.

Global Business Outlook (2024): Saudi Vision 2030: Kingdom's diversification efforts get Moody's boost, URL: https://globalbusinessoutlook.com/economy/saudi-vision-2030-kingdoms-diversification-efforts-get-moodys-boost/, access on 05.05.2025.

Grant Liberty (2023): Sportswashing and prisoners of conscience, URL: https://grantliberty.org/wp-content/uploads/Sportswashing-Saudi-Arabia-2023.pdf, access on 25.04.2025.

Hubbard, B./Kirkpatrick, D. D./Kelly, K. Mazzetti, M. (2018): Saudis Said to Use Coercion and Abuse to Seize Billions, URL: https://www.nytimes.com/2018/03/11/world/middleeast/saudi-arabia-corruption-mohammed-bin-salman.html, access on 21.04.2025.

Human Rights Watch (2025a): Saudi Arabia: Dozens Freed But Arrests Continue, URL: https://www.hrw.org/news/2025/04/07/saudi-arabia-dozens-freed-arrests-continue, access on 04.05.2025.

Human Rights Watch (2025b): Saudi Arabia: Migrant Workers Electrocuted, Decapitated, and Falling to Death at Workplaces, URL: https://www.hrw.org/news/2025/05/14/saudi-arabia-migrant-workers-electrocuted-decapitated-and-falling-death-workplaces, access on 27.06.2025.

Human Rights Watch (2024a): Joint Statement. Award of 2034 Men's World Cup to Saudi Arabia Risks Lives and Exposes FIFA's Empty Human Rights Commitments, URL: https://www.hrw.org/news/2024/12/11/joint-statement-award-2034-mens-world-cup-saudi-arabia-risks-lives-and-exposes, access on 20.04.2025.

Human Rights Watch (2024b): "Die First, and I'll Pay You Later" Saudi Arabia's 'Giga-Projects' Built on Widespread Labor Abuses, URL: https://www.hrw.org/sites/default/files/media_2025/02/saudiarabia1224%20web_0.pdf, access on 06.05.2025.

Human Rights Watch (2024c): The Man Who Bought The World. Rights Abuses Linked to Saudi Arabia's Public Investment Fund and Its Chairman, Mohammed bin Salman, URL: https://www.hrw.org/sites/default/files/media_2024/11/saudiarabia1124web.pdf, access on 05.05.2025.

Human Rights Watch (2023): Saudi Arabia: Law Enshrines Male Guardianship, URL: https://www.hrw.org/news/2023/03/08/saudi-arabia-law-enshrines-male-guardianship, access on 21.04.2025.

Human Rights Watch (2019): The High Cost of Change. Repression Under Saudi Crown Prince Tarnishes Reforms, URL: https://www.hrw.org/sites/default/files/report_pdf/saudi1119_web_0.pdf, access on 05.05.2025.

Human Rights Watch (2017): Saudi Arabia: New Counterterrorism Law Enables Abuse, URL: https://www.hrw.org/news/2017/11/23/saudi-arabia-new-counterterrorism-law-enables-abuse, access on 20.04.2025.

Ingber, S. (2018): Saudi Women's Activists Arrested Prior To Lifting Of Driving Ban, https://www.npr.org/sections/thetwo-way/2018/05/20/612830493/saudi-womens-activists-arrested-ahead-of-driving-ban, accessed on 06.05.2025.

Ingle, S. (2024): Newcastle chairman faces £58m lawsuit for 'carrying out' malicious instructions, URL: https://www.theguardian.com/football/2024/jan/17/newcastle-chairman-58m-lawsuit-malicious-instructions-yasir-al-rumayyan-moahmmed-bin-salman-saudi, access on 20.04.2025.

Ingle, S. (2021): Amnesty urges Premier League to block Saudi-backed takeover of Newcastle, URL: https://www.theguardian.com/football/2021/oct/07/amnesty-urges-premier-league-to-block-saudi-backed-takeover-of-newcastle, access on 05.05.2025.

Inside Fifa (2023): FIFA Council takes key decisions on FIFA World Cup™ editions in 2030 and 2034, URL: https://inside.fifa.com/organisation/fifa-council/media-releases/fifa-council-takes-key-decisions-on-fifa-world-cup-tm-editions-in-2030-and-2034, access on 21.04.2025.

International Labour Organization (2025): Saudi Arabia and ILO seal new phase of joint work to advance decent work reforms, URL: https://www.ilo.org/resource/news/saudi-arabia-and-ilo-seal-new-phase-joint-work-advance-decent-work-reforms, access on 27.06.2025.

International Labour Organization (2023): Regulatory framework governing migrant workers, URL: https://www.ilo.org/sites/default/files/wcmsp5/groups/public/%40arabstates/%40ro-beirut/documents/publication/wcms_776522.pdf, accessed on 21.04.2025.

International Labour Organization (2017): Employer-Migrant Worker Relationships. Exploring scope for internal labour market mobility and fair migration, URL: https://www.ilo.org/sites/default/files/

wcmsp5/groups/public/@arabstates/@ro-beirut/documents/publication/wcms_552697.pdf, access on 21.04.2025.

Jarrar, R. (2023): Sportswashing Is Just One Part of Saudi Arabia's Vast Foreign Influence Campaign, URL: https://dawnmena.org/sportswashing-is-just-one-part-of-saudi-arabias-vast-foreign-influence-campaign/, access on 20.04.2025.

Kainz, N. (2023): Saudi crown prince unbothered by 'sportswashing' label: 'Call it whatever you want', URL: https://www.nbcnews.com/news//world/saudi-crown-prince-unbothered-sportswashing-label-call-whatever-want-rcna111418, access on 20.04.2024.

katholisch.de (2024): Kirche kritisiert Vergabe der Fußball-WM 2034 an Saudi-Arabien, URL: https://www.katholisch.de/artikel/58178-kirche-kritisiert-vergabe-der-fussball-wm-2034-an-saudi-arabien, access on 27.06.2025.

Kershaw, I. (2008): Hitler, London: Penguin Books.

Kingdom of Saudi Arabia (1992): Basic Law of Governance, The Embassy of the Kingdom of Saudi Arabia. Laws, URL: https://www.saudiembassy.net/basic-law-governance, access on 04.05.2024

Kirchgaessner, S. (2021a): Top Saudi official issued death threat against UN's Khashoggi investigator, URL: https://www.theguardian.com/world/2021/mar/23/top-saudi-official-issued-death-threat-against-uns-khashoggi-investigator, access on 24.04.2025.

Kirchgaessner, S. (2021b): Revealed: Newcastle chairman's links to Saudi 'anti-corruption' drive, URL: https://www.theguardian.com/world/2021/oct/16/revealed-newcastle-chairmans-links-to-saudi-anti-corruption-drive, access on 05.05.2025.

Levitt, T. (2024): Top female footballers urge Fifa to end deal with Saudi 'nightmare sponsor', URL: https://www.theguardian.com/global-development/2024/oct/21/top-female-footballers-urge-fifa-end-deal-saudi-nightmare-sponsor-aramco-oil-human-rights, access on 20.04.2024.

MacInnes, P. (2025): Fifa rejects request for monitoring of migrant workers' conditions in Saudi Arabia, URL: https://www.theguardian.

com/football/2025/jan/27/fifa-rejects-request-monitoring-migrant-workers-conditions-saudi-arabia-world-cup-2034, access on 12.05.2025.

Maxouris, C. (2019): Mohammed bin Salman denies personal involvement in Khashoggi killing in '60 Minutes' interview but says it was carried out by Saudi officials, URL: https://edition.cnn.com/2019/09/29/middleeast/crown-prince-mohammed-bin-salman-interview/index.html, access on 05.05.2025.

Merritt, E. C. (2024): Sportswashing: History, governing bodies, state investments and English football club ownership, URL: https://lordsli-brary.parliament.uk/sportswashing-history-governing-bodies-state-investments-and-english-football-club-ownership/#fn-55, access on 04.05.2025.

Mills, F. (2024): Documentary alleges 21,000 workers have died working on Saudi Vision 2030, which includes The Line, URL: https://www.theb1m.com/article/documentary-alleges-21000-workers-died-saudi-vision-2030, access on 21.04.2025.

Office of the United Nations High Commissioner for Human Rights (2023): Compilation on Saudi Arabia. Universal Periodic Review, URL: https://documents.un.org/doc/undoc/gen/g23/225/15/pdf/g2322515.pdf, access on 22.04.2025.

Office of the United Nations High Commissioner for Human Rights (2011): Guiding Principles on Business and Human Rights, URL: https://www.ohchr.org/sites/default/files/documents/publications/guidingprinciplesbusinesshr_en.pdf, access on 21.04.2025.

Pattinson, P. (2024): 'Many migrant workers will die': the likely human cost of awarding the 2034 World Cup to Saudi Arabia, URL: https://www.theguardian.com/global-development/2024/dec/11/world-cup-2034-migrant-workers-saudi-arabia-exploitation-abuse, access on 06.05.2025.

Pearson, M. (2024): 'Not safe'. Saudi Arabia slammed after jailing football fans, URL: https://www.dw.com/en/not-safe-saudi-arabia-slammed-after-jailing-football-fans/a-68840342, access on 04.05.2025.

Porter, T. (2024): Energy CEO said he canceled a $100M contract with Neom when he realized the Saudis were bulldozing villages to make space, URL: https://www.businessinsider.com/malcolm-aw-canceled-100m-neom-contract-human-rights-abuse-saudi-2024-5, accessed on 21.04.2025.

Roan, D. (2024a): Fifa rejects own committee's call to compensate Qatar workers, URL: https://www.bbc.com/sport/football/articles/cm2728j9r7zo, access on 04.05.2025.

Roan, D. (2024b): Key questions behind Fifa's Saudi World Cup decision, URL: https://www.bbc.com/sport/football/articles/cm2edy8kxpno, access on 21.04.2025.

Roll, S. (2019): A Sovereign Wealth Fund for the Prince. Economic Reforms and Power Consolidation in Saudi Arabia, URL: https://www.swp-berlin.org/publications/products/research_papers/2019RP08_rll_Web.pdf, access on 05.05.2025.

Sandbu, M. E. (2011): Just Business - Arguments in Business Ethics. London: Prentice Hall.

Shea, J. (2024): Saudi Arabia's Sovereign Wealth Fund Is Another Way for MBS to Consolidate His Power, URL: https://fpif.org/saudi-arabias-sovereign-wealth-fund-is-another-way-for-mbs-to-consolidate-his-power/, access on 05.05.2025.

The Economist (2018): What are zina laws?, URL: https://www.economist.com/the-economist-explains/2018/12/07/what-are-zina-laws, access on 06.05.2025.

The New York Times (2021): The Report on Jamal Khashoggi's Killing, URL: https://www.nytimes.com/interactive/2021/02/26/us/report-jamal-khashoggi-killing.html, access on 20.04.2025.

Thomas, M./Gibaly, L. E. (2024): Neom: Saudi forces 'told to kill' to clear land for eco-city, URL: https://www.bbc.com/news/world-middle-east-68945445, access on 21.04.2025.

Torchia, A./ Gamal, R. E./Rashad, M. (2018): Saudi crown prince proclaims investment conference despite boycott, URL: https://www.

reuters.com/article/business/saudi-crown-prince-proclaims-investment-conference-despite-boycott-idUSKCN1MW2TF/, access on 06.05.2025.

UN Human Rights Council Working Group on Arbitrary Detention (2023): Opinion No. 27/2023 concerning Salma bint Sami bin Abdulmohsen al-Shehab and Nourah bin Saeed al-Qahtani (Saudi Arabia), URL: https://www.ohchr.org/sites/default/files/documents/issues/detention-wg/opinions/session96/A-HRC-WGAD-2023-27-Saudi-Arabia-AEV.pdf, access on 04.05.2025.

UN Human Rights Council Special Rapporteur on Extrajudicial, Summary or Arbitrary Executions (2019): Annex to the Report of the Special Rapporteur on Extrajudicial, Summary or Arbitrary Executions: investigation into the unlawful death of Mr. Jamal Khashoggi, URL: https://digitallibrary.un.org/record/3809582?v=pdf, access on 24.04.2025.

US State Department (2023a): Saudi Arabia International Religious Freedom Report for 2023, URL: https://www.state.gov/wp-content/uploads/2024/05/547499_SAUDI-ARABIA-2023-INTERNATIONAL-RELIGIOUS-FREEDOM-REPORT.pdf, access on 25.04.2025.

US State Department (2023b): Saudi Arabia 2023 Human Rights Report, URL: https://www.state.gov/wp-content/uploads/2024/02/528267-SAUDI-ARABIA-2023-HUMAN-RIGHTS-REPORT.pdf, access on 11.05.2025.

Wehrey, F. (2015): The Authoritarian Resurgence: Saudi Arabia's Anxious Autocrats, URL: https://carnegieendowment.org/posts/2015/04/the-authoritarian-resurgence-saudi-arabias-anxious-autocrats?lang=en, access on 20.04.2025.

Bernhard Köster

The genealogy of Trumps trade policy and its impact on the global economy from a historical perspective

1 Introduction and theoretical foundations of international trade

International trade has always been one of the key drivers of global economic growth. This is well established by theoretical research over the last 200 years. On the one hand, classical foreign trade theory, beginning with Ricardo[1] in the early 18th century and his model of comparative cost advantages, expanded to the Ricardo-Viner[2] model, now known as the specific factor model, and culminating in the Heckscher-Ohlin[3] theory, a fundamental general equilibrium model. All these models is immanent, that international trade enables trading partners to choose from a wider range of consumption options with the same resources compared to situation under autraky. However, this theory primarily explains only the aspect of intersectoral trade, i.e. that countries exchange different goods with each other. Particularly after the World War II, there was a growing trend for developed economies to trade similar or identical goods with each other, meaning that global economic integration progressed through intrasectoral trade. In general, the volume of intrasectoral trade is around twice as high as that of intersectoral trade. To explain this, the so-called New Trade Theory[4] was developed in the 1970s and 1980s, particularly by assuming increasing economies of scale in production. With this aspect intrasectoral trade could be explained. But also, within this theory it became apparent that international trade in goods would have an overall positive effect on the economy due to comparatively low prices and greater product diversity. In general we have only theoretical arguments for tariffs or other trade barriers with regard to so-called infant industry tariffs, when an economy is still in the process of catching up and is denied entry to the international market due to its low productivity, or when it comes to ensuring quality

---

[1] Cf. Ricardo, D., 1817.
[2] Cf. Viner, J., 1932, 1937.
[3] Cf. Ohlin, B., 1933.
[4] Cf. Krugman, P. R., 1979, 1981; Brandner, J./Krugman, P. R., 1983; Falvey, R./Kierzkowski, H., 1987.

standards that could otherwise be undermined by a lack of control or monitoring. Overall, it can be deduced from theory in general, that developed economies, once they have recognized the advantages of free competition for the efficient allocation of goods, should avoid trade restrictions wherever possible.

2 International trade relations since reunification of Germany

When looking at the international interdependence of the German economy, an examination of the development of the so-called degree of openness, the sum of exports and imports in relation to nominal gross domestic product, shows that since the collapse of communism and the fall of the Berlin Wall, as well as the subsequent onset of globalization, this figure has moved in only one direction for two decades. The openness has nearly doubled from around 40% after reunification to roughly 80% in 2012 (Fig. 1).

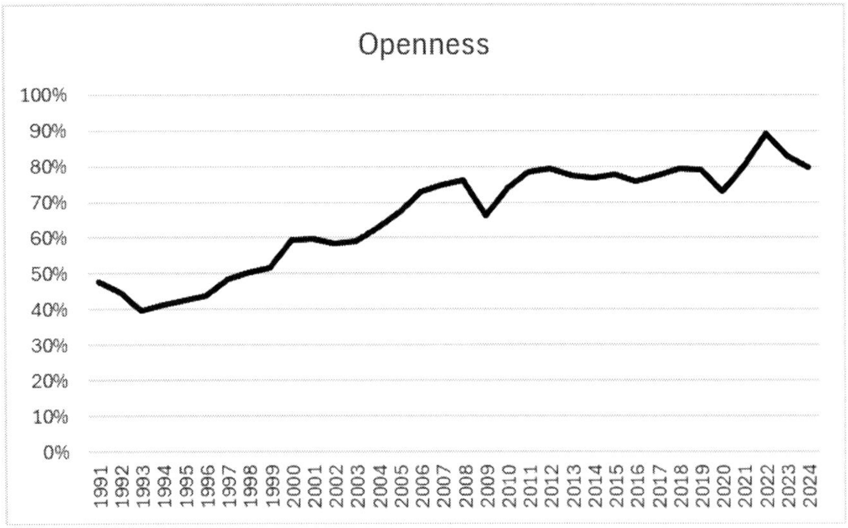

Fig. 1: Development of the openness – sum of exports and imports in relation to nominal gross domestic product – of Germany (Source: Destatis.)

Since then, however, this figure has stagnated at roughly the same level. Furthermore, this degree of openness is by far the highest among the ten largest economies of the world measured by gross domestic product (GDP). Since German foreign trade consists of a wide variety of goods, Germany, which is the third-largest economy of the world, can be considered the world's largest trader in relative terms. It can also be said that Germany has benefited greatly from the accession of many countries to international trade since the 1990s and can be described as one of the big winners[5] of globalization. This trend can also be seen on a global level, with the degree of openness in the world increasing from just under 20% to 30% over the same period, before levelling off at this level with a slight actual downward trend (Fig. 2).

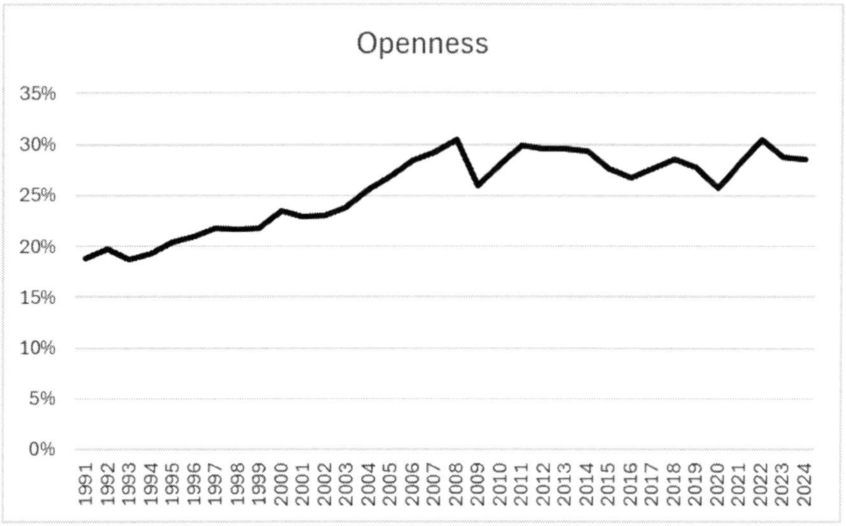

Fig. 2: Development of the degree openness of the world economy (Source: World Bank.)

This development is due in no small part to the People's Republic of China's entry into the international trade of goods and its enormous economic growth at the beginning of the 21st century, which was largely driven by this development. As a result, the Chinese economy has tripled its share of

[5] Köster, B., 2022.

global production over the last 20 years, from just over 4% in 2004 to around 13% in 2014, and is set to increase it again to over 16% by 2024, which is roughly the same level as the share of the EU on global production (Tab. 1).

	EU	USA	China	Rest
2004	18,6%	11,4%	8,3%	61,7%
2014	15,4%	10,4%	15,0%	59,2%
2024	17,0%	8,3%	14,1%	60,6%
	Imports (Share)			
2004	17,3%	20,6%	7,6%	54,6%
2014	13,7%	14,9%	12,5%	58,9%
2024	17,5%	14,1%	11,1%	57,3%
	GDP (Share)			
2004	25,8%	27,6%	4,4%	42,1%
2014	19,7%	22,1%	13,2%	45,0%
2024	17,6%	26,5%	16,6%	39,3%

Tab. 1: Development of shares of the three largest economic regions on global exports, imports (EU-numbers are consolidated with intra-EU-trade) and production over the last 20 years (Source: World Bank and IMF.)

At the same time, the share of exports and imports in world trade doubled from around 8% in 2004 to 15% for exports and increased by a factor of one and a half to a good 12% for imports in 2014. However, this was followed by stagnation or a slight decline, with the result that China's share of exports currently stands at around 14% and its share of imports at just over 11% in 2024. In the first decade from 2004 to 2014, these increases primarily reduced the shares of the EU and the USA. However, over the last 10 years up to 2024, while China's trade shares stagnated, the trade shares shifted once again towards the EU, so that in 2024, the EU has by far the largest share of the three major economic regions in the world, with around 17% of both exports and imports, while the USA still have a share of around 14% of world trade in imports, but only a share of just over 8%

in exports. This finding alone shows that there must have been a significant break in the background conditions for world trade over the last 10 years. This aspect is supported by a comparison of the development of world trade with that of world production. While at the beginning of the new millennium, world trade grew almost twice as fast as world production in real terms until the global financial crisis, the velocity of growth in world trade thereafter was only slightly above the level of growth in world production until the coronavirus pandemic (Fig. 3).

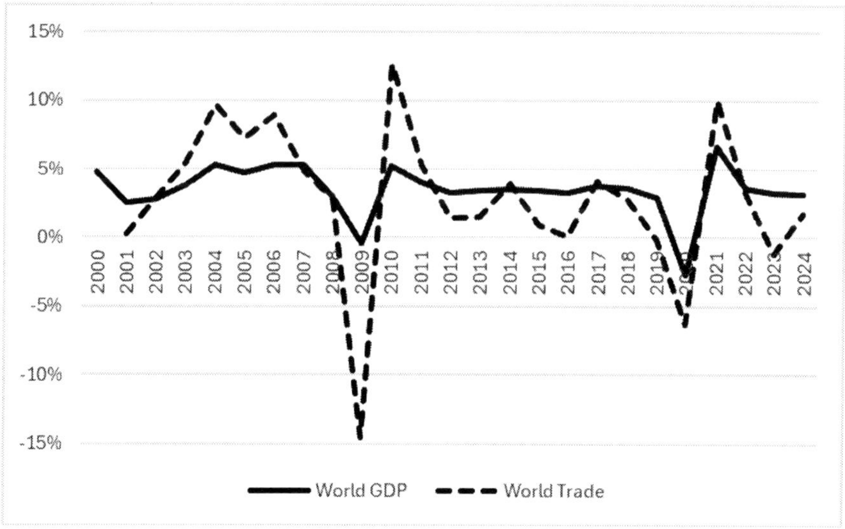

Fig. 3: Real growth rates (p.a.) of world production and world trade since the year 2000 (Source: IMF and CPB World Trade Monitor.)

Since the end of the coronavirus pandemic, real growth in 2023 and 2024 has not even been able to match the real increase in global production of just over 3% p.a.. The engine of globalization has thus just not only staggering but has actually has come to a standstill. The reasons for this will be analyzed from an economic historical perspective in the next two chapters.

3 Changes in the economic policy framework for international trade since the reunification of Germany

With the collapse of communism at the end of the last century, the 1990s saw the emergence of the possibility of the Eastern Bloc countries in Europe joining the international trade in goods, which triggered an initial surge in globalization. In the new millennium, as already mentioned, China in particular joined the international markets and fostered international trade after joining the World Trade Organization (WTO) in 2001, since under President Hu Jintao China pursued a policy[6] of *reform through opening up*. With Xi Jinping's rise to power in 2013, this policy was slowly but steadily reversed and replaced by an agenda focused on expanding China's own power and being self-centralized. At the beginning of the new millennium, relations between the US and the EU also entered a phase of mutual approchement, which culminated in the start of negotiations on the Transatlantic Trade and Investment Partnership agreement (TTIP) in 2013. Initial evaluations of the effects of creating a free trade zone that would have accounted for more than 40% of global economic output saw positive effects[7] from the extensive removal of trade barriers. However, these efforts quickly staggered, and Donald Trump's election to the White House marked a turning point in the US trade policy, with the country raising tariffs[8], which in turn led to a backlash from China[9] and the EU[10]. Following the subsequent global upheavals caused by the coronavirus pandemic, nationalist tendencies can also be observed in global economic relations, which are also slowing down international trade. Finally, when analyzing international trade, a look a Russia, the world's largest commodity trader is important. The decade following reunification was primarily characterized by the restructuring of power and the transformation of the planned economy into market-based structures. With Putin's rise to power on 31st December 1999, a phase of stabilization began, and the first decade of the new millennium saw a period of cooperation, particularly in relations with

[6] Cf. Köster, B./Mühe, F., 2024.

[7] Cf. Felbermayr, G./Heid, B./Lehwald, S., 2013; Aichele, R./Felbermayr, G./Heiland, I., 2014.

[8] Cf. Felbermayr, G./Sandmann, A., 2018.

[9] Cf. Berenberg-Gosseler, P. et al., 2020.

[10] Cf. EU Commission, 2018.

the EU. In the aftermath of the global financial crisis, however, politics changed in Russia, as in China, with its expansionist and revisionist nature becoming apparent at the latest with the annexation of Crimea in 2014. This explicitly led to economic sanctions by the EU, which restricted trade. This also resulted in a further change in the international framework in the mid-2010s, which supported a departure from the mutual opening of economic areas. The final break in trade, particularly in the trade of raw materials, came with Russia's invasion of Ukraine in February 2022. Since this event, the global de-risking and de-coupling[11] tendencies in international relations became obvious resulting in significant restrictions on the exchange of goods. Under these circumstances, the second Trump administration took office at the beginning of 2025, and its completely erratic trade policy has created a fundamental situation of uncertainty that is going to prove to be great obstacle for all economic activity.

4 The erratic trade policy of the second Trump administration

With his inauguration on 20 January 2025, Donald Trump launched an unprecedented series of announcements and withdrawals or suspensions of tariffs. It all began on 1 February 2025 with the imposition of 10% tariffs on all imports from China and 25% tariffs on imports from Canada and Mexico, effective 4th February. On 3rd February, however, these tariffs were suspended[12] for 30 days for Canada and Mexico. On 11th February 2025, general tariffs of 25% were imposed on aluminium and steel.[13] On 4th March, the aforementioned tariffs for Mexico and Canada came into force, only to be suspended[14] again on 5th and 6th March. On 2nd April, Donald Trump presented his formula of horror[15] to the world. He announced a general import tariff of 10% on all goods delivered to the United States. In addition, bilateral tariffs were announced for countries with which the US has a foreign trade deficit, based on the pseudo-scientific calculation according to formula (1):

[11] Cf. Köster, B./Mühe, F., 2024; Matthes, J./Puls, T., 2023; Witt, M. et al., 2023.
[12] Cf. PBS, 2025.
[13] Cf. The White House, 2025a.
[14] Cf. PBS, 2025.
[15] Cf. The White House, 2025b; Köster, B./Mühe, F., 2025.

$$\Delta\tau_i = \frac{x_i - m_i}{\varepsilon \cdot \varphi \cdot m_i} \quad (1)$$

with $\Delta\tau_i$ change in traiff according to country i, x_i exports of the USA into country i, m_i imports of the USA from country i, ε demand elasticity of imports and φ the passthrough from tariffs to import prices.[16]

After the extreme turmoil on the US stock markets in the immediate aftermath of this announcement, the Trump administration suspended these measures for 90 days, except for the general 10% import duty. However, China was exempt from this measure, so that the mutual tariff spiral subsequently rose[17] to over 100%. On 12th May, the US and China agreed to reduce mutual tariffs from 145% to 30% and from 125% to 10% respectively.[18] Conversely, on 4th June, the US administration doubled global tariffs on aluminium and steel to 50%. On 16th June, an initial agreement[19] was reached between the US and the UK, which will reduce the announced tariffs from 25% to 10% in some areas, such as the automotive sector. A week later, on 23rd June, an agreement[20] was announced between the US and Japan, which provides for a high volume of investment in the US on the Japanese side and imposes a general tariff of 15% on Japanese imports, while no tariffs are levied on US exports to Japan. In addition, during the US President's Gulf vacation, an agreement[21] was reached between the EU and the US in the tariff dispute at a meeting with EU Commission President Ursula von der Leyen on 27th July. Similar to Japan, there will be a general import tariff of 15% on EU goods into the US, which is roughly four times the previous tariff rates, while US goods will not be subject to import tariffs on the part of the EU. However, the singular 50% tariffs on aluminium and steel are excluded from this. For the multitude of other bilateral measures taken by the US administration in the first half of 2025, please refer to the Peterson Institute's[22] timeline. Overall, it can be said that the US administration has generally abandoned the theoretically and empirically well-

[16] Cf. United States Trade Representative, 2025a, 2025b.
[17] Cf. Yeung, J./Stewart, M., 2025; Bao, A., 2025.
[18] Cf. Karson, Y./Brennan, D., 2025.
[19] Cf. United States Government Federal Register, 2025.
[20] Cf. The White House, 2025c.
[21] Cf. Tagesschau, 2025.
[22] Peterson Institute, 2025.

founded concept of welfare enhancing free trade between trading partners whose economic systems are based on market economy principles. In particular, the lack of reliability regarding negotiated contracts and agreements is incompatible with market economic principles and only creates cost-intensive friction in an environment of uncertainty. The first signs of the global braking effects of Donald Trump's erratic behavior on world trade can be seen in the data collected monthly by the World Trade Monitor (Fig. 4).

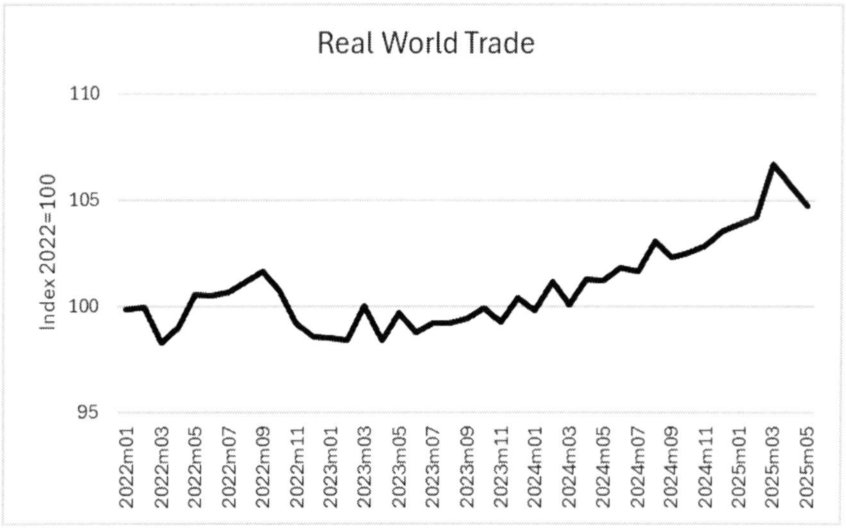

Fig. 4: Development of real world trade since Russia`s invasion of Ukraine (Source: CPB World Trade Monitor.)

After the shock of Russia's invasion of Ukraine in February 2022 and the accompanying short-term decline in world trade, there was continuous growth from 2023 onwards. With Donald Trump's election to the White House in November 2024, this pace accelerated again until March 2025, but this is primarily due to the replenishment of the inventories in the United States in order to avoid the announced future tariffs. For two months now, real global trade has been declining by around 1% per month, as the restrictive measures by the US-administration have been initiating considerable uncertainty, since it is not known how long the agreements will remain in force. Basically, we can only wait and see how the US administration behaves in the future. Any forecasts based on past experience are currently out of the question and, in case of doubt, can only be replaced by a randomized approach.

References

Aichele, R./Felbermayr, G./Heiland, I. (2014): Going Deep: The Trade and Welfare Effects of TTIP, CesIfo Working Paper No. 5150, Dec., category 8: trade policy.

Bao, A. (2025): China targets U.S. services and other areas as it decries 'meaningless' tariff hikes on goods, CNBC, 16.04.2025, URL: https://www.cnbc.com/2025/04/17/china-targets-us-services-and-other-areas-after-decrying-meaningless-tariff-hikes-on-goods-.html, access on: 23.07.2025.

Berenberg-Gossler, P./Dany-Knedlik, G./Kläffling, D./Michelsen, C. (2020): Trumps protektionistische Handelspolitik hat ihre Ziele verfehlt, in: DIW Wochenbericht, Vol. 87, Nr. 50, p. 960–969.

Brander, J./Krugman, P. R. (1983): A 'reciprocal dumping' model of international trade, Journal of International Economics, Volume 15, Issues 3-4, Nov, p. 313-321.

EU Commission (2018): Durchführungsverordnung (EU) 2018/886 der Kommission vom 20. Juni 2018 über bestimmte handelspolitische Maßnahmen in Bezug auf bestimmte Waren mit Ursprung in den Vereinigten Staaten von Amerika und zur Änderung der Durchführungsverordnung (EU) 2018/724, URL: https://eur-lex.europa.eu/legal-content/DE/TXT/?uri=CELEX%3A32018R0886, access on: 23.07.2025.

Falvey, R./Kierzkowski, H. (1987): Product Quality, Intraindustry Trade and (Im)Perfect Competition, in H. Kierzkowski, (ed.), Protection and Competition in International Trade, Essays in Honor of W.M. Corden, Basil Blackwell, Oxford.

Felbermayr, G./Heid, B./Lehwald, S. (2013): Die Transatlantische Handels- und Investitionspartnerschaft (THIP), Global Economic Dynamics, Bertelsmann Stiftung.

Felbermayr, G./Sandmann, A. (2018): Trumps Importzölle auf Stahl und Aluminium, in: Ifo Schnelldienst, Vol. 71, Nr. 06, S. 30–37.

Karson, Y./Brennan, D. (2025). China appears to downplay US trade deal Trump said was 'done', ABC News, URL: https://abcnews.go.com/International/china-appears-downplay-us-trade-deal-trump/story?id=122763770, access on: 23.07.2025.

Köster, B. (2022): Die Außenhandelsverflechtung der deutschen Volkswirtschaft – Das regional diversifizierteste Land der Welt und seine punktuelle Rohstoffanhängigkeit, Janßen, S./Kirstges, T./Kull, S./ Neumann, M./Schmoll, E. (Hrsg): Jahresband 2022 des Fachbereichs Wirtschaft – Gesammelte Erkenntnisse aus Lehre und Forschung, p. 109-122.

Köster, B./Mühe, F. (2024): Internationale Handelskonflikte: Eine verhaltensökonomische Analyse, WiSt – Wirtschaftswissenschaftliches Studium, 5/24, 2024, p. 26-32.

Köster, B./Mühe, F. (2025): US-Zölle - Wirkungsanalyse mit einfachem Handelsmodell, Das Wirtschaftsstudium (WISU) 6/25, p. 599-606.

Krugman, P. R. (1979): Increasing returns, monopolistic competition, and international trade, Journal of International Economics, Volume 9, Issue 4, November, p. 469-479.

Krugman, P. R. (1981): Intraindustry Specialization and Gains from Trade, Journal of Political Economy, Vol. 89, No. 5, Oct., p. 959-973.

Matthes, J./Puls, T. (2023): Beginnt das De-Risking? Entwicklung des deutschen Außenhandels mit China im ersten Halbjahr 2023 und Weiterentwicklung des IW-Monitorings zu den Einfuhr-Abhängigkeiten von China, IW-Report 43/2023.

Ohlin, Bertil (1933): Interregional and International Trade, Cambridge, Harvard University Press.

Peterson Institute (2025): Trump's trade war timeline 2.0: An up-to-date guide, URL: https://www.piie.com/blogs/realtime-economics/2025/trumps-trade-war-timeline-20-date-guide, access on: 28.07.2025.

PBS (2025): A timeline of Trump's tariff actions so far, PBS News, URL: https://www.pbs.org/newshour/economy/a-timeline-of-trumps-tariff-actions-so-far, access on: 23.07.2025.

Ricardo, David (1817): On the Principles of Political Economy and Taxation (Everyman's Library; 1590). Dent, London 1987.

Tagesschau (2025): EU und USA einigen sich auf Kompromiss im Zollstreit, URL: https://www.tagesschau.de/wirtschaft/weltwirtschaft/zollstreit-einigung-100.html, access on: 28.07.2025.

The White House (2025a): Fact Sheet: President Donald J. Trump Restores Section 232 Tariffs, 11.2.2025, URL: https://www.whitehouse.gov/fact-sheets/2025/02/fact-sheet-president-donald-j-trump-restores-section-232-tariffs/, access on: 23.07.2025.

The White House (2025b): Regulating Imports with a Reciprocal Tariff to Rectify Trade Practices that Contribute to Large and Persistent Annual United States Goods Trade Deficits, Executive Order 14257, 2.4.2025, URL: https://www.whitehouse.gov/presidential-actions/2025/04/regulating-imports-with-a-reciprocal-tariff-to-rectify-trade-practices-that-contribute-to-large-and-persistent-annual-united-states-goods-trade-deficits/, access on: 23.07.2025.

The White House (2025c): Fact Sheet: President Donald J. Trump Secures Unprecedented U.S.–Japan Strategic Trade and Investment Agreement, URL: https://www.whitehouse.gov/fact-sheets/2025/07/fact-sheet-president-donald-j-trump-secures-unprecedented-u-s-japan-strategic-trade-and-investment-agreement/, access on: 23.07.2025.

United States Government Federal Register (2025): Implementing the General Terms of the United States of America-United Kingdom Economic Prosperity Deal, Executive Order 14309, URL: https://www.federalregister.gov/documents/2025/06/23/2025-11473/implementing-the-general-terms-of-the-united-states-of-america-united-kingdom-economic-prosperity, access on: 23.07.2025.

United States Trade Representative (2025a): Presidential Tariff Actions, URL: https://ustr.gov/issue-areas/presidential-tariff-ac-tions

#:~:text=Executive%20Summary,that%20prevent%20trade%20from%20balancing, access on: 23.07.2025.

United States Trade Representative (2025b): Reciprocal Tariff Calculations, URL: https://ustr.gov/sites/default/files/files/Issue_Areas/Presidential%20Tariff%20Action/Reciprocal%20Tariff%20Calculations.pdf, access on: 23.07.2025.

Viner, Jacob (1932): The Doctrine of Comparative Costs, in: Review of World Economics 36 (2), 1932, S. 356–414

Viner, Jacob (1937): Studies in the Theory of International Trade. London: George Allen & Unwin – via Online Library of Liberty.

Witt, M. A./Lewin, A. Y./Li, P. P./Gaur, A. (2023): Decoupling in international business: Evidence, drivers, impact, and implications for IB research, Journal of World Business, 58.

Yeung, J./Stewart, M. (2025): In China's 'Christmas Town,' Trump's tariffs are dimming the lights, CNN, 18. April 2025, URL: https://edition.cnn.com/2025/04/18/business/yiwu-china-market-impact-trump-tariffs-intl-hnk-dst/index.html, access on: 23.07.2025.

Stephan Kull

Die regionale Arbeitgebermarke als Teil einer umfassenden Ortsmarkierung für Urlaubsinseln

1 Die Insel als neuralgischer Ort für Probleme der Markenbildung

In vielen Tourismusregionen spitzt sich der Fachkräftemangel zu. Während Destinationen[1] über Jahrzehnte primär als Urlaubsmarken für Gäste entwickelt wurden, rückt nun die Attraktivität dieser Orte als Arbeits- und Lebensraum in den Fokus. Die Strahlkraft der Destinationsmarken lockt immer mehr Urlauber an die begehrten Orte, was unter dem Phänomen des Overtourism[2] bereits an die Grenzen der Belastbarkeit führt. Aber bis zu diesem Kipppunkt wächst mit den Urlaubssuchenden immer auch der Bedarf an Arbeitskräften.

So gewinnt die Idee der regionalen Arbeitgebermarke im Tourismus an Bedeutung: Gemeint ist ein gemeinsames, regionsübergreifendes Employer Branding[3]-Konzept, mit dem sich eine Urlaubsregion gleichzeitig als erstklassige Arbeitgeberregion präsentiert. Ziel ist es, mehr qualifizierte Arbeitskräfte anzuziehen und bestehende Beschäftigte zu halten – eine Herausforderung, die angesichts des demografischen Wandels und des *War for Talent*[4] immer dringlicher wird.

---

[1] Destination wird als geographischer Raum auf unterschiedlichen Aggregationsebenen verstanden, die ein relevantes Reiseziel für Touristen darstellen. Vgl. Scherhag, K., 2025a.

[2] Vgl. zu Begriff und Phänomen des Overtourism vertiefend Kirstges, T., 2020.

[3] Die Arbeitgebermarke wird international unter Employer Branding diskutiert. In diesem Artikel wird der deutsche Begriff der Arbeitgebermarke für Beschäftigte verwendet. Zudem steht im Mittelpunkt das umfassendere Konzept des Place Branding, das eine allgemeine Ortsmarke aus verschiedenen Perspektiven betrachtet. Neben der regionalen Employer Brand lässt sich auch die Destinationsmarke als touristische Angebotsmarke eines Ortes in das Gesamtkonzept integrieren. Hinzu tritt die Möglichkeit einer Anliegermarke für Bewohner, was im weiteren Verlauf der Argumentation explizit vorgestellt wird.

[4] Der Begriff *War for Talents* stammt aus einer Studie von McKinsey aus dem Jahr 1997, die von Chambers, E. G. et al., 1998 veröffentlicht wurde.

Die Tourismusbranche erlebt seit einigen Jahren eine massive Personalnot, die durch die COVID-19- Pandemie noch verschärft wurde.[5] Bereits vor der Pandemie hatten Hotellerie und Gastronomie Schwierigkeiten, genügend qualifiziertes Personal zu finden, und während der Krise sind weitere Fachkräfte aus der Branche in andere Sektoren abgewandert. Heute herrscht im Tourismus ein Arbeitnehmermarkt: Arbeitskräfte können unter vielen Angeboten wählen, und touristische Betriebe konkurrieren zunehmend mit anderen Branchen um Talente. Dies trifft Urlaubsregionen besonders hart, da hier saisonale Arbeit, verhältnismäßig niedrige Löhne und ein vom Gästeansturm geprägtes Arbeitsumfeld die Attraktivität aus Arbeitnehmersicht schmälern können.[6]

Die deutschen Inselregionen an Nord- und Ostsee, die hier als Denkhintergrund ausgewählt wurden, stehen vor zusätzlichen Herausforderungen. Die Forschung zeigt, dass insbesondere abgelegene Regionen überdurchschnittliche Anstrengungen unternehmen müssen, um im Wettbewerb um Beschäftigte mitzuhalten.[7] Inseln sind derart abgelegene Orte, da sie nur über das Wasser erreicht und versorgt werden können. Diese geographische Abgeschlossenheit sowie höhere Lebenshaltungskosten (wegen aufwändiger Logistik für alle Waren) und begrenzte Kapazitäten an Einwohnern und Wohnraum (durch Konkurrenz mit Urlauberquartieren) führen dazu, dass auf Inseln lokale Arbeitsmärkte klein sind und dringend externe Fachkräfte herangeführt werden müssen. Eine Insel ist also bezüglich der Argumentation für eine Arbeitgebermarke als ein *Good place to be* für Beschäftigte ein besonders neuralgischer Ort. Gleichzeitig ist sie für die Wertschöpfung im insularen Kerngeschäft Tourismus auf ausreichend mitwachsende Beschäftigtenzahlen angewiesen. Somit wird die treffende Positionierung der Insel für aktuelle und potenzielle Beschäftigte notwendig. Die etablierten Urlaubsmarken taugen jedoch in ihrer bisherigen Positionierung nur begrenzt. Während für die Inseltouristen Erholungswerte und -zeiten im Vordergrund stehen, trifft für Beschäftigte das genaue Gegenteil

[5] Vgl. Jäggi, C. J., 2021.

[6] Vgl. zur Charakterisierung der Arbeitssituation Gardini, M. A., 2013, S. 42ff.

[7] Vgl. Plaikner, A. et al., 2023, S. 13, die Ergebnisse beziehen sich allerdings auf die Alpen mit abgelegenen Seitentälern.

zu: stark belastende und zudem oft unterdurchschnittlich vergütete und saisonale Arbeit bis an die Belastungsgrenzen.

Ziel dieses Artikels ist es, zunächst Markenbesonderheiten von Orten wie Inseln zu klären, um dann Elemente einer inselbezogenen Arbeitgebermarke zu konzeptionieren und diese in möglichst synergetischer Entwicklung zur touristischen Angebotsmarke der Insel zu stellen. Zum Abschluss werden Potenziale für eine integrierte Kommunikation beider Markenperspektiven ausgelotet. Das Arbeitsprogramm beginnt mit der Darstellung der Besonderheiten einer Markierung für Orte über eine Imagepositionierung als fragile Netzwerkarbeit.

2 Imagepositionierung einer Insel als fragile Netzwerkarbeit

Damit eine Insel Sehnsuchtspotenzial für Urlauber entwickeln kann, bedarf es sichtbarer und stimmig passender Symbolwelten für gefestigte Narrative im Sinne geteilter Bedeutungen. Dies können kulturell-sozial konstruierte imaginäre Vorstellungswelten von Destinationen (Galapagos, Dänische Südsee, Mallorca) sein.[8] Jedoch treten immer mehr Orte in einen sich verschärfenden Positionierungswettbewerb um gut geführte und prägnante Marketingkonzepte zur positiven Beeinflussung der Ortswahrnehmung. Als verdichtetes Zeichen wird zumeist von der Pflege und Führung einer Destinationsmarke gesprochen.[9] Hintergrund ist die Erkenntnis, dass das Image eines Ortes immense Bedeutung bei der Auswahl eines Urlaubsgebietes hat.[10] Letztendlich bestimmt das Image des Reiseziels maßgeblich die Wettbewerbsfähigkeit eines Ortes bzw. einer Destination.[11]

Im Gegensatz zu vielen Konsumgütermarken sind touristische Destinationsmarken[12] wie alle Ortsmarken[13] viel schwieriger zu einem eindeutig positionierten inhaltlichen Markenbild zu formen. Die Komplexität resultiert aus einem extrem vielschichtigen und fragilen Leistungsbündel, dessen

[8] Vgl. Eisenstein, B./Köchling, A., 2025, S. 273f.; Saretzki, A., 2022, S. 30.
[9] Eisenstein, B./Köchling, A., 2025 zitieren hierzu auf S. 275 beispielsweise u. a. Bieger, T., 1992; Haedrich, G., 1998; Scherhag, K., 2003.
[10] Vgl. Tasci, A. D. A., 2022; Borlido, T./Kastenholz, E., 2021.
[11] Vgl. Eisenstein, B., 2022, S. 82.
[12] Vgl. zur Destinationsmarke Eisenstein, B./Köchling, A., 2025.
[13] Vgl. zur Ortsmarke Kull, S., 2018, S. 186ff.

Image von einem hochgradig dezentralisierten Akteursnetzwerk und kulturell sozialen imaginären Vorstellungsbildern geprägt wird. Es ist zeit- und kostenaufwändig, diese unterschiedlichen Interessen samt anderweitig existierende Markenkonzepte in der Destination möglichst widerspruchsfrei für die Destination zusammenzuführen. Zumeist wird darüber hinaus unter (im Vergleich zu Konsumgütermarken) starken Budgetbegrenzungen gearbeitet. So bleibt die Destinationsmarke mit einer inhaltlichen Unschärfe behaftet, die sich durch schwer beeinflussbare, langfristig kulturell und emotional geprägte Narrative der mentalen Raumrepräsentation jenseits aller Markenführung noch verschärft.

Mit Blick auf die touristische Praxis der Markenführung scheint es immer schwerer, sich im Zeichendschungel wirklich klar und umfassend eigenständig zu positionieren. Eisenstein und Scherhag[14] vermuten mit Rückgriff auf die Literatur vermehrt einfache Me too-Marken mit dem Schwerpunkt auf einem etablierten Logo mit Schriftzug und Bild, anstatt wirklich inhaltliche Beiträge zu einer Bedeutungsausformung und Identitätsschaffung zu leisten. Die Tendenz lässt sich zusammenfassen zu dem prägnanten Slogan „Viele Namen, wenig Botschaft“.[15] Dieses Phänomen wird als Konkretisierungsfalle einer Inselmarke in der Praxis verstanden und im weiteren Verlauf der Argumentation wieder aufgegriffen.

[14] Vgl. Eisenstein, B./Scherhag, K., 2022, S. 354; Beritelli, P./Laesser, C., 2019, S. 55; Park, S.-Y./Petrick, J. F., 2006, S. 264; Blain, C./Levy, S. E./Ritchie, J. R. B., 2005, S. 338; Mundt, J. W., 2004, S. 53; Hankinson, G., 2001, S. 136.

[15] Vgl. Gardini, M. A., 2025, S. 10ff., der den Slogan als Frage formuliert, ihn aber nachfolgend mit praktischen Beispielen belegt, dass er zum Fazit kommt, dass die inhaltliche Positionierung bestenfalls in einer imitierenden Me too-Markierung endet, wenn nicht gar inhaltlich hinter ihren Möglichkeiten zurückbleibt.

Die Konkretisierungsfalle bestätigt die Trennung von Erscheinungs- und Bedeutungskonzept, die in den Ansätzen zur identitätsbasierten Markenführung von Esch oder Burmann kaum vorkommt[16], und deshalb von Kull in Ergänzung explizit eingeführt wurde:[17]

Das **Erscheinungskonzept** beschreibt die Gesamtheit der sinnlich wahrnehmbaren Elemente (visuelle, akustische und weitere sensorische Reize), die das äußere Erscheinungsbild der Marke prägen. Es dient der Schaffung von Einzigartigkeit und Wiedererkennbarkeit des Markenzeichens und fungiert zugleich als potenzieller Anknüpfungspunkt für eine spätere Bedeutungsaufladung. Hierbei stehen allein visuell neben dem vorab imaginär bedeutungsgeladenen Inselnamen mehrere kombinierbare Bausteine zum unikaten Erscheinungsaufbau zur Verfügung: Logo, Slogan, Schlüsselbilder oder mögliche Symbole lassen sich in spezifische Schrift-, Farb- oder Formgebung einbetten.[18] Alle Elemente stellen im Zusammenspiel ein möglichst prägnant und unikat verdichtetes Zeichen dar. Nachfolgend sichern kommunikative Maßnahmen mit vielfältigen Bedeutungshinterlegungen die Markenidentität in ihrer vollen Wirkung.

Das **Bedeutungskonzept** ergänzt und verstärkt das Erscheinungskonzept, indem es dieses inhaltlich auflädt. Es vermittelt jene Bedeutungsinhalte, die von beiden Seiten – Markenmacher und Markennutzer – geteilt werden und so zur kollektiven Sinnstiftung beitragen. Der *Magnetismus* einer Marke korreliert direkt mit dem Ausmaß dieser geteilten und positiv verankerten Bedeutungen. Seitens der Markenmacher ist hierfür ein systematisches Aussagenkonzept[19] als Markenleitbild erforderlich, das zentrale Bausteine wie Markenkern (Wer bin ich?), Markenwerte (Wie bin ich?), Markennutzen (Was biete ich an?), Markenattribute (Was habe ich?) und

[16] Esch, F.-R./Langer, T., 2019 stellen diese und weitere Konzepte im Überblick dar. Zum Ansatz von Esch auf neuestem Stand siehe Esch, F.-R., 2024, für den Ansatz von Burmann auf neuestem Stand siehe Burmann, C. et al., 2024.

[17] Vgl. Kull, S., 2019, S. 125ff.; Kull, S., 2018, S. 183ff. Das Interpretieren von Kommunikationsbotschaften i.S. einer Bedeutungsaushandlung folgt der Semiotik, die bei geteilten und nicht geteilten Bedeutungen differenziert, Je mehr geteilt werden, umso höher die Akzeptanz des Aussagenkonzepts.

[18] Vgl. Kull, S., 2018, S. 189f.

[19] Vgl. Kull, S., 2018, S. 191ff. mit Bezug auf Esch, F.-R., 2008, S. 103, hier zitiert als Esch, F.-R., 2024; Radtke, B., 2013, S. 192.

das Markenerlebnisbild (Wie trete ich auf?) umfasst. Dieses Markenleitbild muss durch umfassende, aber integrierte Kommunikation zu einem gesamthaften Bedeutungskomplex aufgebaut werden.

Dem Aussagenkonzept der Markenmacher steht das Akzeptanzkonzept der Markennutzer gegenüber. Hierbei rückt die individuelle Passung der Marke in den Vordergrund. Je mehr Bedeutungen der Marke klar erkennbar und in umfassender Akzeptanztiefe als semantische Bedeutungsnetzwerke im Gehirn verankert sind, umso mehr dient die innere Identität der Marke auch der Absicherung der Imageakzeptanz durch die Markennutzer. Abb. 1 zeigt die Konzeption im Überblick.

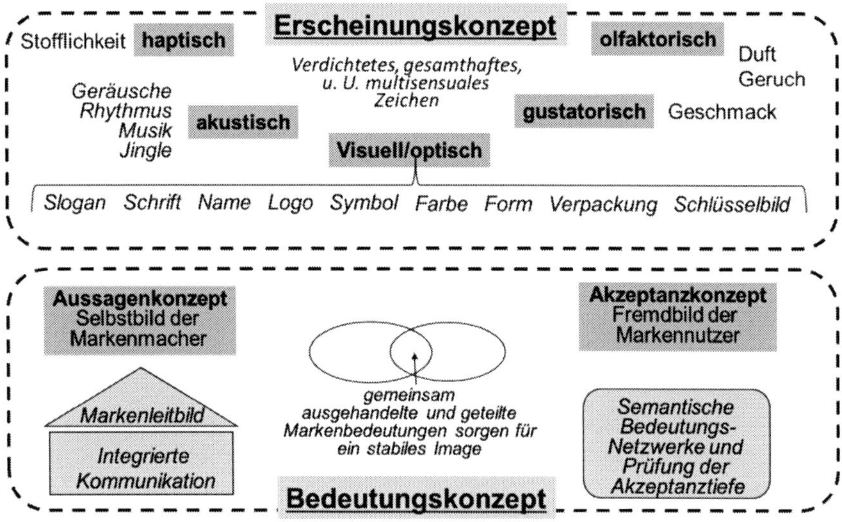

Abb. 1: Duale Grundkonzeption einer identitätsbasierten Marke (Quelle: Eigene Darstellung auf Basis von Kull, S., 2018, S. 190; Kull, S., 2019, S. 126).

Obige Aussagen der Touristikexperten werden nun transferierbar in eine Unwucht bei der Führung von touristischen Angebotsmarken hin zu einer Überbetonung des einfacher zu realisierenden Erscheinungskonzeptes.

Das weitaus wichtigere Bedeutungskonzept der Marke, das über die Verankerung inhaltlicher Facetten letztlich zur ausgehandelten Imagepositionierung führt, wird aufgrund von Unschärfen, Fragilitäten und Wahrnehmungsverzerrungen weitaus seltener systematisch angegangen. Gleichwohl besteht die Notwendigkeit für eine Destination, möglichst klare Imagebilder zu setzen, um sich in einem räumlichen Hierarchiegefüge als eigenständiger Ort zu positionieren. Hieraus resultiert für einige Autoren, dass sich Destinationsmarken nur in enger Beziehung zu dem umfassenderen Ansatz der Ortsmarkierung (Place Branding[20]) abbilden lassen.[21]

Andere Publikationen deuten an, dass eine umfassend inhaltlich geführte Destinationsmarke kaum erreichbar erscheint, und daher besser von einer möglichst gut angereicherten Imagepositionierung gesprochen werden sollte.[22] Damit wird das Erscheinungskonzept eher in den Hintergrund verlagert, was eine Relativierung der weiter oben konstatierten Überbetonung eines prägnanten Markenlogos bedeutet. Gleichwohl wird im Bedeutungskonzept der Marke ein identitätsbasiertes Aussagenkonzept der Anbieter einem imagebasierten Akzeptanzkonzept der Markenzielgruppen gegenübergestellt. Somit dient die inhaltliche Begriffswelt der identitätsbasierten Markenführung weiter als Grundlage, ohne sich unnötig stark auf ein prägnantes Markenlogo zu fixieren.

In diesem Beitrag wird die Auffassung vertreten, dass Marken immer in ihrer Bedeutung veränderbar sind, sei es durch äußere Einflüsse oder innere Umsteuerungen sowie durch Unschärfen, die im Aushandlungsprozess einer Markenbedeutung zwischen Identitätsaussagen und wahrgenommen wie akzeptierten Images entstehen können. Marken sind in den seltensten Fällen eindeutig in ihrer Positionierung, sondern es geht um eine möglichst große Schnittmenge geteilter Bedeutungen für eine Marke.

Die Betonung einer möglichst weitgehend geteilten Bedeutung zwischen den Akteuren im Destinationsnetzwerk führt eine Marke im Sinne des bereits naheliegenden Place Brandings über die bisherige Betrachtung von Markenmachern und Markennutzern hinaus. Dies lässt sich am Beispiel

[20] Vgl. zum Konzept des Place Branding umfassend Kull, S., 2018.
[21] Vgl. Schobert, M., 2022; Schobert, M./Sommer, A., 2025, S. 137.
[22] Vgl. Scherhag, K., 2025b, S. 111ff.

einer Ferieninsel veranschaulichen: Selbst und gerade wenn sich die Besucher einer Insel mit dem etablierten Image der Insel wohlfühlen, wird im Zuge des Fachkräftemangels eine ganz andere Markenpositionierung für Destinationen wichtig: Die destinationsbezogene Employer Brand bzw. Arbeitgebermarke.

Die möglichst synergetische Erweiterung der Perspektiven einer Marke macht deutlich, warum die Integration einer touristischen Betrachtung der Destinationsmarke in den umfassenderen theoretischen Kontext des Place Branding sinnvoll erscheint. Sogar eine über Besucher und Beschäftigte hinausgehende Betrachtung einer Ortsmarke kann erreicht werden: Unter Hinzunahme der Bewohner eines Ortes ergibt sich die Anliegermarke als dritte Perspektive.[23] Abb. 2 zeigt das konzeptionelle Dreieck einer Ortsmarke am Beispiel einer Insel, die deshalb gewählt wurde, weil die Insel einen regional besonders klar abgegrenzten Raum und Ort im Sinne von Place und Space darstellt und - wie bereits erläutert – neuralgische gegenläufige Ortsbezüge beinhaltet. Die Darstellung kann also eine klassische Destinationsmarke als touristische Angebotsmarke integrieren und berücksichtigt zusätzlich die Arbeitgeber- und die Anliegermarke.

Abb.2: Das konzeptionelle Dreieck einer Ortsmarke (für eine Insel). (Quelle: Modifikation von Kull, S., 2024, S. 210.)

[23] Vgl. Kull, S., 2024.

Weil die Insel gut räumlich abgrenzbar und ein spannungsgeladener Markierungsort ist, sollen die Destinationszusammenhänge innerhalb des gesamten Artikels vor diesem Denkhintergrund erläutert werden. Die Anliegermarke zielt auf alle alten und neuen Insulaner (z. B. im Sinne der Vermeidung von Overtourism-Wahrnehmungen oder der Offenheitserzeugung gegenüber Neubürgern), die Arbeitgebermarke auf alle Beschäftigten (z. B. im Sinne von deren Findung und Bindung, um dem Fachkräftemangel entgegenzuwirken) und die Angebotsmarke auf alle Touristen (z. B. im Sinne der Tagesausflügler und Langzeiturlauber). In diesem Artikel wird ein Schwerpunkt auf die Wechselwirkungen der letzten beiden Markenbestandteile gelegt: Die Angebotsmarke einer touristischen Destination wird in synergetischer Verbindung zur touristischen Angebotsmarke gesetzt. Bevor dies geschehen kann, müssen die Grundlagen einer identitätsbasierten Markenführung für Orte hergeleitet werden.

3 Grundzüge identitätsbasierter Markenführung für Orte

Die Markenführung für Orte stützt sich auf zwei (bereits eingeführte) zentrale Konzepte: Erscheinungs- und Bedeutungskonzept. Gemeinsam bilden sie die Grundlage für die strategische Entwicklung und Positionierung einer Ortsmarke im Sinne einer kohärenten Markenidentität, die sowohl intern (seitens der Markenmacher) als auch extern (seitens der Markennutzer) Wirkung entfaltet.

Im Rahmen der identitätsbasierten Markenführung entsteht Markenstärke nicht allein durch intern konsistente Aussagen der Markenmacher, sondern durch deren Kongruenz mit den Wahrnehmungen und Erwartungen der Markennutzer. Die Markenbedeutung ergibt sich durch die Aushandlung zwischen dem Aussagenkonzept der Markenmacher und dem Akzeptanzkonzept der Nutzer. Burmann beschreibt in diesem Kontext vier potenzielle **Lücken**, die im Aushandlungsprozess zwischen interner Markenintention und externer Markenwahrnehmung auftreten können und die Wirksamkeit und Glaubwürdigkeit einer (Insel-)Marke substanziell beeinträchtigen können.[24]

[24] Vgl. Burmann, C./Meffert, H., 2005, S. 107ff.; Burmann, C. et al., 2024, S. 235ff.

(1) Die Positionierungs- oder Wahrnehmungslücke verdeutlicht die Diskrepanz zwischen den Erwartungen der Markennutzer und deren tatsächlicher Berücksichtigung in den strategischen Positionierungsentscheidungen der Markenmacher. Sie entsteht, wenn die Zielgruppen nicht adäquat in den Entwicklungsprozess der Marke eingebunden werden oder ihre Bedürfnisse nicht präzise genug erfasst sind. Die Folge ist eine Positionierung, die am Markt vorbeizielt und damit an Wirkung verliert.

(2) Die Identifikationslücke liegt vor, wenn das von der Zielgruppe wahrgenommene Markenimage stark vom Idealbild der Nachfrager abweicht. Diese Differenz behindert die emotionale Bindung an die Marke und reduziert die Identifikationsbereitschaft. Für Ortsmarken ist diese Lücke besonders kritisch, da sie auf ein Missverhältnis zwischen Selbstbild (der Marke) und Fremdbild (des Nutzers) hinweist.

(3) Die Feedback- bzw. Kommunikationslücke entsteht, wenn ein von den Markenmachern entwickeltes und vor Ort implementiertes Markenbild von den Nutzern zwar anders wahrgenommen, aber nicht rückgekoppelt oder adäquat kommuniziert werden kann. Diese fehlende Rückkopplung verhindert Lernprozesse und die Weiterentwicklung der Marke auf Basis realer Nutzererfahrungen.

(4) Die Leistungslücke tritt auf, wenn die kommunizierten Markenversprechen nicht mit den vor Ort erlebbaren Leistungen übereinstimmen. Entweder sind die Versprechen nicht einlösbar oder sie wurden nicht umgesetzt. Dies führt zu Enttäuschung und kann die Glaubwürdigkeit der Marke nachhaltig beschädigen.

In ortsbezogener Erweiterung ist die Insel ein sich permanent wandelnder, heterogen erscheinender und komplexer Erlebnisgegenstand und wird in die Markenführung als eigenständiger erlebnisgenerierender Aushandlungspartner integriert. Zudem weist die Ortsleistung vier spezifische Wirkausrichtungen der Marke auf, die ihren Anteil am Aushandlungsprozess charakterisieren können:[25] Jeder Ort reflektiert eine (1) kulturelle Ortsprägung (Reflecting), die auch der Insel eine Identität und ein Image zuweist. Dann drückt sich die Identität eines Ortes (2) in etablierten und

[25] Vgl. Kavaratzis, M./Hatch, M. J., 2013, S. 77ff.

aktiv gewollten Ortsnarrativen über die Insel aus (Expressing). Diese wiederum wird beeinflusst durch (3) das subjektive Ortsempfinden einzelner Individuen (Impressing. Schließlich spiegelt sich dieses ausgeformte Image der Anderen in der Identitätsbeeinflussung des Ortes durch (4) unvorhersehbare fremde Narrative wider (Mirroring).

Eingebettet in diese vier Beziehungen zwischen dem Inselbild als dem emotional-imaginären Narrativ, der geschaffenen Ortsidentität der Markenmacher und dem wahrgenommenen Ortsimage der Markennutzer gestaltet sich nun die Positionierung der Marke, und zwar als Aushandeln von Bedeutungen über die jeweiligen Soll-Vorstellungen und die wahrgenommenen subjektiv-realen Ausdrucksformen der Marke. Abb. 3 zeigt das Gap-Modell als Führung einer Inselmarke.

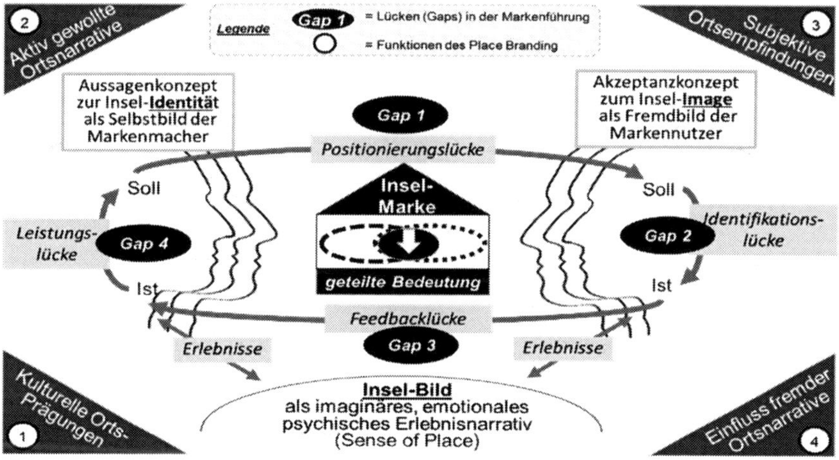

Abb. 3: Führung einer Inselmarke im Bedeutungskonzept (Quelle: Eigene Darstellung auf Basis von Kull, S., 2018, S. 185.).

Eine starke Inselmarke im Sinne einer Angebotsmarke für eine Destination ist gegeben, wenn sie ein klares, differenzierendes und möglichst einzigartiges Image aufweist, das von einer möglichst großen Schnittmenge gemeinsam geteilter Bedeutungen zwischen Markenmachern und -nutzern getragen wird. Die Vermeidung bzw. Schließung der oben beschriebenen Lücken ist ein zentrales Ziel strategischer Markenführung. Nur wenn Erscheinungskonzept, Bedeutungskonzept und Leistungserfahrung kohärent zusammenwirken, kann die identitätsbasierte Markenführung ihre volle Wirkung entfalten. Mit diesen Grundlagen für die Angebotsmarke soll die Perspektive der Arbeitgebermarke für die Insel hinzugenommen werden, was die komplexe Markenführung einer Inselmarke weiter zu einem vernetzten Bedeutungsbündel aufschaukelt, das es dennoch möglichst widerspruchsfrei zu gestalten gilt.

4 Konzeptionierung einer Arbeitgebermarke für eine Insel

4.1 Grundlegungen zur Arbeitgebermarke für eine Region

Die Arbeitgebermarke (Employer Brand[26]) wurde zunächst als theoretisches Konzept für einzelne Unternehmen entwickelt, die über eine personalbezogene Werbung hinausdenken wollten. Hintergrund ist die zunehmende Bedeutung eines positiven Images von Unternehmen auch gegenüber potenziellen, aktuellen und ehemaligen Beschäftigten. Im Zuge des Relationship-Marketings[27] rückte neben der externen Betrachtung auch das Interne Marketing in den Fokus. Hierbei werden Marketingprinzipien gegenüber dem eigenen Personal angewendet mit dem Ziel, diese als *interne Kunden* zu gewinnen und zur aktiven Mitgestaltung der Leistungsqualität zu motivieren. Im Zentrum steht der Gedanke, dass Mitarbeitende überzeugt, informiert und eingebunden sein müssen, um Kundenzufriedenheit nachhaltig zu sichern. Die Innenorientierung der Marke brachte die drei Konzepte *Behavioral Branding*[28] (als Durchsetzung der Markenidentität nach innen), *Internal Branding*[29] (Umsetzung der Marke durch die Beschäftigten) und *Employer Branding*[30] (Aufbau einer Marke für Beschäftigte) hervor.

---

[26] Vgl. zum Begriff der *Employer Brand* Ambler, T./Barrow, S., 1996, S. 186, die darunter „[…] the package of functional, economic and psychological benefits provided by employment, and identified with the employing company." verstehen. Zur Vertiefung des Konzeptes der Employer Brand gemäß des Identitätskonzeptes siehe Esch, F.-R. et al., 2019.

[27] Vgl. Grönroos, C., 1994; Bruhn, M., 2022.

[28] Vgl. Esch, F.-R./Knörle, C./Strödter, K., 2019.

[29] Vgl. Burmann, C./Pichler, R., 2019.

[30] Vgl. Esch, F.-R. et al., 2019.

Durch den demographischen Wandel und den allgemeinen Fachkräftemangel rückte die interne Perspektive im bereits erwähnten Kampf um gute Talente in den Fokus. Es wurde zunehmend wichtiger, hohe Mitarbeiterzufriedenheiten und -bindungsgrade zu erzielen, um einerseits die Fluktuation von Fachkräften zu vermeiden und andererseits über eine hohe Identifikation der Beschäftigten mit der Marke auch deren externe Strahlkraft in den Markt hinein zu erhöhen. Mittlerweile ist die unternehmerische Arbeitgebermarke eine fest etablierte Markenperspektive und ein wichtiges Aufgabenfeld im Personalmarketing[31] wie auch im Brandmanagement[32]. Eine starke Arbeitgebermarke bietet aktuellen Beschäftigten bei individueller Passung der Attribute die Möglichkeit der hohen Loyalität und potenziellen Beschäftigten ein positives Selektionskriterium bei der Beschäftigungswahl.[33]

Im Zuge regionaler Unterschiede und der zunehmenden Brisanz von strukturschwachen Regionen liegt die Ausweitung des unternehmensbezogenen Konzeptes auf einen räumlichen Überort nahe.[34] Eine regionale Arbeitgebermarke bezieht sich nicht auf ein einzelnes Unternehmen, sondern auf eine ganze Region als Arbeitsort. Sie wird durch mehrere Akteure (z. B. Tourismusbetriebe, Kommunen, Kammern) getragen und verfolgt das Ziel, eine Region als Ganzes als attraktiven Arbeitsort für Beschäftigte zu positionieren. Hierzu dienen weniger Unternehmensbezüge, sondern viel-

[31] Vgl. Plaikner, A. et al., 2023.

[32] Vgl. Esch, F.-R., 2019.

[33] Vgl. Sponheuer, B., 2010, S. 102; Stotz, W./Wedel-Klein, A., 2013, S. 31f.; Rohrlack, K., 2019, S. 158.

[34] *Regionales Employer Branding* wird mit Tourismusbezug von Egenter, S., 2024 verwendet für die Beschreibung praxisorientierter Geschehnisse, leistet jedoch keine theoretische Konzeptionierung. Im Zuge des Place Marketing haben Kull, S./Immken, M., 2019, S. 185ff. bereits das Place Zooming entwickelt, das eine levelartige Verschiebung des Betrachtungsraumes (analog zum Zoom einer Kamera) zulässt und mit ähnlichen Instrumenten des Place Branding arbeiten kann: Eine Arbeitgebermarke kann sowohl auf Einzelstandorte wie Unternehmen oder Gewerbegebiete aber auch auf regional unterschiedliche Zuschnitte bis zu (supra-)nationalen Ebenen gerichtet agieren.

mehr Verknüpfung mit regionalen Narrativen und Identitäten. Im Mittelpunkt stehen regionale Verbundenheit und Identität im Sinne der emotionalen Identifikation mit dem Ort aus der Perspektive der Beschäftigten.

Im Tourismus bietet sich die regionale Betrachtung einer Arbeitgebermarke besonders an, da oft auch regionale Angebotsmarken existieren. Sobald diese regionalen Angebotsmarken eine starke Ausstrahlung haben, locken sie mehr Besucher an, was wiederum die Notwendigkeit von mehr Beschäftigten nach sich zieht. Somit bedingt eine gut eingeführte regionale touristische Angebotsmarke sehr oft auch die Einführung einer regionalen Arbeitgebermarke. Allerdings geht es hier um gänzlich andere Positionierung als gegenüber den Urlaubsgästen.

Während für die Gäste bequeme Räumlichkeiten, Erholungswert und Genuss der Landschaft im Vordergrund steht, verkehrt sich die Argumentation für potenzielle Beschäftigten in der Urlaubssaison in das genaue Gegenteil:[35] Es geht oft um harte Arbeit von morgens bis spät in die Nacht. Und dem komfortablen Wohnraum für Touristen steht ein Quartiermangel für die Fachkräfte gegenüber, da jegliche Raumreserve gerne an Touristen vermietet wird. Die Ansprache von Fachkräften bedarf also einer sensiblen Argumentationsverschiebung im Markenbild. Das mühsam aufgebaute Image muss behutsam erweitert werden, um unter der etablierten Erscheinungsform einer Marke auch Inhalte für Arbeitnehmer als Bedeutungsaufladung mit Anziehungskraft hinzuzufügen.

Gerade das hier gewählte Beispiel einer Insel als Region erfordert diese Arbeitgeberorientierung in einem verstärkten Maße:[36] Zu den allgemeinen

[35] Die zusammengetragenen Ergebnisse basieren auf einem Beratungsprojekt, das der Autor gemeinsam mit Enno Schmoll im Jahr 2023 für die sieben ostfriesischen Inseln durchgeführt hat. Methodische Grundanlage waren Markenworkshops, Interviews und teilnehmende Beobachtungen auf jeder Insel. Die Ergebnisse wurden zu Inselausdeutungen und verbindenden Elementen für die Ostfriesischen Inseln als übergeordnete Region für regionale Arbeitgebermarke in Verbindung zur touristischen Angebotsmarke ausgebaut. Das Projekt ist nicht veröffentlicht. Somit belaufen sich die hier einfließenden Erkenntnisse auf musterhafte Verdichtung übergreifender und verallgemeinernder Strukturen, die in einer unveröffentlichten Abschlusspräsentation für das Projekt enthalten sind. Sie wird nachfolgend als Kull, S./Schmoll, E., 2023 zitiert.

[36] Vgl. Kull, S./Schmoll, E., 2023.

Problemen des Fachkräftemangels (wie z. B. demographischer Wandel, strukturschwache Regionen, Überakademisierung) und den besonderen im Tourismus (Arbeitszeit/-lohn/-unsicherheit, Saisonarbeit, starke Abwanderung aus der Branche während der Corona Pandemie) treten hier noch die inselspezifischen Verschärfungsfaktoren hinzu (Infrastrukturschwäche, teure Mieten, Wohnraumknappheit, Fähranreise, Kulturpassungsprobleme, Sprachprobleme) hinzu. Somit liegt es nahe, einen Blick auf die möglichen Bedeutungsausformungen einer Arbeitgebermarke für die Insel zu werfen. Zuvor jedoch muss die Zielgruppe der Beschäftigten noch für den insularen Tourismus weiter ausdifferenziert werden. Denn durch diese Ausdifferenzierung treten weitere beachtenswerte Argumentationsstränge für die Arbeitgebermarke hinzu.

4.2 Ausdifferenzierung von insularen Beschäftigten als Zielgruppe

Eine Insel konzentriert die allgemeinen Problemlagen in Bezug auf den Beschäftigtenmangel in einer geographisch eindeutigen und meist kleinräumigen Abgrenzung noch einmal mehr. Gerade Inseln sind zudem oft Regionen, in denen ohnehin infrastrukturelle Defizite herrschen und eine starke Abwanderung junger Menschen stattfindet. Ausbildung oder Studium werden zwangsläufig mangels Angebots oft auf dem Festland und dazu auch noch weit entfernt von einer jenseits des Tourismus strukturschwachen Küstenregion absolviert. Der eigene Nachwuchs fällt dementsprechend auf einer Insel eher gering aus.

Umso wichtiger ist es, die Beschäftigten weiter auszudifferenzieren, um eine segmentspezifische Ansprache mit entsprechendem Bedeutungszuschnitt zu ermöglichen: [37]

So sind beispielsweise Nachbesetzungen von außen für **infrastrukturelle Leitungskräfte** wie z. B. Ärzte, Apotheker, Lehrer, Postboten etc. zwar in geringem Maße nötig, aber oftmals aufgrund der hohen Qualifikation dennoch schwer zu finden. Ferner zählen innovative Jungunternehmer-Persönlichkeiten hierzu, die mit hoher Risikobereitschaft einen Neustart auf der Insel wagen. Einen weiteren Engpass stellen oft **festangestellte Fachkräfte** für die Bereiche Handwerk, Hotel, Restaurant und Handel, aber

[37] Die nachfolgenden vier Gruppen basieren auf der Clusterung als Ergebnis aus Kull, S./Schmoll, E., 2023.

auch Logistik, Fähre oder Hafen dar, wenn überhaupt entsprechende Betriebe auf einer Insel zugegen sind und entsprechende Absatzmärkte haben.

Im Tourismus sind darüber hinaus auch **saisonale Voll- und Teilzeitkräfte** für unterschiedlichste Services im touristischen Saisonbetrieb notwendig. Diese vielen Beschäftigten werden jedoch nur in der Saison benötigt. Sobald die Besucherströme wieder abnehmen, stellen die Saisonkräfte einen unnötigen Kostenblock dar und werden oftmals freigesetzt und erst zur nächsten Hochsaison wieder eingestellt. Auf saisonale Überbelastung folgt demnach die Unsicherheit der Weiterbeschäftigung in der Nebensaison, was bei hinzutretender oft unterdurchschnittlicher Bezahlung, zu einem eher unattraktiven Arbeitsumfeld Insel führt.[38] Oft sind es ausländische Beschäftigte oder Deutsche mit Migrationshintergrund, die gerade als saisonale Voll- oder Teilzeitkräfte eingestellt werden, um die oben dargestellte generelle Abwanderungsbewegung auf vielen Inseln zu kompensieren. Hier zeigt sich die Notwendigkeit einer mehrsprachigen Kommunikation für die Arbeitgebermarke.

Für alle vier Gruppen von Beschäftigten kann analog zum besucherorientierten Beziehungsmanagement[39] ein dreiphasiger Beziehungslebenszyklus aufgebaut werden, der sich von der Findung neuer Beschäftigter über die Bindung erfahrener Fachkräfte bis hin zur Rückgewinnung ehemaliger Mitarbeitenden erstreckt. Alle Fachkräfte müssen sich in allen drei Phasen unter dem Dach einer Arbeitgebermarke in ihrer Identität und einem ihnen entsprechenden Image für die Insel wiederfinden können. Abb. 4 zeigt den Überblick über die Beschäftigten-Cluster als Zielgruppen einer Inselmarke.

Durch diese Clusterung der Beschäftigten ergeben sich weitere Konflikträume, die eine insulare Arbeitgebermarke berücksichtigen muss. Einen zusätzlichen Konfliktraum durch die weitere Ausdifferenzierung bieten aufkommende Sprach- und Kulturbarrieren. Waren es früher in Niedersachsen Autohochburgen wie VW in Wolfsburg die für einen hohen Ausländeranteil der Region sorgten, sind es heute Tourismusregionen, die einen hohen Ausländeranteil an Beschäftigten nach sich ziehen. Vor diesem

[38] Vgl. Kull, S./Schmoll, E., 2023.

[39] Vgl. Bruhn, M., 2022. Die drei Phasen (Kundenakquise, -bindung und -rückgewinnung) werden besonders ab S. 65 hergeleitet.

Hintergrund erstaunt die Meldung nicht, dass in Niedersachsen im Jahr 2025 der regionale Raum mit höchstem Ausländeranteil an der Gesamtbevölkerung auf einer Insel, nämlich auf Juist, liegt.[40]

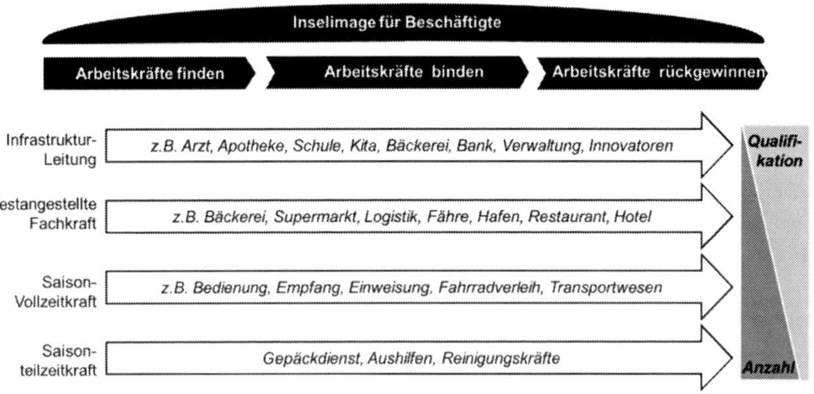

Abb. 4: Beschäftigen-Cluster als Zielgruppen einer Inselmarke (Quelle: Eigene Darstellung auf Basis von Kull, S./Schmoll, E., 2023).

Verschärfend für den hohen Bedarf an Saisonkräften auf einer Insel ist die ohnehin saisonal hochbelastete Wohnsituation.[41] Unterkünfte für Besucher bringen Einnahmen, die notwendigen Unterkünfte für Beschäftigte jedoch verursachen entweder Mindereinnahmen oder sind sogar als Ausgaben für Anmietung fremder Räume zu verbuchen. Wohnraum auf einer Insel ist naturgemäß begrenzt. In vielen Fällen haben gerade die saisonalen Aushilfskräfte das Nachsehen und werden zum Pendeln gezwungen. Dies bedeutet im Falle einer Insel zumeist eine Fahrt mit einer Fähre, die aber gleichzeitig auch Touristenströme transportieren muss, was das Fähraufkommen erhöht. Und auch für Pendler bleibt der inselnahe Wohnraum knapp, die Fährfahrt erhöht die Kosten und senkt die Nutzungsattraktivität der Insel nach Dienstschluss.

Die Notwendigkeit zur Etablierung einer Arbeitgebermarke für aktuelle und potenzielle Beschäftigte ist eine Folge aus dem touristischen Angebot: Je magnetischer die Wirkung der Angebotsmarke einer Destination, umso

[40] Vgl. Gerdes, H., 2025.
[41] Vgl. Kull, S./Schmoll, E., 2023.

mehr Beschäftigte werden benötigt. Aufgrund des Personalmangels im insularen Tourismus liegt es nahe, dass es auch den Ansatz gibt, einfach Arbeitskräfte einzusparen, sei es durch (1) Verlagerung von Tätigkeiten auf den Kunden (z. B. über Selbstbedienung/ -abholung oder Mitmachurlaub), oder durch (2) Einschränkung der Leistung (z. B. kürzere Öffnungszeit, geringeres Leistungsspektrum, Wohnraumkontingentierung) oder (3) durch Optimierung/Digitalisierung der Service-Prozesse (z. B. Bedienroboter, Automaten, Maschinenpool, Springkräfte).[42]

Sobald aber der möglichst gute und Zufriedenheit schaffende Einsatz von Beschäftigten im Fokus steht, muss eine Inselmarke für Beschäftigte all die vorher benannten negativen Ursachen für einen Fachkräftemangel in Argumente für einen Fachkräftemagnetismus wandeln und durch entsprechende Maßnahmen proaktiv begleiten. Hier wird bereits die inhaltliche Bedeutungsfindung einer Arbeitgebermarke für die Insel angesprochen.

4.3 Bedeutungsausformung einer Arbeitgebermarke für die Insel

Die Inselmarke muss für alle drei vorgestellten Phasen der Beschäftigung Bedeutungsinhalte kreieren, also sowohl für die Findung und Bindung als auch für die Rückgewinnung von Beschäftigten. Für jede dieser Phasen wird zunächst ein vierstufiger idealtypischer Vorgehenspfad ausgeformt, bevor zu durchdenkende Themenfelder für die Insel angeboten werden.

Ziel ist es, durch eine differenzierte und kohärente Ansprache sowie geeignete Maßnahmen den gesamten Lebenszyklus einer Arbeitskraft im Kontext eines insularen Arbeitsmarktes aktiv zu gestalten. Dabei ist auf die differenzierte Ansprache für jede der bereits herausgearbeiteten Cluster Leitungskräfte, Fachkräfte, Saisonale Vollzeitkräfte und Saisonale Teilzeitkraft zu achten.[43]

In der ersten Phase, **Fachkräfte finden**, liegt der Fokus auf der Ansprache potenzieller Arbeitskräfte durch gezielte Maßnahmen wie das Magnetisieren, Informieren, Interagieren und schließlich Verhandeln. Zur erfolgrei-

[42] Vgl. Kull, S./Schmoll, E., 2023.

[43] Auf diese Ausdifferenzierung wird hier nur hingewiesen, die wirkliche Umsetzung wird dem operativen Geschehen in der Praxis überlassen. Die nachfolgenden Ergebnisse sind übergreifende Muster aus Kull, S./Schmoll, E., 2023.

chen Gewinnung von Fachkräften bedarf es einer klaren Zielgruppendifferenzierung. Besonders relevant sind hierbei neben den klassischen funktionalen Tätigkeitsfeldern auch Menschen, die bereits Urlauber auf der Insel waren, junge Menschen, die nach Abwechslung suchen, sowie *Inselfluencer*, die als authentische Multiplikatoren dienen können, um ganze Gruppen geschlossen auf die Insel zu holen.[44]

Zur inhaltlichen Unterstützung dieses Prozesses sind Ansatzpunkte von Bedeutung, wie die Vermittlung von Inselkultur und Lebensfreude, die Offenheit und Integrationsbereitschaft der Gemeinschaft sowie die Gewährleistung einer aushaltbaren Besucherfrequenz.[45] Weiterhin müssen Aussichten auf kurze Arbeitswege, die zeitliche und monetäre Bewältigung etwaiger Mobilität, sowie auf lukrativen Arbeitslohn, feste Arbeitszeiten und eine adäquate Wohnsituation gegeben werden können. Ebenso entscheidend ist das Schaffen von möglichst zielgenauen Kontaktpunkten (Online wie Offline), um mit potenziellen Arbeitskräften in Kontakt zu treten und einen ersten Zugang zur regionalen Arbeitgebermarke zu ermöglichen.

Die zweite Phase, **Fachkräfte binden**, umfasst Maßnahmen zur Einführung der Neuen, der Integration, der Weiterentwicklung und nachhaltigen Pflege bestehender Arbeitsverhältnisse. Zielgruppe sind alle Anwesenden und bereits von der Insel überzeugten Beschäftigten. Die erfolgreiche Bindung von Fachkräften erfordert in inhaltlicher Bedeutungsausformung die Berücksichtigung grundlegender Anforderungen wie gerechte Entlohnung, adäquate Unterkunftsmöglichkeiten sowie angemessene und planbare Arbeitszeiten und der Umgang mit der nachsaisonalen Zeit. Inhaltlich unterstützen hier insbesondere die Faktoren Problembewusstsein und lösungsorientiertes Handeln, das Fördern von Gemeinschaft und Engagement sowie das Aufzeigen konkreter Zukunftsaussichten und individueller Entfaltungsmöglichkeiten. Auch in dieser Phase spielt die Offenheit und Integrationsfähigkeit der Organisation eine tragende Rolle, um eine langfristige Identifikation der Fachkräfte mit dem Arbeitsumfeld sicherzustellen.

[44] Aus Kull, S./Schmoll, E., 2023 stammt folgendes Beispiel: Restaurantaushilfen werden in größerem Umfang von ehemaligen Mitarbeitenden eines Callcenters aus dem Kosovo per Telefon erfolgreich *nachrekrutiert*, da die Saison auf einer Nordseeinsel wesentlich lukrativer zu sein scheint.

[45] Vgl. Kull, S./Schmoll, E., 2023.

In der dritten Phase, **Fachkräfte zurückgewinnen**, geht es um die Reaktivierung ehemaliger Mitarbeitender oder auch ehemaliger Insulaner die nach der Ausbildung und Erfahrungssammlung in ihren Berufen gerne wieder zurück auf die Insel kommen wollen. Auch hier kommen die Schritte (Re-)Magnetisieren, Informieren, Überzeugen und Verhandeln zum Tragen, jedoch mit einem anderen inhaltlichen Fokus. Entscheidende Voraussetzungen für eine erfolgreiche Rückgewinnung sind eine belastbare Datenbasis, ein fundiertes Verständnis früherer Problemlagen sowie die Fähigkeit, echte und nachhaltige Lösungen anzubieten.[46] Unterstützt wird dieser Prozess durch strategische Maßnahmen wie die Pflege von Kontakten, das Bereitstellen aussagekräftiger Referenzen sowie die aktive Auseinandersetzung mit vergangenen Herausforderungen, um etwaige Vorbehalte aus der Vergangenheit zu entkräften. Auch hier sind die Offenheit gegenüber Rückkehrenden und ein bewusstes Zukunftsdenken zentrale Erfolgsfaktoren.

Über alle drei Phasen hinweg bildet das **Marken-Kontaktpunkt-Management**[47] eine verbindende Klammer. Es koordiniert die verschiedenen Berührungspunkte, sowohl im digitalen als auch im physischen Raum, und trägt dazu bei, ein konsistentes, glaubwürdiges und attraktives regionales Arbeitgeberimage der Insel zu etablieren. Dieses ganzheitliche Management unterstützt die langfristige Entwicklung einer Arbeitgebermarke, die sowohl nach außen hin anziehend wirkt als auch nach innen Bindungskraft entfaltet. Abb. 5 bringt das bisher Gesammelte in einen konzeptionellen Überblick für ein Vorgehensmodell und relevante Bedeutungsinhalte der regionalen Arbeitgebermarke.

Je nach Lebenszyklusphase der Beschäftigten müssen die treffenden Argumente für die Findung, die Bindung und die Rückgewinnung zur Bedeutungsausformung der Marke herangezogen werden. Mit Rückgriff auf das Ausgangsmodell der Markenführung gilt es nun, für die Arbeitgebermarke möglichst alle vier möglichen Lücken zu schließen, die zwischen Markenmachern und Beschäftigten entstehen können. Besonders zwischen dem

[46] Vgl. Kull, S./Schmoll, E., 2023.

[47] Vgl. Schobert, M./Sommer, A., 2025. Der Gedanke der Gestaltung von Markenkontaktpunkten für die Arbeitgebermarke wird auch später im Rahmen der integrierten Markenkommunikation wieder aufgegriffen.

Leistungsversprechen der Arbeitgebermarke und den umsetzbaren tatsächlichen Leistungen darf keine Diskrepanz entstehen, sonst verkommt die Arbeitgebermarke schnell zu einem unbelebbaren Konzept. Aber auch die Positionierungslücke sollte möglichst gering ausfallen, da zumindest die richtigen Items für die Beschäftigten adressiert und transportiert werden müssen. Wenn die Sollkonzeptionierung der Arbeitgebermarke den Beschäftigten nur mangelhaft umgesetzt erscheint, entsteht eine Lücke in ihrer Zufriedenheit, da die Erwartungen nicht mit den Erfahrungen übereinstimmen. So sinkt die Bereitschaft zur Bindungsakzeptanz und zum Insel-Commitment. Ein schlecht abgesichertes Feedback für die Markenmacher erschwert am Ende den treffenden Evaluationsprozess der Marke.

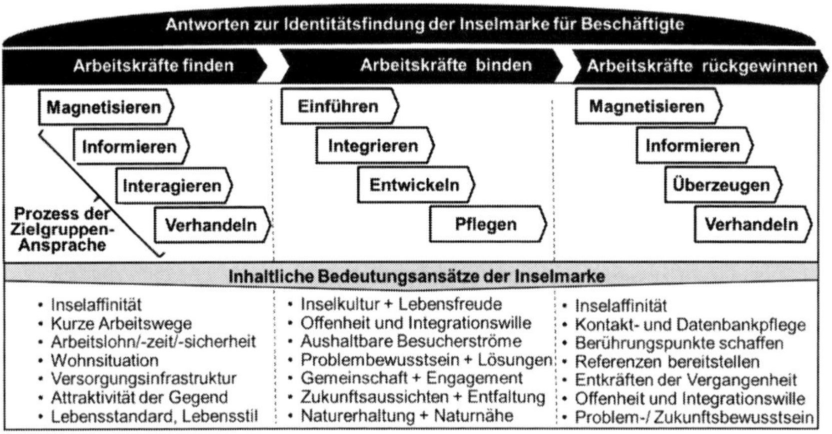

Abb. 5: Bedeutungsaufladung der Arbeitgebermarke für eine Insel (Quelle: Eigene Darstellung auf Basis von Kull, S./Schmoll, E., 2023).

Analog zur Betrachtung der touristischen Angebotsmarke zeigt sich auch für die Ausformung der Bedeutungen einer regionalen Arbeitgebermarke eine enorme Komplexität in der Einzelbetrachtung. Diese wächst, wenn nachfolgend Arbeitgebermarke und Angebotsmarke gemeinsam unter einem Erscheinungskonzept geführt werden sollen.

5 Führung einer Inselmarke für Besucher und Beschäftigte

Zumeist leuchtet über einer Insel nur eine einzige Erscheinungsform als Logo, Name und Slogan am Markenhimmel, ganz egal, ob sie sich an Beschäftigte oder Besucher richtet. Das führt zu dem bereits angedeuteten Dilemma, dass Besucher und Beschäftigte völlig unterschiedliche Erwartungskategorien an die Marke stellen. Somit nimmt zunächst die Komplexität der Markenführung bei einer synergetischen Betrachtung immens zu. Die Markenmacher müssen sowohl in Richtung Beschäftigte als auch in Richtung der Besucher jeweils vier mögliche Lücken in steter Beobachtung haben. Beide Konzepte der Markenbedeutung haben wiederum Erlebnisbezüge zum Inselbild als dem etwas unscharfen und nur schwer veränderbaren psychischen Erlebnisnarrativ über die Insel. Die Gesamtzusammenhänge zur Führung einer Inselmarke für Beschäftigte und Besucher erfasst die nachfolgende Abb. 6.

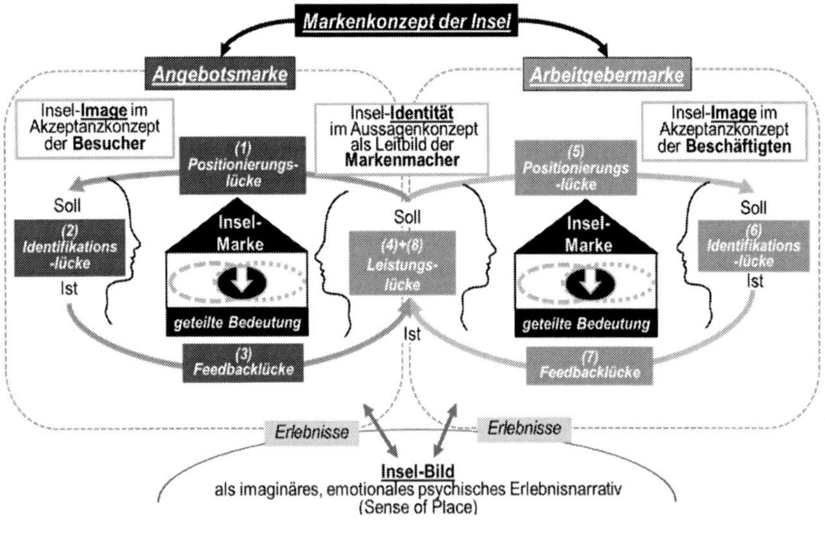

Abb. 6: Synergetische Führung einer Inselmarke für Besucher und Beschäftigte (Quelle: Eigene Darstellung auf Basis von Abb. 2.)

Spätestens bei dieser inneren Komplexität der Markenführung wird deutlich, warum - wie zu Beginn konstatiert - einige Touristiker lieber gleich den Place bzw. Ort mit seinem Branding betrachten wollen und andere eher von einer allgemeinen und facettenreicheren Imagepositionierung als von konkreten Markenkonzeptionen schreiben.

Aber abstrahiert davon bleibt die grundlegende Zielrichtung die Suche nach kompatiblen Bezügen beider Marken in ihrer Bedeutungsebene, die dann den häufiger vermutbaren synergetischen Bezug in der Erscheinungsform rechtfertigen kann. Dies lässt sich nur aufbauen, wenn von einer integrierten Kommunikation über alle Kanäle ausgegangen werden kann. Integration zielt hierbei auf die Ausformung von aufeinander abgestimmten kommunikativen Gesamtpaketen. Abb. 7 zeigt die idealtypische Synergie zwischen Angebots- und Arbeitgebermarke einer Insel.

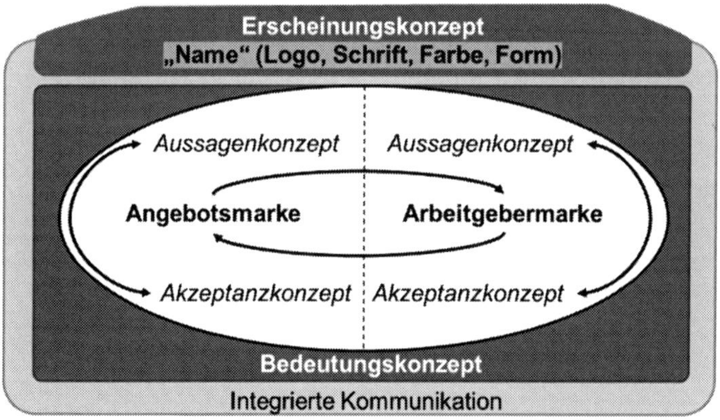

Abb. 7: Idealtypische Synergie zwischen Angebots- und Arbeitgebermarke einer Insel (Quelle: Eigene Darstellung.)

Die Praxis dürfte allerdings häufig anders aussehen. Denn zumeist gibt es keine eigenständig ausgeformte Erscheinungsform einer regionalen Arbeitgebermarke für eine Insel. Aufgrund der geringen Budgets und eines kleinen Teams im Brandmanagement sind viele Inseln froh, wenn sie überhaupt ein Markenzeichen mit einem möglichst klaren Leitbild versehen haben, das sich eben neben dem Erscheinungskonzept auch um das Bedeutungskonzept kümmert und weiter ausformt. Die Gefahr besteht schon hier, dass die Marke, wie zu Beginn des Artikels konstatiert, bereits bei einem Namen (mit Farb-, Form und Slogan) steckenbleibt und auf die geplante

Bedeutungsaufladung eher verzichtet wird, was in diesem Artikel bereits als **Konkretisierungsfalle der Praxis**[48] bezeichnet wurde.

Eine weitere Gefahr geht von der **Separationsfalle der Praxis** aus, die miteinander unverbundene oder gar inkompatible Bedeutungswelten zwischen den Imagepositionierungen aufbaut, die unter einem gemeinsamen Markendach zusammengehalten werden sollen. Hier *zerreißt* es die Erscheinungskonzeption durch die nicht passenden, ja sogar oft konträren Erzählungswelten und imaginären Bilder aus beiden Markenwelten. Die touristische Angebotsmarke will dem Gast eine sorglose, perfekte Auszeit versprechen – Probleme oder Alltagsaspekte rücken in den Hintergrund. Die Arbeitgebermarke hingegen muss ein realistisches, glaubwürdiges Bild vom Alltag vermitteln; sie darf nicht nur im „Urlaubsmodus" schwelgen. Abb. 8 gibt den Überblick über die beiden Praxisfallen für die Inselmarke.

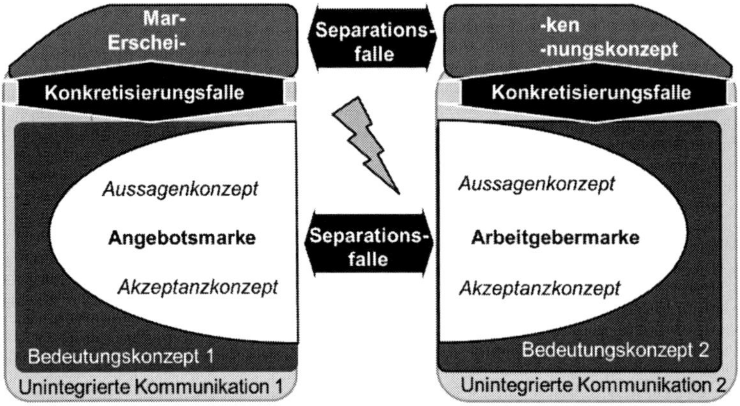

Abb. 8: Die Fallen der Inselmarke in der Praxis (Quelle: Eigene Darstellung.)

Aufgabe der Führung einer Inselmarke ist es, neben den Lückenschließungen für die Teilkonzepte auch die Synergien zwischen den beiden Zeichen-

48 Vgl. Abschnitt 2 des Artikels.

und Bedeutungswelten für Besucher und Beschäftigte ausreichend sicherzustellen. Dies gilt sowohl (1) inhaltlich als auch (2) infrastrukturell:[49]

(1) Inhaltliche Bezüge verweisen z. B. auf ein einheitliches und verbindendes Logo und auf identische Schrifttypen und Designelemente. Das Erscheinungskonzept einer Marke bietet verschiedene Elemente (Logo, Slogan, Schrifttyp, Schlüsselbild) und sollte immer auch davon ausgehen, dass die Insel auch ohne Marke bereits in einem imaginären Bild in den Köpfen interessierter Kreise verankert ist. Somit wird es schwer, ein einheitliches Zeichen in allen Köpfen für alle Perspektiven zu etablieren, das bleibt sicherlich oft eine unerreichbare Idealvorstellung.[50] Aber ein gleichbleibendes Logo kann mit unterschiedlichen Slogans für Angebots- und Arbeitgebermarke versehen werden, die zueinander in Bezug stehen. Dem existierenden Slogan der touristischen Angebotsmarke könnte für die Arbeitgebermarke der generische Beispielslogan „Arbeiten, wo andere Urlaub machen" zur Seite gestellt werden. Eine weitere Synergie bietet der ebenfalls generische Beispielslogan „Aus Gästen können die besten Mitarbeiter werden – bleiben Sie doch für immer hier!", der auf Inselliebhaber zielt, die ihren Lebensmittelpunkt verändern möchten.

(2) Infrastrukturell kann die touristische Markenführung oft mehr Erfahrungen und organisatorische Verankerungen vorweisen. Diese gilt es ebenfalls synergetisch zu nutzen. Medienarchive und Social Media Accounts lassen sich als Basis für die Arbeitgebermarke nutzen. Wenn z. B. die bereits durch Urlaube vorhandene Affinität zur Insel dazu genutzt wird, diese Zielgruppen anzusprechen, ob sie nicht vielleicht ihre Arbeitsumgebung an diesem Lieblingsort aufbauen möchten, ist ein entsprechender Instagram-Post auf dem Tourismuskanal u.U. zielführend.

Trotz vieler Überschneidungen gibt es jedoch Unterschiede in der Zielgruppenansprache. Die touristische Angebotsmarke will dem Gast eine sorglose, perfekte Auszeit versprechen – Probleme oder Alltagsaspekte rücken in den Hintergrund. Die Arbeitgebermarke hingegen muss ein realistisches, glaubwürdiges Bild vom Alltag vermitteln; sie darf nicht nur im Urlaubsmodus schwelgen. Das heißt, die Arbeitgebermarke erweitert die

[49] Vgl. Kull, S./Schmoll, E., 2023.

[50] Allerdings kommt die Inselmarke von Sylt an das Ideal heran, wie in Abschnitt 7 gezeigt wird.

Narrative der Destination um pragmatische Themen (Infrastruktur, Jobs, Wohnen), ohne die emotionalen Grundwerte der Marke – etwa Naturschönheit oder regionale Identität – zu verlieren.

Es gilt zu vermeiden, dass zwei völlig getrennte Markenbilder entstehen – ein Hochglanz-Paradies für Gäste und eine *ehrliche* Arbeitgebermarke, die plötzlich auch Probleme thematisiert. Besser ist ein synergetisches Branding: Die Kernwerte des Ortes (Natur, Gastfreundschaft, Tradition, Weltoffenheit etc.) sollten in beiden Erzählsträngen vorkommen, nur jeweils mit anderem Fokus. Zum Beispiel kann der Wert „Authentizität" sowohl den Touristen (echte lokale Kultur erleben) als auch dem Personal (ehrliches, familiäres Arbeitsklima) vermittelt werden.

In Summe sollte das Verhältnis so gestaltet werden, dass die regionale Arbeitgebermarke und die touristische Angebotsmarke synergetisch ineinandergreifen. Das eine stärkt das andere: Eine erfolgreiche Urlaubsmarke zieht mehr Besucher an und schafft wirtschaftliche Grundlage – was attraktive Jobs hervorbringt; eine erfolgreiche Arbeitgebermarke zieht mehr Talente an – was zu besserem Service und zufriedeneren Gästen führt und somit wiederum die Urlaubsmarke stützt. Dieser Kreislauf entspricht dem Konzept der Service-Profit-Chain, bei der Mitarbeiterzufriedenheit und Kundenzufriedenheit eng zusammenhängen.[51] Für Inselregionen bedeutet das konkret: Nur wenn die Insel für Mitarbeitende ein guter Ort zum Leben ist, kann sie es langfristig für Touristen bleiben. Die regionale Arbeitgebermarke ist daher kein „Fremdkörper" neben dem Tourismusmarketing, sondern dessen notwendige Ergänzung im Sinne eines ganzheitlichen Destinations- bzw. Place Marketings.

Dies gilt umso mehr, wenn die bisher ausgeklammerte Perspektive der Anliegermarke noch hinzugenommen wird. Auch für die Bewohner - also die alten und jungen Insulaner – muss das Leben trotz und wegen des Tourismus auf der Insel noch eine hohe Lebensqualität bereithalten. Es dürfen wegen einer magnetischen touristischen Angebotsmarke nicht zu viele Gäste auf die Insel strömen (Overtourism), und auch ein Ausverkauf der Inselhäuser an ortsfremde Eigentümer kann zu Widerstand der Inselbewohner führen. Die Pendlerströme durch eine attraktive regionale Arbeit-

[51] Vgl. Heskett, J. L. et al., 1994.

gebermarke müssen von Fähren, Bussen und Straßen gut verkraftbar bleiben. Auch hier gibt es also Interdependenzen, die Anliegermarke möglichst synergetisch eingebettet in ein Gesamtkonzept mit zu planen.

Neben der Zielrichtung einer synergetischen Inselmarke sichert eine möglichst aufeinander abgestimmte Kommunikation die Bedeutungsaufladung einer Inselmarke sowohl für Beschäftigte als auch für Besucher. Wie diese in ihren Grundzügen aber auch in ihren Bezügen zur Inselmarke in Ansätzen aussehen kann, ist Gegenstand des nächsten Abschnitts.

6 Integrierte Kommunikation einer Inselmarke

Die Marke fungiert als prägnantes und einzigartiges Symbolsystem mit maximaler Strahlkraft, das eine starke Wiedererkennbarkeit gewährleistet. Sie stellt einen kommunikativen Stilanker sowie einen mentalen Referenzpunkt dar, der zur Orientierung und Identifikation beiträgt. Darüber hinaus ermöglicht sie eine ganzheitliche, identitätsbasierte Positionierung, welche die grundlegende Ausrichtung und Differenzierung im Markt widerspiegelt.

Die Markenkommunikation gewährleistet eine konsistente und integrierte Darstellung der Markenbedeutung und deren sukzessive Erweiterung im Zeitverlauf. Sie trägt durch eine kohärente und abgestimmte Vermittlung der strategischen Positionierung über sämtliche Kommunikationskanäle und -inhalte hinweg zur nachhaltigen Verankerung der Marke im Bewusstsein der Zielgruppen bei.

Die Integration der einzelnen Kommunikationsinstrumente sollte sich in drei Formen ausdrücken:[52]

(1) Inhaltlich müssen thematische Verbindungslinien geschaffen werden, die mit ähnlichen Schlüsselbildern, Slogans u. a. m., aber auch mit fortgesetzten Rahmenhandlungen erreicht werden können. In Zeiten der Informationsüberlastung (Information Overload) besteht hier eine Schwerpunktaufgabe, um nicht die Gesamtwirkung aller Botschaften in der sich verstärkenden Wirkung zu schmälern. Die Präsenz allein reicht nicht aus, es

[52] Vgl. Bruhn, M., 2007, S. 95ff.

muss auch eine prägnante Zuordnung erfolgen, damit die mentalen Schemata einer Marke und die Verbindunglinien der Corporate Identity (CI) deutlich werden.

(2) Formal sind die Anforderungen ähnlich zu setzen wie bereits im allgemeinen CI-Konzept. Schrifttypen, Farben, Proportionen etc. sollten einem einheitlichen Design folgen und werden in der Praxis häufig in CI-Vorgaben fixiert.

(3) Zeitlich muss eine Kommunikation auf den jeweiligen Zweck hin abgestimmt, aber auch die Wirkung der Instrumente untereinander in ihrer Abfolge optimiert werden. Eine Werbung für ein Event ist beispielsweise nur kurz vorher sinnvoll. Um tiefe Verankerungen der Botschaften bei den Nachfragern zu erzielen, gilt es zudem, durch zeitlich abgestimmte Kontinuität Lernprozesse zu ermöglichen.

Das grundlegende Vorgehensschema zieht sich einerseits von der strategischen Positionierung bis hin zu abgestimmten operativen Zielen je Instrument. Andererseits verfolgt es die konsequente Ausformung einer verbindenden kommunikativen Leitidee bis zu jedem einzelnen Kommunikationsmittel. Diese Leitidee muss über alle eingesetzten Instrumente stimmig kommuniziert werden. Abb. 9 zeigt das grundlegende Vorgehen.

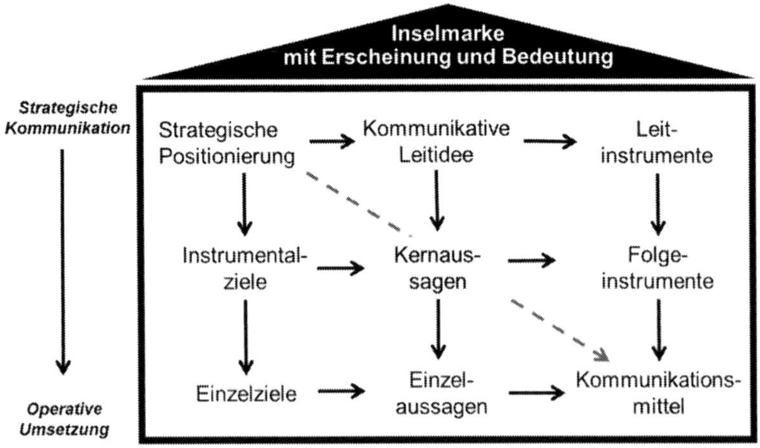

Abb. 9: Horizontale und vertikale Ordnung von Inhalten der integrierten Kommunikation (Quelle: Eigene Darstellung auf Basis von Bruhn, M., 2007, S. 122).

Der Integrationsprozess erfolgt auf zwei Ebenen: Zwischen den Instrumentalbereichen wird deren hierarchische Grundausrichtung in Form eines Leitinstrumentes gegenüber den Folgeinstrumenten fixiert. [53] Innerhalb der Instrumentalbereiche muss über die Trägermedien für den Transport der Kommunikationsbotschaft entschieden werden.[54] Auf beiden Ebenen laufen die notwendigen Integrationsprozesse in gleichen Schritten ab, allerdings in der Praxis häufig parallel, was die Komplexität der Abstimmung erhöht.

Nachfolgend soll dieses Konzept der integrierten Kommunikation nun für die synergetische Kommunikation der Inselmarke aufseiten von Beschäftigten im Sinne der regionalen Arbeitgebermarke und von Besuchern im Sinne der touristischen Angebotsmarke aufbereitet werden.

Die Marke muss auch im geografischen Kontext der Insel kontinuierlich erlebbar bleiben. Dies erfordert den gezielten und systematischen Aufbau relevanter Kontaktpunkte[55], die eine intensive Markenwahrnehmung ermöglichen. Besondere Bedeutung kommt hierbei sogenannten neuralgischen Orten zu, an denen eine hohe Frequenz und emotionale Relevanz gegeben ist. Dazu zählen insbesondere:[56] der Hafen als zentraler Ankunfts- und Begrüßungsort für Besucher, sowie die Promenade und die Aussichtsplattform, die als zentrale Aufenthalts- und Erlebnisräume eine hohe symbolische und funktionale Bedeutung für Touristen besitzen.

Die visuelle Markenpräsenz (Markierung) muss dabei in einem ausgewogenen Maß erfolgen. Eine übermäßige oder aufdringliche Kennzeichnung – etwa durch übertriebene Logoverwendung an exponierten oder unpassenden Stellen – ist zu vermeiden. Vielmehr sollte eine subtile, aber konsistente Markeninszenierung angestrebt werden, die sich harmonisch in den räumlichen Kontext einfügt und dennoch wahrnehmbar bleibt.

---

[53] Vgl. Bruhn, M., 2007, S. 119, hier allerdings vereinfacht von vier auf zwei Instrumentalkategorien: Ein Leitinstrument kennzeichnet sich durch hohe Einflussnahme auf andere und geringe Beeinflussbarkeit durch andere Instrumente, und das Folgeinstrument charakterisiert sich genau entgegengesetzt.

[54] Vgl. Bruhn, M., 2007, S. 67ff.

[55] Vgl. zur Bedeutung des Markenkontaktpunkte der touristischen Angebotsmarke Schobert, M./Sommer, A., 2025.

[56] Vgl. Kull, S./Schmoll, E., 2023.

Für die Arbeitgebermarke gelten vergleichbare Prinzipien: Auch wenn sich ihre Kontaktpunkte hinsichtlich Zielgruppe und Kontext unterscheiden, ist eine analoge, dezente und zugleich wirkungsvolle Präsenz erforderlich. In dieser Parallelität ergeben sich die in Abb. 10 gelisteten Kommunikationsinstrumente als grobe Orientierung für Markenkontaktpunkte.

	Tourismusmarke für Besuchende	*Arbeitgebermarke für Beschäftigte*
Marken-kontakt-punkte auf der Insel	**Leitinstrumente:** • Touri-Info, Flaggen, Schilder, Prospekte • Veranstaltungsmagazin, Flyer • Lizensierte Merchandising-Produkte **Folgeinstrumente:** • Außenwerbung (Hafen, Fahrzeuge, Strand) • Tafeln für Pfade und Parkoure • Urlaubs-APP	**Leitinstrumente:** • (passende) Plakate an den Geschäften • Insellotsenstelle • Eigenes Portal (falls genug Frequenz) **Folgeinstrumente:** • Weitersagen/-telefonieren • Terminals (indoor/outdoor) • Ehemaligen Datenbank
Marken-kontakt-punkte außerhalb der Insel	**Leitinstrumente:** • Insel-Website • Verbundwebsites (ostfriesische Inseln) • Kataloge, Broschüren, Prospekte, Flyer **Folgeinstrumente:** • Socialmedia • Insel-Imagefilm, Medienberichte • Reiseliteratur/-websites/-blogs	**Leitinstrumente:** • Job Portale im Internet, Job Inserate • Hobby-Messe (Kitesurfen), Thementreff • Inselwebsite, Socialmedia **Folgeinstrumente:** • Inserate in Fachzeitschriften • Medienberichte über die Arbeitssituation • (Hoch-)Schulvorträge im Einzugsbereich

Abb. 10: Synergetische Kommunikationsinstrumente für eine Inselmarke (Quelle: Eigene Darstellung auf Basis von Kull, S./Schmoll, E., 2023.)

Damit ist auch eine integrierte Kommunikation als ein letzter Schritt für die Bedeutungsaufladung einer synergetischen Inselmarke in Ansätzen vorgestellt.

Nachfolgend soll mit der Insel Sylt ein Good Practice-Ansatz vorgestellt werden, der bereits die synergetische Führung einer Inselmarke umsetzt.

7 Ein Praxisbeispiel: Die synergetische geführte Inselmarke Sylt

Sylt ist die größte deutsche Nordseeinsel und zählt mit 80% Bekanntheit zu den bekanntesten Reisezielen Deutschlands.[57] Mit einer Fläche von 99 km², rund 20.000 Einwohnern und 920.000 Gästeankünften im Jahr 2022 ist der Tourismus zentraler Wirtschaftsfaktor. Der Großteil der Gäste stammt aus dem Inland. Seit geraumer Zeit steigen die Ankünfte, während

[57] Vgl. Eisenstein, B./Luft, M., 2025, S. 442.

die Aufenthaltsdauer kontinuierlich sinkt. Das Angebot an Hotelbetten wuchs stark, private Unterkünfte nahmen ab. Der Tourismus erwirtschaftet rund 80 % des Primäreinkommens der Insel.

Die Insel Sylt hat in den letzten Jahren eine Vorreiterrolle im Employer Branding eingenommen. Sylt ist einerseits eine renommierte Marke im Tourismus mit einer Positionierung als „Top Destination Europas, die natürlichen und exklusiven Lifestyle vereint".[58] Aber obwohl die Destination einen hohen Bekanntheitsgrad von 80% in 2020 hatte, kann die Marke nur einen Markensympathiegrad von 54% erzielen.[59] Zudem ist die Insel ein schwieriges Gebiet für Arbeitnehmer: sehr hohe Mieten, begrenzter Wohnraum, saisonale Peaks und ein kleiner Insulanerkreis. Viele Betriebe klagten über fehlende Bewerber und unbesetzte Stellen – 2023 waren zu Spitzenzeiten rund 780 Stellen auf Sylt vakant.[60] Im Oktober 2021 startete die Sylt Marketing GmbH (SMG) gemeinsam mit einer Employer Branding-Agentur das Projekt *Insulares Arbeitgebermarketing*.[61] Verantwortlich in Sachen Arbeitgeberattraktivität ist seitdem eine feste Ansprechpartnerin für Sylter Betriebe.

Auf Basis einer Bestandsaufnahme von 500 Unternehmenswebsites und deren Karriereinhalten wurde ein Konzept mit drei Säulen erarbeitet:[62] (1) Zentrale Jobbörse: Auf sylt.de wurde unter dem Menüpunkt *Arbeiten auf Sylt* eine Plattform eingerichtet, auf der alle Stellenangebote der Insel automatisch aggregiert werden. Unternehmen können zusätzlich ein Profil anlegen und sich als attraktiver Arbeitgeber präsentieren

(2) Kampagne *Inselleben*: Parallel läuft eine Imagekampagne in sozialen Medien und auf Messen, die Sylt als Lebens- und Arbeitsort bewirbt. Kurze Videoclips zeigen z. B. junge Kellner beim Surfen nach Feierabend oder eine Köchin, die von ihrem Weg auf die Insel erzählt. Die Botschaft: Auf Sylt kann man Karriere und Lebensqualität verbinden.

---

[58] Sylt Marketing GmbH 2016, S. 49, zitiert nach Eisenstein, B./Luft, M., 2025, S. 451.

[59] Vgl. Eisenstein, B./Luft, M., 2025, S. 445f.

[60] Vgl. Boye, A., 2024.

[61] Vgl. Boye, A., 2024.

[62] Vgl. Sylt Marketing GmbH 2024, Boye, A., 2024.

(3) Netzwerk und Beratung: SMG organisiert regelmäßige Treffen der Personalverantwortlichen (Stammtische) und hat Serviceangebote entwickelt. So erhalten interessierte Bewerber persönliche Beratung in mehreren Sprachen, und neue Azubis werden durch die „Azubi-Crew Sylt“ betreut, ein Mentorenprogramm von Azubis für Azubis. Zudem wurde ein Leitfaden für Betriebe erstellt, wie sie in drei Schritten ihr Arbeitgebermarketing verbessern können.

So zeigt sich die Marke Sylt sich bei aller dezentralen Verantwortungskoordination über viele der Marke vertrauende Stakeholder als synergetisch im hier abgeleiteten Sinne. Die Kernwerte des Ortes (Natur, Gastfreundschaft, Tradition, Weltoffenheit etc.) sollten in beiden Erzählsträngen als Bedeutungsstränge vorkommen, nur jeweils mit anderem Fokus. Zum Beispiel kann der Wert „Authentizität“[63] sowohl den Touristen (echte lokale Kultur erleben) als auch den Mitarbeitern (ehrliches, familiäres Arbeitsklima) vermittelt werden. Auf Sylt spiegelt sich das in der Formulierung „Meer. Leidenschaft. Leben.“[64]: Meer spricht allgemein das maritime Flair an, Leidenschaft sowohl die Gastgeber als auch Besucherrolle, und Leben den kurzfristigen Urlaubsaufenthalt aber auch die Ansiedlungsperspektive. Die Arbeitgeberkampagne „Inselleben“ kann also einen Teil der Gesamtmarke (das Leben auf Sylt) herausgreifen und vertieft ihn für die Arbeitszielgruppe. Diese Rückbezüge vermeiden die Separationsfalle der Praxis.

Die Sylter Jobbörse hat sich etabliert,– innerhalb eines Jahres wurden über 50.000 Seitenaufrufe und hunderte Inserate verzeichnet.[65] Eine Umfrage unter den Beziehern des SMG-Newsletters ergab, dass 75 Prozent die Jobbörse bekannt ist und jeder zweite sie schon zur Stellenbesetzung nutzte. Jeder dritte befragte Betrieb erhielt durch die Jobbörse bereits Bewerbungen, und jeder zehnte Betrieb konnte auf diesem Weg schon neue Mitarbeitende gewinnen. Das Sylter Arbeitgebermarketing wurde in Fachmedien und auf Branchenevents vorgestellt und vielfach nachgefragt. Beim zweiten Sylter Arbeitsforum 2022 nahmen 90 Unternehmensvertreter teil – ein deutliches Zeichen, dass das Thema auf der Insel Priorität

[63] Sylt Marketing GmbH 2016, S. 49, zitiert nach Eisenstein, B./Luft, M., 2025, S. 451.

[64] So der Slogan der aktuellen Destinationsmarke Sylt, vgl. Eisenstein, B./Luft, M., 2025, S. 444.

[65] Vgl. Sylt Marketing GmbH, 2024, S. 2.

genießt.[66] Konkrete Herausforderungen wie Wohnraum sind noch nicht gelöst, aber immerhin hat die politische Gemeinde Sylt das Problem erkannt und arbeitet an Konzepten (z. B. Arbeitgeberwohnhöfe). Das Beispiel Sylt zeigt exemplarisch, wie eine Luxusdestination offensiv und professionell am eigenen Arbeitgeberimage feilt.

Somit ist der Bogen von der theoretischen Herleitung bis zur praxisbezogenen Umsetzungsvorstellung vollzogen. Als letzter Schritt soll nun noch ein gesamthaftes Fazit gezogen werden.

8 Fazit

Ziel dieses Artikels war es, die eine regionale Arbeitgebermarke für eine Insel im Wechselspiel zur Perspektive einer touristischen Angebotsmarke systematisch im Sinne des umfassenderen Place Branding herzuleiten. Nachfolgend wird der Weg dahin in 10 Thesen zusammenfasst:

(1) Inseln sind neuralgische Orte der Markenbildung, da sie besonders stark mit gegensätzlichen Anforderungen von Besuchern und Beschäftigten konfrontiert sind und zudem auf imaginäre Vorab-Vorstellungsbilder und Images über die Inselregion treffen.

(2) Der Fachkräftemangel im Tourismus ist ein branchenstrukturelles und demographisches Problem, das auf Inseln durch geografische Isolation, Wohnraummangel und saisonale Arbeitsbedingungen verschärft wird.

(3) Inselmarken fokussieren zu stark das Erscheinungskonzept und vernachlässigen das Bedeutungskonzept (Konkretisierungslücke) und konzentrieren sich zu stark auf Gäste und vernachlässigen bisher die Bedürfnisse von Arbeitnehmern (Separationslücke). Beides gilt es abzumildern.

(4) Eine inselspezifische Arbeitgebermarke ist unverzichtbar, um Fachkräfte zu finden, zu binden und zurückzugewinnen, und muss an den Kontaktpunkten unter den Bedingungen eines inselbezogenen Arbeitnehmermarktes realistisch, aber gut durchdacht kommuniziert werden.

[66] Vgl. Sylt Marketing GmbH, 2024, S. 1.

(5) Die Marke eines Ortes muss mehrdimensional gedacht werden, mit Angebots-, Arbeitgeber- und Anliegermarke als gleichwertigen Perspektiven eines integrierten Place Branding.

(6) Die touristische Angebotsmarke und die Arbeitgebermarke müssen synergetisch kommunizieren, um widersprüchliche Narrative (Paradies vs. Belastung) zu vermeiden.

(7) Die identitätsbasierte Markenführung erfordert die enge Abstimmung von Erscheinungsbild, Bedeutungsinhalt und tatsächlicher Leistungserfahrung – für Gäste wie für Beschäftigte.

(8) Integrierte Kommunikation ist der Schlüssel, um die Kohärenz der Marke über alle Kontaktpunkte hinweg sicherzustellen – räumlich, inhaltlich und zeitlich abgestimmt.

(9) Die Insel Sylt dient als positives Beispiel dafür, wie eine hochwertige Tourismusmarke um eine professionelle Arbeitgebermarke ergänzt und erfolgreich kommuniziert und umgesetzt werden kann.

(10) Zukunftsfähige Inselmarken sollten Tourismus, Arbeit und Lebensqualität ganzheitlich integrieren – mit klarer Differenzierung, synergetischen Bezügen und einer dennoch verbindenden Identität.

Quellenverzeichnis

Ambler, T./Barrow, S. (1996): The Employer Brand. In: Journal of Brand Management, 4(3), S. 185–206.

Beritelli, P./Laesser, C. (2019): Warum DMOs und Tourismusorganisationen nicht wirklich 'Gäste holen'. Die Aufklärung eines Cargo-Kults. In: Bieger, T./Beritelli, P./Laesser, C. (Hrsg.): Neue Technologien und Kommunikation im alpinen Tourismus, Berlin (Schweizer Jahrbuch für Tourismus, 2018/2019), S. 53–83.

Bieger, T. (1992). Der Verkehrsverein als Markenagentur. In: Kaspar, C. (Hrsg.): Jahrbuch der schweizerischen Tourismuswirtschaft 1991/92, St. Gallen, S. 11–23.

Blain, C./Levy, S. E./Ritchie, J. R. B. (2005): Destination Branding: Insights and Practices from Destination Management Organizations. In: Journal of Travel Research, Jg. 43, S. 328–338.

Borlido, T./Kastenholz, E. (2021). Destination image and on-site tourist behaviour: A systematic literature review. In: Revista Turismo & Desenvolvimento, 1(36), S. 63–80.

Boye, A. (2024): Insulares Arbeitgebermarketing: Arbeitskräfte für die Insel. IHK Schleswig-Holstein. In: IHK-Magazin Nr. 5754508, URL: https://www.ihk.de/schleswig-holstein/ihk-magazin/fachkraefte/fl-april-2023-insulares-arbeitgebermarketing-5754508, Zugriff: 25.06.2025.

Bruhn, M. (2007): Kommunikationspolitik: Systematischer Einsatz der Kommunikation für das Unternehmen, 4. Aufl., München.

Bruhn, M. (2022): Relationship Marketing, Das Management von Kundenbeziehungen, 6. Aufl., München.

Burmann, C./Halaszovich, T. F./Schade, M./Klein, K./Pichler, R. (2024): Identitätsbasierte Markenführung: Grundlagen - Strategie - Umsetzung - Controlling, 5. Aufl., Wiesbaden.

Burmann, C./Meffert, H. (2005): Managementkonzept der identitätsorientierten Markenführung. In: Meffert, H./Burmann, C./Koers, M.

(Hrsg.): Markenmanagement. Identitätsorientierte Markenführung und praktische Umsetzung, 2. Aufl., Wiesbaden, S. 73–114.

Burmann, C./Pichler, R. (2019): Interne und externe Markenkommunikation im Rahmen des Internal Branding. In: Esch, F.-R. (Hrsg.): Handbuch der Markenführung, Bd. 2, Wiesbaden, S. 1055-1078.

Chambers, E. G./Fulon, M./Handfield-Jones, H./Hankin, S./Michaels, E.G. (1997): The war for talents, January 1998, The McKinsey Quarterly, Number 3, S. 44-57.

Egenter, S. (2024): Regionales Employer Branding unter dem Dach der Marke Allgäu. In: Chang, C./Gardini, M. A./Werther, S. (Hrsg.): New Work, Leadership und Human Ressource Management im Tourismus,- Konzepte und Instrumente für eine sich verändernde Arbeitswelt, Wiesbaden, S. 319-326.

Eisenstein, B. (2022): Die Besonderheiten von Destinationen. „The Limits of Destination Branding“. In: Eisenstein, B./Scherhag, K. (Hrsg): Images Branding und Reputation von Destinationen, Herausforderungen erfolgreicher Markenentwicklung, Berlin, S. 237–286.

Eisenstein, B./Köchling, A. (2025): Besonderheiten und Herausforderungen bei Destinationsmarken. I In: Gardini, M. A. (Hrsg.): Brand Leadership im Tourismus, mit starken Marken zum Erfolg, 2. Aufl., Wiesbaden, S. 269-306.

Eisenstein, B./Luft, M. (2025): Destinationsmarke Sylt. In: Gardini, M. A. (Hrsg.): Brand Leadership im Tourismus, mit starken Marken zum Erfolg, 2. Aufl., Wiesbaden, S. 442-458.

Eisenstein, B./Scherhag, K. (2022): Fazit und Ausblick. In: Eisenstein, B./Scherhag, K. (Hrsg.): Images Branding und Reputation von Destinationen, Herausforderungen erfolgreicher Markenentwicklung, Berlin.

Esch, F.-R. (2019) (Hrsg.): Handbuch der Markenführung Bd. 1, 2, Wiesbaden.

Esch, F.-R. (2024): Strategie und Technik der Markenführung, 10. Aufl., München.

Esch, F.-R./Baumgartl, C./Stahl, M./Jaeger, A. (2019): Employer Branding: Right Potentials gewinnen. In: Esch, F.-R. (Hrsg.) Handbuch der Markenführung, Bd. 2, Wiesbaden, S. 962-981.

Esch, F.-R./Knörle, C./Strödter, K. (2019): Behavioral Branding: Durchsetzung der Marke nach innen. In: Esch, F.-R. (Hrsg.) Handbuch der Markenführung, Bd. 2, Wiesbaden, S. 983-1010.

Esch, F.-R. /Langer, T. (2019): Ansätze zur Erfassung und Entwicklung der Markenidentität. In: Esch, F.-R. (Hrsg.) Handbuch der Markenführung, Bd. 1, Wiesbaden, S. 177-200.

Gardini, M. A. (2013): Der Mitarbeiter als Erfolgsfaktor? Personalmanagement im Tourismus zwischen Anspruch und Wirklichkeit. In: Gardini, M. A./Brysch, A. A. (Hrsg.): Personalmanagement im Tourismus, Erfolgsfaktoren erkennen –Wettbewerbsvorteile sichern, Berlin, S. 35-67.

Gardini, M. A. (2025): Brand Leadership im Tourismus: Was wirklich zählt! In: Gardini, M.A. (Hrsg.): Brand Leadership im Tourismus, mit starken Marken zum Erfolg, 2. Aufl., Wiesbaden, S. 3-57.

Gerdes, H. (2025): Den höchsten Ausländeranteil in Niedersachsen hat Juist. In: NWZ-Online, URL: https://www.nwzonline.de/region/juist-spiekeroog-und-wangerooge-haben-hohen-auslaenderanteil_a_4,2,273833419.html, Zugriff: 18.05.2025.

Grönroos, C. (1994): From Marketing Mix to Relationship Marketing. In: Management Decision, 32(2), S. 4–20.

Haedrich, G. (2001): Branding und Positionierung von Destinationen. In: Bieger, T./Pechlaner, H./Steinecke, A. (Hrsg.): Erfolgskonzepte im Tourismus. Marken – Kultur – Neue Geschäftsmodelle, Wien, S. 41–50.

Hankinson, G. (2001): Location Branding. A study of the Branding Practices of 12 English Cities. In: Journal of Brand Management, 9. Jg. (2), S. 127–142.

Heskett, J. L./Jones, T. O./Loveman, G./Sasser, W. E./Schlesinger, L. A. (1994): Putting the service-profit chain to work. Harvard Business Review, 72(2), S. 164–174.

Jäggi, C. J. (2021): Tourismus vor, während und nach Corona, Ökonomische und gesellschaftliche Perspektiven, Wiesbaden.

Kavaratzis, M./Hatch, M. J. (2013): The dynamics of place brands: An identity-based approach to place branding theory. In: Marketing Theory, H. 1, S. 69-86.

Kirstges, T. (2020): Tourismus in der Kritik: Klimaschädigender Overtourism statt sauberer Industrie? München.

Kull, S. (2018): Place Branding: Ein übergreifender Ansatz zur identitätsbasierten Markenführung für Orte im räumlichen Hierarchiegefüge. In: Hilligweg, G./Kirspel, M./Kirstges, T./Kull, S. (Hrsg.): Jahresband 2017, Schriftenreihe des Fachbereichs Wirtschaft der Jade Hochschule, Berlin, S. 173-208.

Kull, S. (2019): Kundenzentriertes Handelsmarketing, Gestaltungsoptionen im Wechselspiel zwischen Offline- und Onlinewelt, Stuttgart.

Kull, S. (2024): Die Ausformung einer Anliegermarke zur Unterstützung von regionaler Identität als Aufgabe des Place-Marketings. In: Janßen, S./Kirstges, T./Plate, H./Schmoll, E./Zeller, M. (Hrsg.): Jahresband 2024, Schriftenreihe des Fachbereichs Wirtschaft der Jade Hochschule, Berlin, S. 203-226.

Kull, S./Immken, M. (2019): Place-Marketing: Ortsbetonung als konzeptionelle Erweiterung für das Stadtmarketing. In: Hilligweg, G./Kirspel, M./Kirstges, T./Kull, S./Schmoll, E. (Hrsg.): Jahresband 2019, Schriftenreihe des Fachbereichs Wirtschaft der Jade Hochschule, Berlin, S. 175-202.

Kull, S./Schmoll, E. (2023): Inselbezogene touristische Arbeitgebermarken für die ostfriesischen Inseln, unveröffentlichte Abschlusspräsentation, Wilhelmshaven 2023.

Mundt, J. W. (2004): The Branding of Myths and the Myths of Branding. Critical Remarks on the "Branding" of Destinations. In: Weber, S./ Tomljenović, R. (Hrsg.): Reinventing a Tourism Destination. Facing the Challenge, Zagreb, S. 43–54.

Park, S.-Y./Petrick, J. F. (2006): Destinations' Perspectives of Branding. In: Annals of Tourism Research, Jg. 33 (1), S. 262–265.

Plaikner, A./Haid, M./Kallmuenzer, A./Kraus, S. (2023): Employer Branding in Tourism: How to Recruit, Retain and Motivate Staff. In: Journal of Tourism and Services, 14(27), S. 1-21.

Radtke, B. (2013): Stadtslogans zur Umsetzung der Markenidentität von Städten. Eine theoretisch-konzeptionelle und empirische Untersuchung, Wiesbaden.

Rohrlack, K. (2019): Lösungsorientierte Mitarbeitergewinnung; Praktisches Vorgehen und theoretische Grundlagen, Wiesbaden.

Saretzki, A. (2022): Zur sozialen Konstruktion von Destination und Marke. In: Eisenstein, B./Scherhag, K. (Hrsg.): Images, Branding und Reputation von Destinationen, Berlin, S. 23–50.

Scherhag, K. (2003). Destinationsmarken und ihre Bedeutung im touristischen Wettbewerb, Köln.

Scherhag, K. (2025a): Destination. In Gablers Wirtschaftslexikon, URL: https://wirtschaftslexikon.gabler.de/definition/destination-29114/version-252731, Zugriff:18.05.2025.

Scherhag, K. (2025b): Die Destinationsmarke: Unterschätzt oder überbewertet? In: Gardini, M. A. (Hrsg.): Brand Leadership im Tourismus, mit starken Marken zum Erfolg, 2. Aufl., Wiesbaden, S. 245-268.

Schobert, M. (2022): Das Ende einer Ära im Tourismus, wie wir ihn kennen: Vom Tourismusmarketing zum Place Branding. In: Eisenstein, B./ Scherhag, K. (Hrsg.): Images, Branding und Reputation von Destinationen, Berlin, S. 303–336.

Schobert, M./Sommer, A. (2025): Customer Experience und Marke Markenkontaktpunkte einer Place Brand gestalten. In: Gardini, M.A. (Hrsg.): Brand Leadership im Tourismus, mit starken Marken zum Erfolg, 2. Aufl., Wiesbaden, S. 135-160.

Sponheuer, B. (2010): Employer Branding als Bestandteil einer ganzheitlichen Markenführung, Wiesbaden.

Stotz, W./Wedel-Klein, A. (2013): Employer Branding; Mit Strategie zum bevorzugten Arbeitgeber, München.

Sylt Marketing GmbH (2016): Marketingplan 2017 bis 2020, Sylt.

Sylt Marketing GmbH (2024): Hinter den Kulissen der SMG: Das Arbeitgebermarketing, URL: https://www.pressepotal.de/pm/79245/5726032, Zugriff: 25.06.2025.

Tasci, A. D. A. (2022). Destination image. In: Buhalis, D. (Hrsg.): Encyclopedia of tourism management and marketing, Cheltenham, S. 664–866.

Michael Neumann

Home-Office als Verteilungskonflikt: Die Forderungen der Gewerkschaften und Arbeitgeberverbände im Lichte des Verteilungskampfes*

1 Einleitung: Die Zunahme des Home-Office aufgrund der Pandemie

Spätestens mit der Covid-19-Pandemie hat die Bedeutung von Home-Office als Arbeitsstätte abhängiger Beschäftigter deutlich an Relevanz gewonnen. Eurostat weist für 2023 für Deutschland einen Anteil von 12,9 % aller Beschäftigten aus, die aus dem Home-Office heraus arbeiten. Dieser Anteil liegt mittlerweile deutlich über dem EU-Durchschnittsanteil von 8,9 %. Nur Finnland, Irland, Belgien und Schweden weisen noch höhere Anteile von Beschäftigten im Home-Office auf, wobei einschränkend gesagt werden muss, dass Begriffe wie Home-Office, Remote Work, mobiles Arbeiten oder Telearbeit in den EU-Mitgliedsstaaten unterschiedlich definiert und verschiedenen gesetzlichen Regeln unterworfen werden. So ist Home-Office in Deutschland (im Gegensatz zur Telearbeit) lange Zeit eine rein informelle Bezeichnung gewesen, die zum ersten Mal in den Dekreten zum Umgang mit der Covid-19-Pandemie auch offiziell genutzt wurde. Dies schränkt die Aussagekraft von statistischen Vergleichswerten ein.

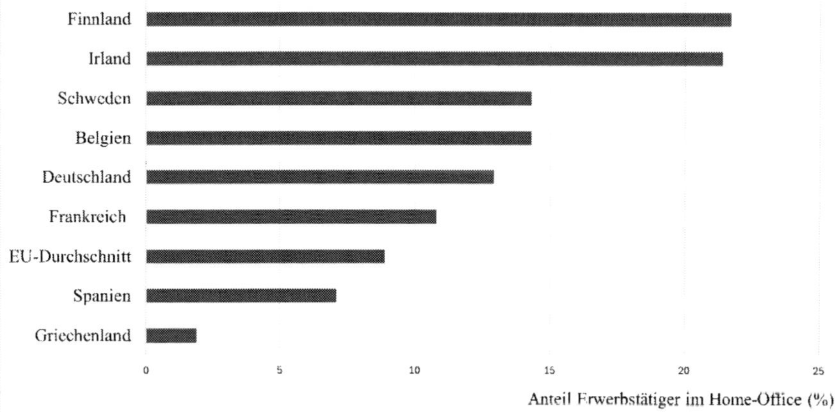

Abb. 1: Anteil Erwerbstätiger im Home-Office: EU-Ländervergleich 2023 (Quelle: Eigene Darstellung nach Eurostat 2025.)

*Für Unterstützung und hilfreiche Anmerkungen gilt mein Dank Ayleen Oehl.

Historisch betrachtet ist die Verlagerung des Arbeitsplatzes in die eigenen vier Wände eine Rückverlagerung. Vor Beginn der industriellen Revolution war es der Normalfall, dass Arbeitsplatz und Wohnsitz identisch waren. Der Bauer war gebunden an seine Scholle, der Weber erstellte selbstständig Textilien im Auftrag eines Verlegers, und auch dies geschah in seiner eigenen Wohnung. Auch die Handwerker in den Städten hatten ihren Arbeitsbereich üblicherweise in ihr eigenes Haus integriert. Erst mit der industriellen Revolution und dem Entstehen von Fabriken begann der Trend, zur Arbeit *zu gehen*. Der Arbeitsplatz entfernte sich räumlich vom Wohnort. Ursächlich hierfür war, dass Maschinen, Anlagen und Fließbänder, die zum Arbeitsprozess benötigt wurden, im heimischen Wohnraum keinen Platz fanden. Mit dem Trend zur Dienstleistungsgesellschaft und den neuen Kommunikationsmöglichkeiten entfällt mittlerweile wieder für viele Arbeitsplätze die Notwendigkeit, eine Fabrik aufzusuchen. Eine Rückverlagerung der Arbeit in die heimische Wohnung ist daher nicht nur vielfach möglich, sondern erscheint auch sinnvoll, da Mobilitätskosten vermieden werden können.

Die Frage, ob Home-Office zunehmend genutzt werden sollte oder nicht, spaltet in Deutschland jedoch Arbeitgeber und Arbeitnehmer (siehe zu dieser Diskussion beispielsweise die Beiträge bei Business Punk und National Geographic sowie meinen eigenen Beitrag hierzu).[1] Dies liegt entweder daran, dass lediglich die Wahrnehmung der Vorteile und Nachteile einer Rückverlagerung ins Home-Office bei den Führungskräften und den Beschäftigten unterschiedlich ausfällt, oder es ist darauf zurückzuführen, dass die Vor- und Nachteile des Home-Office die beiden Gruppen in unterschiedlicher Weise betreffen. Letzteres ist stark zu vermuten, denn die Mobilitätskosten für den Arbeitsweg trug bislang ausschließlich der Beschäftigte. Diese entfallen ersatzlos, wenn im Home-Office gearbeitet wird. Finanziell nachteilig für den Beschäftigten im Home-Office könnten allenfalls Grauzonen im Versicherungsschutz sein, weil Arbeitsunfälle schwerer nachweisbar sind und der Versicherungsschutz am Arbeitsplatz damit nicht immer greift. Etwaige Probleme mit dem Versicherungsschutz, sei es bei Arbeitsunfällen im Home-Office oder bei Unfällen auf dem Arbeits-

[1] Vgl. Business Punk, 2024; Voss, J., 2024 mit seinem Beitrag in National Geographic; Neumann, M., 2024, S. 17.

weg, werden von den Beschäftigten jedoch gerne verdrängt und sind deshalb für ihre Einschätzung der Nachteile des Home-Office selten relevant. Der Wegfall der finanziellen wie zeitlichen Mobilitätskosten sorgt dafür, dass sich dem Beschäftigten ein hoher Anteil von Arbeit aus dem Home-Office als vorteilhaft darstellt.

Von diesem Wegfall der Mobilitätskosten profitiert der Arbeitgeber kaum. Jobtickets, welche die Arbeitgeberseite zahlt, stellen eine freiwillige Leistung des Arbeitgebers dar und sorgen dafür, dass zumindest ein Teil der Mobilitätskosten von einigen Arbeitgebern getragen wird. Nun könnte eingewendet werden, dass die Arbeitgeberseite bei einer räumlichen Trennung von Arbeitsplatz und Wohnsitz Kosten für die Bereitstellung des Arbeitsplatzes zu tragen hat, die bei einer Verlagerung ins Home-Office entfallen. Dieser Einwand trägt jedoch nicht weit, denn die deutsche Gesetzgebung macht den Arbeitgeber auch im Home-Office für die Ausgestaltung des Arbeitsplatzes zumindest mitverantwortlich. Diese Mitverantwortung lässt sich gut an den Regeln zur gesetzlich definierten Telearbeit verdeutlichen. Telearbeit ist definiert als eine ortsgebundene Bildschirmarbeit im privaten Bereich des Beschäftigten, an welchem die Arbeitsstättenverordnung einzuhalten ist. Damit ist das Unternehmen auch am heimischen Arbeitsplatz für den Arbeitsschutz der Beschäftigten verantwortlich. Auch wenn diese Verantwortung für Home-Office abseits von Telearbeit noch nicht geklärt worden ist, so ist aus Arbeitgebersicht zu erwarten, dass zusätzliche Kosten entstehen werden, um diesen Arbeitsplatz mitzufinanzieren. Der Arbeitgeber hat folglich höhere Kosten, während die Kosten bei den Beschäftigten durch den Wegfall des Pendelns sinken.

Damit enthält die Diskussion um die Nutzung von Home-Office eine Verteilungskomponente. Die Frage, wie viel Home-Office wünschenswert ist, hängt davon ab, welcher Gruppe die Vorteile eher zugutekommen und welche die Nachteile trifft. Dass in Deutschland eher die Arbeitnehmer Home-Office befürworten, darf zur Vermutung Anlass geben, dass sie auch diejenige Gruppe sind, der aus dem Home-Office Vorteile erwachsen.

2 Die Forderungen der Gewerkschaften

Viele Regelungen, die sich aus der Nutzung von Home-Office ergeben sollten, sind aus der Sicht der Arbeitnehmerseite in Deutschland bislang nicht ausreichend ausgestaltet. Bei dieser Ausgestaltung sind Konflikte mit der Arbeitgeberseite vorprogrammiert.[2] Die im Folgenden beschriebenen Weiterentwicklungen stehen bereits auf der Agenda der Gewerkschaften. Die Tabelle 1 gibt einen Überblick über die Forderungen der Gewerkschaften bezüglich der Arbeit im Home-Office.

2.1 Rechts- und Erörterungsanspruch auf Home-Office

Mit Blick auf die zunehmende Bedeutung mobiler Arbeit fordern die Gewerkschaften einen verbindlichen Rechts- oder Erörterungsanspruch, um allen Beschäftigten, deren Tätigkeit es erlaubt und die es gerne möchten, die Möglichkeit zu gewähren, Home-Office zu nutzen. Ein Recht auf Home-Office beinhaltet aus gewerkschaftlicher Sicht, dass Beschäftigte unter bestimmten Voraussetzungen einen rechtlich gesicherten Anspruch auf das Arbeiten von zu Hause haben. Hingegen würde ein Erörterungsanspruch den Arbeitgeber lediglich dazu verpflichten, einen Antrag auf Home-Office zu prüfen, ohne zur Zustimmung verpflichtet zu sein. Allerdings dürfe auch hier eine Ablehnung seitens des Arbeitgebers nicht willkürlich sein, sondern unterläge bestimmten Regelungen. Der Deutsche Gewerkschaftsbund (DGB) positioniert sich zu dieser Forderung wie folgt: „Der DGB und seine Mitgliedsgewerkschaften fordern die Einführung eines Rechts auf selbstbestimmtes mobiles Arbeiten inklusive Home-Office für Beschäftigte, das durch Tarifverträge und Mitbestimmung in Betrieben und Verwaltungen (mittels Betriebs- oder Dienstvereinbarung) auszugestalten ist.“[3] Arbeitgebern soll hierbei die Möglichkeit eingeräumt werden, aus dringenden betrieblichen Gründen Ausgestaltungen der Anträge abzulehnen.[4] Laut der Gewerkschaft der Polizei (GdP) soll es lediglich zwei Gründe geben, Beschäftigten das Recht auf mobile Arbeit nicht zu gewähren: Der erste Grund, der genannt wird, sind dringende dienstliche Gründe, der zweite Grund ist eine mangelnde persönliche Eignung.[5] Die Gewerkschaft IG Metall fordert ebenfalls einen Anspruch der Beschäftigten auf mobile Arbeit. Zur Umsetzung wird sich wie folgt geäußert: „Beschäftigte,

---

[2] Vgl. Dittmar, N., 2024, S. 141ff.
[3] DGB, 2020, S. 3.
[4] Vgl. DGB, 2020, S. 3.
[5] Vgl. GdP, 2022a, S. 5.

deren Tätigkeit geeignet ist, teilweise oder gänzlich in mobiler Arbeit, insbesondere im Homeoffice, geleistet zu werden, haben den Anspruch auf diese Arbeitsform. Der Arbeitgeber kann diesen Anspruch nur ablehnen, soweit diese Voraussetzung nicht erfüllt ist und er dies gegenüber dem bzw. der Beschäftigten begründet."[6]

2.2 Freiwillige Nutzung

Grundlegend soll es den Arbeitnehmern freigestellt sein, ob sie die Möglichkeit, im Home-Office zu arbeiten, wahrnehmen oder nicht. Hierbei sollen weder bei der Inanspruchnahme noch bei der Ablehnung einer solchen Möglichkeit Nachteile für die Beschäftigten entstehen. Dies geht aus den Positionen der Gewerkschaften hervor, die sich zur freiwilligen Nutzung wie folgt äußern: „Die Grundlage des gesetzlichen Rahmens für mobiles Arbeiten inklusive Homeoffice ist die Gewährleistung, dass die Beschäftigten die Entscheidung über mobiles Arbeiten frei vom Zwang treffen [...]. Den Beschäftigten darf aufgrund des Wunsches, der Inanspruchnahme, der Ablehnung oder der Beendigung des selbstbestimmten mobilen Arbeitens kein Nachteil entstehen"[7], „Die Nutzung von Homeoffice ist freiwillig. Keine Kollegin und kein Kollege darf verpflichtet werden, Homeoffice zu nutzen; auch nicht aus ‚wichtigen Gründen'."[8]

2.3 Recht auf Nichterreichbarkeit

Eine häufige Befürchtung bei der Nutzung von Home-Office ist das Verschwimmen der Grenzen zwischen Arbeit und Privatleben. Daher fordern die Gewerkschaften ein Recht auf Nichterreichbarkeit der Beschäftigten außerhalb der vereinbarten Arbeitszeit. Laut IG Metall muss „Die gesetzliche Regelung [...] sicherstellen, dass mobiles Arbeiten nicht zur Erreichbarkeit jenseits der vereinbarten Arbeitszeit führt. Dies kann z. B. durch das Erfordernis einer Vereinbarung der Lage der Arbeitszeit geschehen, wobei Mitbestimmungsrechte des Betriebsrats zu beachten sind."[9] Der DGB positioniert sich ebenfalls für die Stärkung der Nichterreichbarkeit beim mobilen Arbeiten mit der Befürchtung, dass es durch die Möglichkeit

[6] IG Metall, 2021, S. 4.
[7] DGB, 2020, S. 3.
[8] ver.di, 2021, S. 5.
[9] IG Metall, 2021, S. 6.

der digitalen Kommunikationsmöglichkeiten zu einer erhöhten Verfügbarkeitserwartung seitens der Arbeitgeber kommen könnte.[10]

2.4 Einhaltung der bestehenden Gesetze

Bestehende Gesetze, vor allem das Arbeitszeitgesetz, sollen auch im Home-Office eingehalten werden. ver.di betont, dass es auch beim Arbeiten von daheim wichtig sei, dass Pausen- und Ruhezeiten eingehalten werden. Grenzen sollen durch die vereinbarte wöchentliche Arbeitszeit und das Arbeitszeitgesetz gesetzt werden.[11] „Auf Grundlage der geltenden gesetzlichen Regelungen sind jetzt schon innovative und zukunftsweisende Tarifverträge vereinbart worden, die auch mobiles Arbeiten inklusive Homeoffice regeln und Ausgestaltungsmöglichkeiten der Beschäftigten stärken. Eine Lockerung insbesondere des Arbeitszeitgesetzes lehnen der DGB und seine Mitgliedsgewerkschaften ausdrücklich ab.“[12] Die Gewerkschaft IG Metall schließt sich den genannten Forderungen zur Einhaltung bestehender Gesetze und Regelungen ebenfalls an. Sie betont zusätzlich, dass das Teilnahmerecht an Betriebs- und Abteilungsversammlungen durch die Nutzung von Home-Office nicht eingeschränkt werden darf.[13]

2.5 Verankerung von Home-Office als Arbeitsort in Regelwerken

Um das Arbeiten von zuhause vollständig etablieren zu können, soll das Home-Office als offizieller Arbeitsort in relevanten Regelwerken wie der Arbeitsstättenverordnung oder tariflichen und betrieblichen Vereinbarungen festgeschrieben werden. Die Forderung von ver.di lautet: „Aus unterschiedlichen Zugängen macht die weitere Etablierung des Homeoffice es erforderlich, in allen einschlägigen Regelwerken zukünftig auch das Homeoffice als einen (weiteren) möglichen Arbeitsort festzuschreiben.“[14]

---

[10] Vgl. DGB, 2020, S. 5.
[11] Vgl. ver.di, 2021, S. 9.
[12] DGB, 2020, S. 5.
[13] Vgl. IG Metall, 2021, S. 6.
[14] ver.di, 2021, S. 9.

2.6 Realistische Vorgaben für das Arbeitspensum

Durch die bereits beschriebene Gefahr des Verschwimmens der Grenzen zwischen Arbeit und Privatleben kann es vorkommen, dass durch mangelnde Selbstkontrolle, in Form von beispielsweise weiterem Überprüfen der E-Mails oder weiteren Telefonaten außerhalb der regulären Arbeitszeiten, die Arbeitsbelastung steigt. Der eigentliche Vorteil der Flexibilität kann auf diese Weise dazu führen, über die eigenen Kapazitätsgrenzen hinauszugehen.[15] „Eine ausgewogene Steuerung des Arbeitsvolumens und die Selbstbefähigung der Kolleginnen und Kollegen zum verantwortungs- und selbstbewussten Umgang mit den Vorzügen des Homeoffice sind und bleiben zwingende Voraussetzung für die Etablierung des Homeoffice."[16] Der DGB fordert einen Ordnungsrahmen, der die Vermeidung von unbezahlter Mehrarbeit und Überlastung verhindern soll.[17]

2.7 Arbeitgeberverantwortlichkeit für den Gesundheitsschutz

Die Forderungen nach einem Recht auf Nichterreichbarkeit und die Vorgabe eines realistischen Arbeitspensums sollen bereits zum Gesundheitsschutz beitragen, indem Überlastungen möglichst vermieden werden. Des Weiteren fordert der DGB im Hinblick auf die Ausstattung, dass diese den ergonomischen Anforderungen nach aktuellem Wissensstand entspricht. Dies betrifft beispielsweise die mobilen Endgeräte sowie die Arbeitsumgebung. Auch die im Rahmen des Arbeitsschutzgesetzes (§ 5) verpflichtenden Gefährdungsbeurteilungen des Arbeitsplatzes sind vom Arbeitgeber durchzuführen.[18] Die Gewerkschaft IG Metall spricht sich ebenfalls für einen umfassenden Gesundheitsschutz im Home-Office aus, der Unterweisungen, ergonomische Ausstattung und eine Beurteilung potenzieller Gefährdungen berücksichtigt. Die Verantwortung und die anfallenden Kosten sollen von der Arbeitgeberseite getragen werden.[19]

[15] Vgl. ver.di, 2021, S. 8.
[16] ver.di, 2021, S. 8.
[17] Vgl. DGB, 2020, S. 2.
[18] Vgl. DGB, 2020, S. 6f.
[19] Vgl. IG Metall, 2021, S. 3.

2.8 Kostenübernahme der Arbeitsplatzausstattung

Neben dem gesundheitlichen Aspekt soll die Ausstattung im Home-Office sowohl technisch als auch organisatorisch ausgestaltet sein. Finanzielle Nachteile sollen den Beschäftigten hierbei nicht entstehen.[20] Auch hier sollen die Kosten von den Arbeitgebern übernommen werden: „Alle anfallenden Kosten für erforderliche Arbeitsmittel, wie Hard- und Software aber auch Bürostuhl und sonstige einschlägige Büroausstattung, sind ebenso von der Arbeitgeberin zu tragen, wie Anteile an Raum- und Nebenkosten."[21] Der DGB spricht sich ebenfalls hierfür aus.[22]

2.9 Kompensationsmöglichkeiten bei fehlender Möglichkeit im Home-Office zu arbeiten

Aus Sicht der Gewerkschaften wird es als Vorteil der Arbeitnehmer betrachtet, im Home-Office arbeiten zu dürfen. Für Beschäftigte, die nicht die Möglichkeit haben, im Home-Office zu arbeiten, weil es beispielsweise aus gesundheitlichen Gründen nicht möglich ist oder es nicht mit der Tätigkeit vereinbar ist, soll es deshalb einen Ausgleich dafür geben, dass sie die Vorteile des Arbeitens von zu Hause nicht nutzen können. Die IG Metall schlägt als eine mögliche Ausgleichsmaßnahme die Umwandlung des Tariflichen Zusatzgeldes in zusätzliche freie Tage vor.[23] Die Gewerkschaft ver.di fordert einen Ausgleich durch finanzielle Leistungen des Arbeitgebers.[24] Wer im Betrieb vor Ort arbeiten muss, soll kompensiert werden.

2.10 Umfassender Versicherungsschutz

Um den Schutz der Arbeitnehmer auch außerhalb des klassischen Arbeitsortes sicherstellen zu können, sehen die Gewerkschaften es als notwendig an, alle bestehenden Versicherungslücken bei der Arbeit im Home-Office zu schließen. „Die Gewährleistung der gesetzlichen Unfallversicherung muss sichergestellt sein. Das gilt ebenso für die Haftungsprivilegierung

[20] Vgl. ver.di, 2021, S. 8.
[21] ver.di, 2021, S. 8.
[22] Vgl. DGB, 2020, S. 7.
[23] Vgl. IG Metall, 2021, S. 2.
[24] Vgl. ver.di, 2021, S. 3.

von mobil arbeitenden Arbeitnehmer*innen bei Sach- und Personenschäden“[25], „Beschäftigte müssen auch bei der Arbeit von Zuhause aus vollständig vom Schutz der gesetzlichen Unfallversicherung profitieren. Sie dürfen nicht schlechter gestellt werden als Beschäftigte, die ihre Tätigkeit in den Räumen der Arbeitsgeber ausüben.“[26] Die Kosten für das Schließen der Versicherungslücken sollen vom Arbeitgeber getragen werden.

2.11 Teamkultur und bestehende Büroarbeitsplätze

Viele Beschäftigte wünschen sich zumindest zeitweise die Möglichkeit, im Home-Office arbeiten und die dadurch resultierenden Vorteile nutzen zu können. Dass der Betrieb jedoch weiterhin als gemeinsamer Arbeitsort zur Verfügung steht, ist vielen Beschäftigten ebenfalls wichtig. Die Kommunikation in Präsenz stellt einen Faktor für gute Zusammenarbeit und den wirtschaftlichen Erfolg dar.[27] Allein aus dem Grundsatz der Freiwilligkeit ergibt sich, dass der betriebliche Arbeitsplatz den Beschäftigten weiterhin zur Verfügung gestellt werden muss.[28] Die Gewerkschaft ver.di fordert zur Erhaltung der Teamkultur die Einführung verbindlicher Team-Präsenz-Tage als Bestandteil der Zusammenarbeit. Die anfallenden Kosten zur Bereitstellung der Arbeitsplätze sind vom Arbeitgeber zu tragen.[29]

2.12 Ausbildung und Einarbeitung im Betrieb

Um eine hohe Ausbildungsqualität gewährleisten zu können, muss sichergestellt werden, dass Nachwuchskräfte die Chance bekommen, in ihrem Ausbildungsbetrieb in persönlichen Kontakt mit ihren Ansprechpartnern treten zu können. Eine Ausbildung, die ausschließlich ohne persönlichen Kontakt stattfindet, ist keine geeignete Maßnahme. Auch die Einarbeitung von neuen Mitarbeitern soll in Präsenz erfolgen.[30] Die Gewerkschaft Nahrung-Genuss-Gaststätten [NGG] positioniert sich wie folgt für eine Ausbildung, die im Betrieb stattfindet: „Die dualen Ausbildungsgänge, insbe-

[25] IG Metall, 2021, S. 5.
[26] DGB, 2020, S. 7.
[27] Vgl. IG Metall, 2021, S. 1.
[28] Vgl. DGB, 2020, S. 3.
[29] Vgl. ver.di, 2021, S. 4.
[30] Vgl. ver.di, 2021, S. 10f.

sondere auch in den kaufmännischen Berufen, haben auch in Zukunft weiter im Betrieb zu erfolgen und dürfen nicht in die virtuelle Welt abgeschoben oder zu einer rein schulischen Ausbildung verändert werden."[31]

2.13 Arbeitgeberverantwortlichkeit für Datenschutz

Datenschutz ist für Unternehmen und Kunden essenziell, da er sensible Daten schützt, Vertrauen schafft und gesetzliche Vorgaben erfüllt. Laut der Gewerkschaft ver.di soll der Arbeitgeber die Verantwortung für den Datenschutz und die Datensicherheit auch im Home-Office tragen. Er hat geeignete technische und organisatorische Maßnahmen in die Arbeit der Beschäftigten zu integrieren.[32] Der DGB spricht sich ebenfalls für die Gewährleistung des Datenschutzes von der Arbeitgeberseite aus und formuliert Konsequenzen, falls diese ihm nicht nachkommen: „Bei Nichtbeachtung des Datenschutzes müssen Schadensersatz- und Sanktionsregelungen sichergestellt werden; gesetzliche Sachvortrags- und Beweisverwertungsverbote sind in diesem Kontext nötig."[33] Mit der Übernahme der Verantwortung für den Datenschutz im Home-Office dürften auf die Arbeitgeber erhebliche Kosten und Risiken zukommen.

2.14 Zugangsmöglichkeiten zu den Interessenvertretungen und Gewerkschaften

Auch bei der Arbeit im Home-Office muss sichergestellt werden, dass Beschäftigte uneingeschränkten Zugang zu Gewerkschaften und betrieblicher Interessenvertretung haben, um ihre Rechte wahrnehmen und sich kollektiv organisieren zu können. Um dies zu gewährleisten, verlangt der DGB, dass der Arbeitgeber den Betriebs- und Personalräten sowie den Gewerkschaften einen ausreichenden Zugang zu betrieblichen Kommunikationsmitteln zur Verfügung stellt. Zu Rechtsstreitigkeiten, wer für die Übernahme der Kosten verantwortlich ist, soll es hierbei nicht kommen.[34] „Es sollte gesetzlich klargestellt werden, dass Betriebs- und Personalräte[n] das Recht auf eine Vertretung im Intranet des Betriebs [...] zusteht. Das Glei-

[31] NGG, 2021, S. 3.
[32] Vgl. ver.di, 2021, S. 9f.
[33] DGB, 2020, S. 9.
[34] Vgl. DGB, 2020, S. 9f.

che gilt für die zeitgemäße Ausstattung mit dienstlichen Computern, Laptops und anderen dienstlichen digitalen Endgeräten".[35] Die Gewerkschaft ver.di befürchtete ebenfalls, dass die betriebliche Interessenvertretung der Arbeitnehmer durch die Nutzung von Home-Office vor mehreren Herausforderungen steht. Durch beispielsweise den Wegfall von persönlichen Gesprächen und kurzen Interaktionen im Betrieb, könnte der Austausch untereinander und die Kommunikation mit betrieblichen Interessenvertretungen gefährdet werden. Auf der einen Seite sollen Arbeitnehmer selbst Mut und kreative Lösungsansätze mitbringen, um den Erhalt der Interessenvertretung zu fördern. Auf der anderen Seite wird von den Arbeitgebern verlangt, einen Beitrag zu leisten, indem adäquate technische Ausstattung zur Verfügung gestellt wird. Sitzungen in Präsenz als auch im Home-Office sollen ermöglicht werden.[36]

2.15 Recht auf Weiterbildung zur besseren Nutzung von Home-Office

Ein verbindliches Recht auf Weiterbildung zur optimalen Nutzung von Home-Office gibt Beschäftigten die Möglichkeit, gezielt Qualifikationen im Zusammenhang mit digitalem Arbeiten, Selbstorganisation und virtueller Zusammenarbeit zu erwerben. Auch Führungskräfte sollen gezielt geschult werden, um die Arbeit im Home-Office effektiv organisieren zu können, Mitarbeiter optimal zu führen und die Herausforderungen digitaler Zusammenarbeit erfolgreich zu bewältigen. „Führungskräfte müssen einschlägig qualifiziert und sensibilisiert werden, um ihrer Verantwortung mit Blick auf das Zusammenwirken unterschiedlicher Arbeitsformen gerecht werden zu können."[37] Arbeitgeber sollen die Beschäftigten im Hinblick auf den Umgang mit digitalen Arbeitsmitteln und die Selbstorganisation bei mobiler Arbeit durch Unterweisungs-/Qualifizierungs- und Coachingmaßnahmen unterstützen, die während der Arbeitszeit und auf Kosten des Arbeitgebers stattfinden sollen. Ein Initiativrecht der Beschäftigten zur Durchführung solcher Fortbildungsmaßnahmen sei erforderlich.[38]

---

[35] DGB, 2020, S. 10.
[36] Vgl. ver.di, 2021, S. 11f.
[37] ver.di, 2021, S. 3.
[38] Vgl. DGB, 2020, S. 8.

Forderung	DGB	Ver.di	IG Metall	GdP	NGG
Recht oder Erörterungsanspruch auf Home-Office	✓	✓	✓	✓	✓
Freiwillige Nutzung	✓	✓	✓	✓	✓
Nichterreichbarkeit	✓	✓	✓	✓	✓
Arbeitgeberverantwortlichkeit für den Gesundheitsschutz	✓	✓	✓	✓	✓
Finanzieller/zeitlicher Ausgleich bei fehlender Home-Office-Möglichkeit		✓	✓		
Beachtung einschlägiger Ausstattungsstandards	✓	✓	✓	✓	✓
Recht auf Weiterbildung zur besseren Nutzung	✓	✓		✓	
Einhaltung bestehender Rechtsvorschriften	✓	✓	✓	✓	✓
Home-Office als Arbeitsort im Regelwerk	✓	✓	✓	✓	✓
Arbeitgeberverantwortlichkeit für den Datenschutz	✓	✓		✓	
Keine Versicherungslücken	✓	✓	✓	✓	✓
Team-Präsenztage		✓	✓		
Home-Office darf den Zugang zu Gewerkschaften nicht beschränken	✓	✓	✓	✓	✓
Ausbildung im Betrieb		✓			✓
Realistische Vorgaben für das Arbeitspensum	✓	✓		✓	✓

Tab. 1: Forderungen der Gewerkschaften bezüglich der Arbeit im Home-Office (Quelle: DGB, 2020; GdP, 2022a; GdP, 2022b; IG Metall, 2021; NGG, 2021; ver.di, 2021.)

3 Die Forderungen der Arbeitgeberverbände

Vielen Forderungen der Gewerkschaften steht die Arbeitgeberseite ablehnend gegenüber, oftmals aufgrund zusätzlich anfallender Kosten durch die Nutzung von Home-Office. Anstatt auf verbindliche Regelungen zu setzen, soll auf Eigenverantwortung der Beschäftigten und Vertrauen gesetzt werden. Im Folgenden werden die Standpunkte der Arbeitgeberverbände bezüglich der Forderungen der Gewerkschaften dargestellt und ihre eigenen Forderungen bezüglich der Arbeit im Home-Office erläutert. Die Tabelle 2 gibt einen Überblick über die Forderungen der Arbeitgeberverbände bezüglich der Arbeit im Home-Office.

3.1 Kein verpflichtendes Angebot von Home-Office und kein zusätzlicher Bürokratieaufwand

Dem geforderten Recht und Erörterungsanspruch auf Home-Office stehen die Arbeitgeberverbände ablehnend gegenüber. Die Bundesvereinigung der Deutschen Arbeitgeberverbände (BDA) begründet ihre Position, dass es weder das eine noch das andere geben dürfe, damit, dass viele Arbeitsbereiche existieren, in denen es nicht die Möglichkeit gibt, mobile Arbeit umzusetzen und zudem die Betriebe in vielen Fällen auch ohne eine verbindliche Vorschrift mobile Arbeit, dort wo es möglich ist und sinnvoll erscheint, realisieren. Ein Rechts- oder Erörterungsanspruch würde die Gestaltungsspielräume einschränken.[39] „Die genaue Ausgestaltung der mobilen Arbeit, v. a. wann und wie oft sie stattfindet oder inwiefern z. B. Bürokonzepte angepasst werden, muss in den Händen der Betriebe und Beschäftigten liegen."[40] Die Arbeitgeber vom Zentralverband des Deutschen Handwerks (ZDH) lehnen ein verpflichtendes Angebot von Home-Office ebenfalls ab. Auch hier wird befürchtet, dass Betriebe zu stark in der Ausgestaltung der Arbeit und der Personaleinsatzplanung beschränkt werden und dass es zu einer Spaltung der Belegschaft kommen könnte, da nicht jede Tätigkeit für die Arbeit im Home-Office geeignet ist. Die Einführung verbindlicher Gesetze und Ansprüche könnte vor allem kleine und mittlere Betriebe belasten, da es sowohl zu einem bürokratischen Mehraufwand als auch zu einer finanziellen Belastung für sie kommen würde. Anträge auf

[39] Vgl. BDA, 2023a, S. 1.

[40] BDA, 2023a, S. 2.

die Arbeit im Home-Office müssten immer wieder geprüft und die Ablehnungsgründe erläutert werden, auch wenn der Arbeitsplatz offensichtlich nicht für die Arbeit von zu Hause geeignet ist. Dieser bürokratische Aufwand, der Kapazitäten in einem Unternehmen bindet, soll vermieden werden.[41] In diesem Zusammenhang fordert der Zentralverband des Deutschen Handwerks eine Kleinbetriebsklausel: „Angesichts der Fehleranfälligkeit dieses Verfahrens, den damit zusammenhängenden bürokratischen und tatsächlichen Belastungen sowie dem finanziellen Aufwand zur Einrichtung von Home-Office-Arbeitsplätzen, sollten Betriebe mit nicht mehr als 45 Beschäftigten von den hier geplanten Regelungen ausgenommen werden".[42] Der Bundesarbeitgeberverband Chemie (BAVC) und die Bundesvereinigung der Deutschen Arbeitskräfte sprechen im Zusammenhang mit drohenden rechtlichen Regelungen und der Forderung nach Freiwilligkeit von einer *doppelten Freiwilligkeit*, die fordert, dass Home-Office sowohl für die Arbeitnehmer als auch für die Arbeitgeber freiwillig sein soll.[43]

3.2 Eigenverantwortung in Bezug auf den Gesundheitsschutz

Zu der Forderung der Gewerkschaften, dass Arbeitgeber die Kosten eines umfassenden Gesundheitsschutzes mit passender ergonomischer Ausstattung und einer Gefährdungsbeurteilung des Arbeitsplatzes im Home-Office tragen sollen, äußern sich die Arbeitgeberverbände wie folgt: Die Bundesvereinigung der Deutschen Arbeitgeberverbände kritisiert, dass Arbeitgeber in den meisten Fällen weder die Möglichkeit haben, den Arbeitsplatz im Home-Office zu kontrollieren, noch diesen mit Mobiliar auszustatten. Aufgrund dessen, dass der Zugang zu den privaten Wohnungen nicht verpflichtend zu gewährleisten ist, können beispielsweise Gefährdungsbeurteilungen nicht stattfinden. Gefordert wird von den Arbeitnehmern Eigenverantwortung in Hinblick auf eine gesundheitserhaltende und sichere Arbeitsplatzgestaltung. Um solche Kompetenzen zu fördern, könne der Arbeitgeber mit geeigneten Coachingmaßnahmen unterstützen.[44] Der Zentralverband des Deutschen Handwerks schließt sich der Forderung an,

---

[41] Vgl. ZDH, 2020, S. 2ff.
[42] ZDH, 2020, S. 5.
[43] Vgl. BDA, 2023a, S. 2; BAVC, 2022, S. 1.
[44] Vgl. BDA, 2023a, S. 3.

dass Arbeitnehmer bei der Arbeit im Home-Office selbst die Verantwortung für die Arbeitsplatzgestaltung haben. Vor allem für kleine und mittlere Betriebe des Handwerks sind die Kosten, die dadurch entstehen würden, nur schwer zu tragen.[45]

3.3 Begrenzte Kostenübernahme des Arbeitgebers

Die von der Arbeitnehmerseite geforderte Übernahme der Kosten seitens der Arbeitgeber bezüglich der Datensicherheit und des Datenschutzes sowie einer umfassenden Ausstattung und Beteiligung an Raum- und Nebenkosten wird abgelehnt. Die Arbeitgebervereinigung Nahrung und Genuss (ANG) äußert sich zu diesem Thema wie folgt: „Es sollte keine Kostenbeteiligungspflicht des Arbeitgebers über die Stellung der Betriebsmittel hinaus bestehen."[46] Laut dem Zentralverband des Deutschen Handwerks sollen Arbeitnehmer selbst dafür verantwortlich sein, dass der von ihnen gewählte Arbeitsplatz effektives Arbeiten ermöglicht und der Datenschutz sowie die Datensicherheit gewährleistet sind.[47]

3.4 Gestaltungsspielräume bei Ruhe- und Arbeitszeiten

Der Forderung der Arbeitnehmer, dass das Arbeitszeitgesetz sowie Ruhezeiten auch im Home-Office eingehalten werden sollen, steht die Forderung der Arbeitgeber in Form von ausgeweiteten Gestaltungsspielräumen bezüglich der Ruhe- und Arbeitszeiten gegenüber. Begründet wird diese Forderung vom Zentralverband des Deutschen Handwerks damit, dass dies einen starken Zugewinn an Flexibilität bedeuten würde. Umgesetzt werden könnte dies durch eine wöchentliche Höchstarbeitszeit anstelle einer täglichen und eine Anpassung der Regelungen bezüglich der Ruhe- und Pausenzeit.[48] Der Bundesarbeitgeberverband Chemie sieht ebenfalls die Notwendigkeit einer Flexibilisierung bestehender rechtlicher Regelungen: „Die Praxis mobilen Arbeitens zeigt, dass das Arbeitszeitgesetz zeitgemäß entwickelt werden muss. Die Praxis benötigt Gestaltungsspielräume beim 8-Stunden-Tag und den Ruhezeiten. Eine erzwungene Dokumentation von

[45] Vgl. ZDH, 2020, S. 10.
[46] ANG, 2022, S. 27.
[47] Vgl. ZDH, 2020, S. 7f.
[48] Vgl. ZDH, 2020, S. 10.

Beginn, Ende und Dauer der mobilen Arbeitszeit mutet zudem antiquiert an."[49] Hier sehen sich die Arbeitgeber mit unnötigen Kosten belastet.

3.5 Einarbeitung im Betrieb

Einig sind sich die Gewerkschaften und der Zentralverband des Deutschen Handwerks bei der Forderung, dass die Einarbeitung von neuen Mitarbeitern weiterhin im Betrieb stattfinden soll. Der Zentralverband des Deutschen Handwerks äußert die Befürchtung, dass durch die Möglichkeit, im Home-Office zu arbeiten, bei neuen Beschäftigten kein gegenseitiges Vertrauensverhältnis entstehen und keine ordnungsgemäße Einarbeitung erfolgen kann, beides jedoch sei grundlegend für eine gute und langfristige Zusammenarbeit. Sollten Mitarbeiter einen rechtlichen Erörterungsanspruch bekommen, soll dieser frühstens ab sechs Monaten geltend gemacht werden können.[50]

3.6 Rechtssicherheit bei Grenzgängern

Um allen Beteiligten hinsichtlich sozialversicherungs- und steuerrechtlicher Fragen eine Absicherung zu ermöglichen, fordert die Arbeitgeberseite Rechtssicherheit bezüglich der Arbeit im Home-Office aus dem Ausland. Die Bundesvereinigung der Deutschen Arbeitgeberverbände kritisiert, dass aktuelle EU-Regelungen nicht ausreichend ausgestaltet sind. Durch grenzüberschreitendes mobiles Arbeiten sollen den Unternehmen keine zusätzlichen Kosten entstehen, beispielsweise durch die unbeabsichtigte Gründung einer Betriebsstätte im Ausland oder zusätzliche Verwaltungskosten durch weitere einkommensteuerliche Verpflichtungen seitens der Arbeitgeber.[51]

3.7 Ausbau technischer Infrastruktur

Eine Möglichkeit, um die Bedingungen für die Arbeit im Home-Office zu verbessern, sieht die Arbeitgeberseite im Ausbau der technischen Infrastruktur zur Datenübertragung. Die Kosten hierfür sollen vom Staat getragen werden. Die Bundesvereinigung der Deutschen Arbeitgeberverbände fordert einen schnell voranschreitenden Ausbau des Datennetzes, um die

---

[49] BAVC, 2022, S. 1.
[50] Vgl. ZDH, 2020, S. 7.
[51] Vgl. BDA, 2023a, S. 3f.

notwendige technologische Grundlage für flächendeckendes und leistungsfähiges Arbeiten im Home-Office zu schaffen.[52]

Forderung	BDA	ZDH	ANG	BAVC	AGV Ruhr/Westfalen
Kein verpflichtendes Angebot von Home-Office	✓	✓	✓	✓	✓
Keine zusätzliche Bürokratie	✓	✓	✓	✓	✓
Eigenverantwortlichkeit bzgl. des Gesundheitsschutzes	✓	✓			
Begrenzte Kostenübernahme		✓	✓		
Gestaltungsspielräume bei Ruhe- und Arbeitszeiten		✓	✓	✓	✓
Einarbeitung im Betrieb		✓			
Rechtssicherheit bei Grenzgängern	✓				
Ausbau technischer Infrastruktur	✓				✓

Tab. 2: Forderungen der Arbeitgeberverbände bezüglich der Arbeit im Home-Office (Quelle: AGV Ruhr/Westfalen, 2022; ANG, 2022; BAVC, 2022; BDA, 2023a; BDA, 2023b; ZDH, 2020.)

4 Conclusio: Die Kostenverteilung ist entscheidend

Insgesamt fällt bei der Sichtung der Forderungen direkt auf, dass es sich vielfach um einen Wunsch nach Zuordnung der finanziellen Belastung auf nur eine der beiden Parteien handelt. Werden die Kosten den Unternehmen zugeordnet, sinkt die Zuneigung dieser zum Konzept des Home-Office. Wird der Regler der Kostenaufteilung hingegen in Richtung einer Belastung der Beschäftigten geschoben, steigt die Zuneigung der Unternehmen zum Home-Office, wohingegen die Bereitschaft der Beschäftigten zum

[52] Vgl. BDA, 2023b, S. 1.

Home-Office abnehmen wird (vgl. Abb. 2). Derzeit tragen die Unternehmen anteilig deutlich mehr Kosten, dementsprechend ist die Zustimmung auf Beschäftigtenseite höher als auf Unternehmerseite. Ein Optimum muss nicht erreicht werden – doch soll die gegenwärtige Ablehnung der Arbeitgeberseite gemildert werden, wäre eine Reduktion des Unternehmensanteils an den Kosten wünschenswert. Weitere Belastungen der Unternehmen werden den Konflikt um Home-Office eher verschärfen.

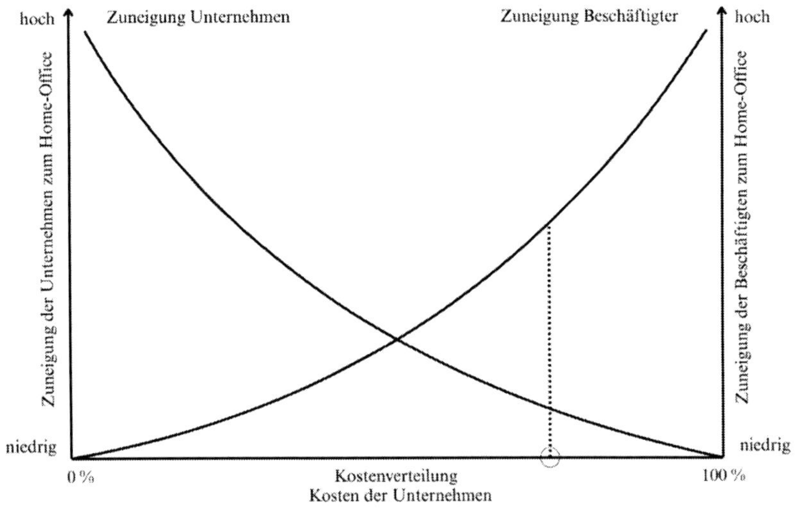

Abb. 2: Bewertung von Home-Office unter Berücksichtigung der Kostenverteilung (Quelle: Eigene Darstellung.)

Damit entpuppt sich die Diskussion um die Forderung nach Home-Office in Deutschland in erster Linie als ein Verteilungskampf zwischen Arbeitnehmern und Arbeitgebern, in dem derzeit die Arbeitnehmerseite die Oberhand hat, was sich an der höheren Zuneigung zum Home-Office unter den Beschäftigten im Vergleich zu den Beliebtheitswerten in den Unternehmen ablesen lässt.

Quellenverzeichnis

AGV Ruhr/Westfalen (2022): Arbeitgeber kritisieren Pläne zum Rechtsanspruch auf Home-Office, URL: https://www.agv-bochum.de/fileadmin/user_upload/downloads/pressemitteilungen/2022-01-13_PM_Home-Office.pdf, Zugriff: 27.03.2025.

ANG (2022): ANG-Jahresbericht. Nahrung und Genuss 2022, URL: https://www.ang-online.com/files/pub/Fakten/ANG-Report%20Nahrung%20und%20Genuss/ANG_Jahresbericht_gesamt_2022.pdf, Zugriff: 10.04.2025.

BDA (2023a): BDA-Positionspapier „Mobile Arbeit", URL: https://arbeitgeber.de/wp-content/uploads/2023/03/bda-arbeitgeber-positionspapier-Mobile-Arbeit-2023_01_24.pdf, Zugriff: 11.04.2025.

BDA (2023b): Mobile Arbeit erleichtern und nicht bürokratisieren, URL: https://arbeitgeber.de/wp-content/uploads/2023/05/bda-arbeitgeber-positionspapier-kurzversion_mobile_arbeit-2023_05_11.pdf, Zugriff: 11.04.2025.

BAVC (2022): Mobiles Arbeiten nur auf freiwilliger Basis. Rechtsanspruch ist ein Irrweg, URL: https://www.bavc.de/downloads/TopThemen/OnePager-Mobiles-Arbeiten-2022-04-20.pdf, Zugriff: 07.04.2025.

Business Punk (2024): Homeoffice-Debatte – Die gespaltene Sichtweise von Unternehmen und ihren Mitarbeitenden, URL: https://www.business-punk.com/2024/01/homeoffice-debatte-die-gespaltene-sichtweise-von-unternehmen-und-ihren-mitarbeitenden/, Zugriff: 21.04.2025.

DGB (2020): Positionspapier des DGB für einen gesetzlichen Ordnungsrahmen für selbstbestimmtes mobiles Arbeiten inklusive Homeoffice, URL: https://www.dgb.de/search?display_page=7&end_date=2999-12-31&search_text=positionspapier&start_date=1900-01-01, Zugriff: 25.03.2025.

Dittmar, N. (2024): Tarifverträge zu mobiler Arbeit. Tarifpolitische Gestaltung einer digitalisierten Arbeitswelt?, in: Arbeit, Bd. 33, Nr. 4, S. 141-161.

Eurostat (2025): Employed persons working from home as a percentage of the total employment, by sex, age and professional status (%), URL: https://ec.europa.eu/eurostat/databrowser/view/lfsa_ehomp__custom_12158505/default/bar?lang=en, Zugriff: 21.04.2025.

GdP (2022a): Ratgeber. Dienstvereinbarungen für gute flexible Arbeit bei der Polizei, URL: https://www.gdp.de/Bundesvorstand/Dokumente/Positionspapiere/220509_GdP_Pos_Gute_flexible_Arbeit_Ratgeber.pdf, Zugriff: 28.03.2025.

GdP (2022b): Positionspapier. Gute flexible Arbeit bei der Polizei, URL: https://www.gdp.de/Bundesvorstand/Dokumente/Positionspapiere/220509_GdP_Pos_Gute_flexible%20Arbeit.pdf, Zugriff: 25.03.2025.

Neumann, M. (2024): Potenzielle Konflikte bei der Nutzung von Home-Office. Ergebnisse einer Unternehmensfallstudie, in: WiST - Zeitschrift für Studium und Forschung, Bd. 53, Nr. 12, S. 16-22.

NGG (2021): Positionspapier „Mobiles Arbeiten", URL: https://www.ngg.net/fileadmin/Hauptverwaltung/Redaktion_Webseite_ngg.net/PDFs/20210701_Clean_Positionspapier_Mobile_Arbeit_Intranet_Internet_in_Bearbeitung.pdf, Zugriff: 26.03.2025.

IG Metall (2021): Positionspapier. Mobiles Arbeiten – Anforderungen aus Sicht der IG Metall, URL: https://duesseldorf-neuss.igmetall.de/w/files/news/2021_09_mobiles_arbeiten_positionspapier_der_ig_metall.pdf, Zugriff: 25.03.2025.

ver.di (2021): HOME OFFICE – Ein Positionspapier, URL: https://oeffentliche-private-dienste.verdi.de/++file++63bf9e43a83b90e005dc146a/download/verdi_Sozialversicherung_BFG-Arbeitsverwaltung_2021_Positionspapier-Homeoffice.pdf, Zugriff: 31.03.2025.

Voss, J. (2024): Zurück ins Büro: Ist das Homeoffice gescheitert?, URL: https://www.nationalgeographic.de/geschichte-und-kultur/2024/04/zurueck-ins-buero-ist-das-homeoffice-gescheitert, Zugriff: 21.04.2025.

ZDH (2020): Stellungnahme zum Referentenentwurf eines Gesetzes zur mobilen Arbeit (Mobile Arbeit- Gesetz-MAG) des Bundesministeriums für Arbeit und Soziales, URL: https://www.zdh.de/fileadmin/Oeffentlich/Soziale_Sicherung/Positionen/rs18320_Anlage_ZDH_Stellungnahme_Mobile_Arbeit_Gesetz.pdf, Zugriff: 20.04.2025.

Alexander Parchow

Einblicke in die schulischen und beruflichen Verläufe von jungen Menschen nach Verlassen der stationären Erziehungshilfe

1 Einleitung

Die sogenannte Münsteraner Langzeitstudie, an welcher der Autor dieses Beitrags im Rahmen der letzten Erhebung sowie bei der Aufbereitung der Rohdaten und der Auswertung alleinverantwortlich gewirkt hat, ist eine der wenigen Untersuchungen im Feld der Hilfen zur Erziehung mit Längsschnittdesign. Nach Initiierung der Studie im Jahr 2008 durch die Fachhochschule Münster wurden an fünf Zeitpunkten über mehr als zehn Jahre junge Menschen während und nach der Unterbringung in einer Maßnahme der Heimerziehung oder sonstigen betreuten Wohnform zu ihren Lebenserfahrungen und ihrer Lebenssituation befragt. Dadurch ließen sich einerseits qualitativ orientiert biografische sowie andererseits quantitativ, thematisch auf die Bildungs- und Erwerbssituation fokussierte Verläufe nachzeichnen und analysieren. Der vorliegende Beitrag richtet den Blick auf letzteres – die Bildungs- und Erwerbsverläufe von Menschen mit Unterbringungserfahrungen während und längere Zeit nach Beendigung von Jugendhilfeleistungen.

Die Bildung bzw. der schulische und berufliche Werdegang von jungen Menschen, die außerhalb ihrer Familie in einer stationären Erziehungshilfemaßnahme leben, sowie Careleavern war in den vergangenen Jahren lange ein eher randständiges und vernachlässigtes Thema im Diskurs um die stationäre Erziehungshilfen bzw. im Heimerziehungsdiskurs. Gegenwärtige Aussagen, beispielsweise zu den am häufigsten besuchten Schulformen, beziehen sich zumeist (noch) auf die letzte Erhebung entsprechender Daten der amtlichen Kinder- und Jugendhilfestatistik aus dem Jahr 2005. Darin zeigt sich, dass fremduntergerbachte junge Menschen am häufigsten die Haupt-, Sonder- und Realschule besuchen, weswegen bis heute davon ausgegangen wird, dass Careleaver nur niedrige Bildungsabschlüsse erreichen und daher zu den „Bildungsverlierern“[1] gehören.

[1] Pothmann, J., 2007.

Durch Forschungsprojekte wie *Higher Education without Family Support* der Universität Hildesheim und daran anschließende Publikationen (u. a. von Köngeter/Mangold/Strahl 2016 und Strahl 2019) sowie auch nicht zuletzt durch die Careleaver selbst rückte das Thema Bildung wieder mehr in den Mittelpunkt des Fachdiskurses. So kam es zudem, infolge des 2021 verabschiedeten Kinder- und Jugendstärkungsgesetzes, zu einer umfangreichen Überarbeitung der amtlichen Kinder- und Jungendhilfestatistik, sodass die seit langem geforderten Merkmale zur schulischen und beruflichen Bildung von fremduntergebrachten jungen Menschen seit 2022 wieder erhoben werden[2]. Dadurch lassen sich zukünftig wieder repräsentative Aussagen zu Bildungsaspekten von jungen Menschen, die außerhalb der Herkunftsfamilie in stationärer Erziehungshilfe aufwachsen, tätigen.

In diesem Beitrag soll es darum gehen, die Thematik Bildung und stationäre Erziehungshilfe um eine Verlaufsperspektive zu ergänzen und den Blickwinkel auch auf die Zeit nach Verlassen des Jugendhilfesystems zu richten. Im Folgenden wird deshalb auf die Bildungs- und Erwerbsverläufe von Careleavern eingegangen, die einer Analyse der längsschnittlichen Daten der Münsteraner Längsschnittstudie entstammen.

Der Beitrag gliedert sich wie folgt: Zunächst werden die empirische Grundlage der Längsschnittstudie sowie das methodische Vorgehen zur Rekonstruktion der Bildungs- und Erwerbsverläufe vorgestellt. Daran anschließend erfolgt im darauffolgenden Kapitel eine Darstellung der herausgearbeiteten typischen Muster und Strukturen dieser Verläufe. Im vierten Kapitel werden drei Verlaufstypen unter Rückgriff auf das qualitative Datenmaterial vertiefend analysiert und mögliche Bedingungshintergründe rekonstruiert. Der Beitrag schließt mit zusammenfassenden Überlegungen und Hinweisen auf mögliche Konsequenzen für die Ausgestaltung von Hilfen im Übergang aus der stationären Erziehungshilfe.

2 Empirische Grundlage und Rekonstruktion der Bildungs- und Erwerbsverläufe von Careleavern

Durch mehrere Datenerhebungen im Rahmen der Münsteraner Längsschnittstudie, die zwischen den Jahren 2008 bis 2019 an fünf Zeitpunkten

---

[2] Vgl. Meiner-Teubner, C./Mühlmann, T., 2021, S. 13f.

u. a. mittels quantitativen Fragebogens stattfanden, konnten Informationen zu Schulbesuchen, schulischen und beruflichen Abschlüssen sowie zur Erwerbstätigkeit und Einkommenssituation der Untersuchungsteilnehmenden gesammelt werden. Zudem zielte die Untersuchung darauf ab, je Erhebungswelle Interviews mit den teilnehmenden jungen Menschen zu führen, um u. a. die aktuellen Lebensumstände, zentrale Lebensereignisse sowie die retrospektive Betrachtung der Unterbringungserfahrungen zu erfassen.

Über den gesamten Untersuchungszeitraum von mehr als zehn Jahren blieben von ursprünglich 102 Untersuchungsteilnehmenden 26 Personen erhalten und konnten auch am letzten Erhebungszeitpunkt befragt werden.

Bei der ersten Erhebungswelle waren die Befragten mindestens 14 Jahre alt und lebten in einer Einrichtung der Heimerziehung. Die meisten jungen Menschen hatten die stationäre Maßnahme zum Zeitpunkt der zweiten Befragung bereits verlassen und erhielten keine weitere Jugendhilfeleistung mehr. Bei der dritten Erhebungswelle lebte nur noch eine Person in einer stationären Maßnahme und eine Person erhielt ambulante Hilfe. Ab der vierten Erhebungswelle lebten alle Untersuchungsteilnehmenden ohne Unterstützung von Seiten der Jugendhilfe. Dadurch ergab sich die Möglichkeit, die Verläufe von Careleavern über einen recht langen Zeitraum nach Verlasen der stationären Erziehungshilfe sowie nach Beendigung von Jugendhilfeleistungen nachzuzeichnen und zu analysieren.

Für einen systematischen Einblick in die Bildungs- und Erwerbsverläufe von Careleavern wurden diejenigen Personen in das zu untersuchende Sample einbezogen, die während der gesamten Laufzeit, einschließlich dem letzten Befragungszeitpunkt, an der Studie teilnahmen. Auf Grundlage der darauf bezogenen quantitativen Daten wurden aus den vorliegenden unterschiedlichen Zuständen (siehe Tab. 1) in Bezug zu Bildungsaspekten und Erwerbstätigkeit je Befragungszeitpunkt und je Person Sequenzen gebildet (z. B. für den sequenziellen Verlauf einer Person: *in Schulausbildung* beim ersten Befragungszeitpunkt, *in Berufsausbildung* beim zweiten Befragungszeitpunkt, *Arbeit im erlernten Beruf* beim dritten Befragungszeitpunkt usw.).

Zustand in Sequenz
Geht zur Schule
Berufliche oder berufsvorbereitende Qualifizierung, Eingliederung in den Arbeitsmarkt
Lehre / Ausbildung
Studium
Berufstätigkeit im erlernten Beruf
Berufstätigkeit in einem anderen als dem erlernten Beruf oder ohne Ausbildung
Freiwilliges soziales Jahr, Bundeswehr, Zivildienst o.ä.
Erwerbslos

Tab. 1: Zustände in den Sequenzen des Bildungs- und Erwerbsverlaufs der Untersuchungsteilnehmenden (Quelle: Eigene Darstellung, basierend auf eigenen Daten.)

Um die Ähnlichkeit bzw. die Unterschiedlichkeit der einzelnen sequenziellen Verläufe der Untersuchungsteilnehmer zu bestimmen, kam das in der Lebenslaufforschung zur Anwendung kommende Verfahren der Sequenzmusteranalyse zum Einsatz[3]. Eine sich an die Sequenzmusteranalyse anschließende Clusteranalyse nach dem WARD-Verfahren zielte darauf ab ähnliche Verläufe zu Gruppen zu fusionieren. Durch eine Visualisierung des Prozesses der Clusterbildung mittels Dendrogramm sowie eines Ellbogendiagramms erschien eine Clusterung in drei Gruppen als sinnvolle Untergliederung, so dass drei Typen von Bildungs- und Erwerbsverläufen bei den Untersuchungsteilnehmern erkennbar waren.

[3] Vgl. Micheel, H.-G., 2006, S. 60.

3 Vorkommende typische Muster und Strukturen der Bildungs- und Erwerbsverläufe

Die in den drei Clustern enthaltenen sequenziellen Verläufe zeigten jeweils die größten Ähnlichkeiten miteinander. Bei der Betrachtung dieser Verläufe bzw. der drei Cluster wurden spezifische Muster und Strukturen in den Bildungs- und Erwerbsverläufen der Untersuchungsteilnehmer sichtbar, die sich wie folgt beschreiben lassen (Abb. 1):

Die im ersten Cluster vorkommenden Sequenzen charakterisieren einen Verlaufstyp *normgerechte* Bildungs- und Erwerbsverläufe. Idealtypisch zeigt sich bei dieser Verlaufsart am Anfang der Sequenzen der Schulbesuch, gefolgt von einer Berufsausbildung in der Mitte und einer Erwerbstätigkeit (fast ausschließlich im erlernten Beruf) am Ende.

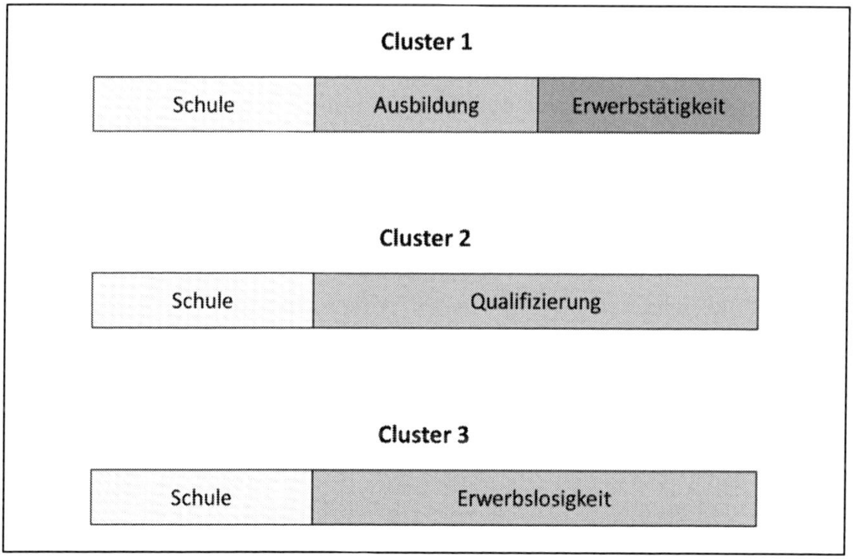

Abb. 1: Vereinfachte und idealtypische Darstellung der Bildungs- und Erwerbsverläufe je Cluster (Quelle: Eigene Darstellung, basierend auf eigenen Daten.)

Die Verläufe, die infolge der Clusteranalyse dem zweiten Cluster zugeordnet wurden, kennzeichnen eine lange, teilweise noch zum Zeitpunkt der letzten Erhebung andauernde, Qualifizierung nach der Schulausbildung. Sie lassen sich daher als Verlaufstyp verlängerter Berufseinmündungsphase, aufgrund von andauernder Ausbildung und/oder (Weiter-)Qualifizierung, beschreiben.

Im dritten Cluster finden sich die Bildungs- und Erwerbsverläufe, die nach der Schulausbildung in den meisten Fällen direkt in eine Erwerbslosigkeit münden. Dabei erstreckte sich die Erwerbslosigkeit nahezu über den gesamten weiteren Untersuchungszeitraum und dauerte auch zum Zeitpunkt der letzten Befragung, am Ende der Studie, noch an. Eine berufliche Ausbildung oder sonstige berufliche Qualifizierungsmaßnahmen kommen in den Verläufen des dritten Clusters kaum oder nur für einen sehr kurzen Zeitraum vor und gehen dann aber ebenfalls in eine anhaltende Erwerbslosigkeit über. Die im dritten Cluster vorkommenden sequenziellen Verläufe können deshalb als prekäre Bildungs- und Erwerbsverläufe bezeichnet werden.

4 Bedingungshintergründe der drei Verlaufstypen

Nach der Identifikation der aufgezeigten drei Verlaufstypen blieb die Frage offen, wie sich deren Ausprägung jeweils erklären lässt. Um mehr über die Entstehungshintergründe und potenziell beeinflussenden Faktoren zu erfahren, wurde das Interviewmaterial der Längsschnittstudie bzw. die daraus nachgezeichneten biografischen Verläufe der Careleaver hinzugezogen. Diese Fälle beinhalteten je Untersuchungsteilnehmer die Interviews aller Erhebungswellen. Nachdem eine Zuordnung der Fälle zu den drei Clustern erfolgte, zielte eine Analyse der biografischen Verläufe darauf ab, diese inhaltlich mit den quantitativ entwickelten Bildungs- und Erwerbsverlaufstypen zu verknüpfen. Dabei war insbesondere von Interesse, inwieweit die besonders einschneidende Erfahrung der Fremdunterbringung bzw. das kritische Lebensereignis Heimerziehung[4] bei der Entstehung der schulischen bzw. beruflichen Verläufe eine Rolle spielte.

Beim ersten Typ, den *normgerechten* Bildungs- und Erwerbsverläufen, lassen sich zwei Arten voneinander unterscheiden: Einerseits die Fälle, in denen ein als gelungen zu bezeichnender Hilfeprozess erkennbar ist und

---

[4] Vgl. Lambers, H., 1996, S. 50f.

andererseits Fälle, in denen die jungen Menschen die Erziehungshilfe als belastend wahrnahmen. Die erstgenannten, gelungenen Hilfeverläufe erscheinen insgesamt beinahe beispielhaft. Die Maßnahme(n) und sonstigen Unterstützungsleistungen wirkten passend bzw. flexibel genug auf die Bedürfnisse der fremduntergebrachten jungen Menschen abgestimmt. Die Fachkräfte als zentrale Bezugspersonen agierten den individuellen Bedürfnissen entsprechend, versuchten Wünsche zu ermöglichen und ließen ein hohes Maß an Partizipation zu. Zudem unterstützten sie individuell im schulischen Bereich und versuchten das Erreichen höherer Schulbildung zu ermöglichen. Nach Verlassen des stationären Settings wurde eine ambulante Anschlusshilfe erst bei stabilen Lebensumständen, wozu auch der erfolgreiche Abschluss der Schule bzw. der Beginn einer Ausbildung gehörte, beendet.

Demgegenüber stehen die Fälle mit einem *normgerechten* Bildungs- und Erwerbsverlauf, in denen die Unterbringungsmaßnahme offenkundig unpassender auf die individuellen Bedürfnisse abgestimmt erschien. Die im Alltag geltende Struktur, das Regelsystem und die Fachkräfte erlebten die jungen Menschen als unflexibel, wenig unterstützend sowie als einschränkend. Es kam häufiger zu Konflikten mit den Fachkräften, was sich negativ auf die Beziehung zu diesen auswirkte. Bei der Schulbildung wurde wenig individuelle Hilfe geleistet. Der Fokus lag eher auf der Verselbständigung im Sinne eines gelingenden Alltags. Insgesamt erlebten die jungen Menschen die Unterbringung als Belastung. Erst nachdem sie die Jugendhilfe komplett verlassen hatten und keine professionelle Hilfe mehr vorhanden war, erlebten die jungen Menschen eine Beruhigung ihrer Lebensumstände und konnten sich auf ihre (weitere) Bildungskarriere konzentrieren. Dabei zeigte sich bei den Personen eine hohe Eigenmotivation und ein stabiles soziales Umfeld, was den *normgerechten* Werdegang unterstützte.

Im zweiten Cluster finden sich die Menschen mit Bildungs- und Erwerbsverläufen, in denen eine verlängerte Qualifizierungsphase vorkommt. Unabhängig davon, wie die sie die Fremdunterbringung erlebten und bewerteten, endete die Jugendhilfe vergleichsweise früh bzw. in jungem Alter. Nach Verlassen der stationären Maßnahme war keine oder nur kurz ambulante Unterstützung vorhanden. Die lange Phase der Berufsqualifizierung ist dadurch zu erklären, dass Belastungen im biografischen Verlauf auftraten, welche die Careleaver nur schwer allein bewältigen konnten (beispielsweise traumatische Erlebnisse aus der Vergangenheit oder Tod einer zentralen Bezugsperson). Auf professionelle Unterstützung durch die Jugendhilfe konnten die jungen Menschen jedoch nicht mehr zugreifen. Trotz stabil erscheinender Lebensumstände drängte die Belastung derart und teilweise wiederholt in den Vordergrund, sodass die jungen Menschen in ihrem Bildungsweg zu einer Unterbrechung, einem Abbruch oder einer beruflichen Neuorientierung gezwungen waren. Dadurch verlängerte sich die Zeit der Berufsvorbereitung.

Bei den Personen, die dem dritten Cluster zugeordnet wurden, zeigten sich Bildungs- und Erwerbsverläufe, die durch den langanhaltenden Status der Erwerbslosigkeit prekär erscheinen. Auffallend oft und nur in diesem Cluster wiesen die jungen Menschen eine psychische Erkrankung auf. Eine inhaltliche Unterscheidung kann ähnlich wie beim ersten Cluster in zwei Gruppen erfolgen. Erstens die Gruppe der Personen, welche die Zeit der Fremdunterbringung positiv erlebten, die Fachkräfte als hilfreich, unterstützend sowie engagiert wahrnahmen und bei denen das Jugendamt nach Verlassen der Maßnahme für eine längere Zeit eine Anschlusshilfe eingerichtet hatte. Zweitens die Menschen, welche die Heimerziehung als wenig gewinnbringend für ihren biografischen Verlauf einschätzten, da die Hilfe kaum an die psychische Erkrankung und die Bedürfnisse ausgerichtet, letztlich zudem ohne weitere Unterstützung, abgebrochen wurde. Bei den Personen mit Positiverfahrungen erklärt sich die Zuordnung zum dritten Cluster dadurch, dass die Hilfe nach Erreichen eines ersten Schulabschlusses und nach dem Leaving Care[5] stärker auf die Bewältigung der Krankheit sowie die damit zusammenhängende Alltagsgestaltung ausgerichtet war.

[5] Mit dem Begriff Leaving Care wird der Übergang junger Menschen von der stationären Jugendhilfe in ein eigenständiges Leben beschrieben. Entsprechend hat sich für diese Zielgruppe die aus dem Englischen stammende Bezeichnung Careleaver etabliert. Nach der Definition von Sievers, Thomas und Zeller umfasst dies sowohl Jugendliche, die aktuell noch in einer stationären Maßnahme der Erziehungshilfe leben und sich auf den Auszug vorbereiten, als auch jene, die diese Hilfeform bereits verlassen haben und nun ohne weitere Unterstützung durch die Jugendhilfe selbstständig leben (vgl. Sievers, B./Thomas, S./Zeller, M., 2018, S. 9).

Die Jugendhilfe endete mit der Überführung in ein anderes (existenzsicherndes) Leistungssystem, ohne Anschluss ans Bildungs- und Erwerbssystem sowie zumeist ohne Klärung der weiteren schulischen oder beruflichen Perspektive. Im Gegensatz dazu zeichnet sich bei der zweiten Gruppe der jungen Menschen mit prekären Bildungs- und Erwerbsverläufen ein anderes Bild. Der Hilfeverlauf erscheint dahingehend als problematisch, dass die Unterstützung weniger an die individuellen Bedürfnisse ausgerichtet und die Lebensumstände (u. a. Wohnen, Anschluss an sozialstaatliche Hilfen sowie ans Bildungs- und Erwerbssystem) beim Verlassen der Erziehungshilfe ungeklärt waren. Insofern fanden sich die jungen Menschen nach dem Leaving Care in einer prekären Lebenslage wieder, aus der sie sich aus eigener Kraft nicht befreien konnten und sich der langanhaltende Status der Erwerbslosigkeit sowie die Zuordnung zum dritten Cluster erklären lässt.

5 Schlussgedanken

Auch wenn vieles darauf hindeutet, dass das Thema Schulbildung zunehmend mehr Beachtung in der Heimerziehung findet und das Erreichen von – wenn auch nur mittleren – Schulabschlüssen ermöglicht wird, erscheint es durch die Analyse der Bildungs- und Erwerbsverläufe in der Münsteraner Längsschnittstudie, als dass der Anschluss an das weiterführende Bildungssystem sowie der häufig während des Leaving Care stattfindende Eintritt in die Arbeitswelt stärker in den Blick genommen werden sollte. Zu vermuten ist, dass Careleaver nach Verlassen der stationären Maßnahme mehr Unterstützung bei der Klärung ihrer beruflichen Perspektive, bei der Einmündung in einen Beruf sowie während der Ausbildungszeit benötigen. Dass Jugendhilfeleistung erst bei sicheren Lebensverhältnissen und einer geklärten Zukunftsperspektive eingestellt wird, erscheint dabei obligatorisch.

Quellenverzeichnis

Köngeter, S./Mangold, K./Strahl, B. (2016): Bildung zwischen Heimerziehung und Schule. Ein vergessener Zusammenhang, Weinheim und Basel: Beltz Juventa.

Lambers, H. (1996): Heimerziehung als kritisches Lebensereignis, Münster: Votum.

Meiner-Teubner, C./Mühlmann, T. (2021): Neuerungen der KJH-Statistik ab 2022. In: KomDat. Kommentierte Daten der Kinder- & Jugendhilfe, 24. Jg., H. 3, S. 13-17.

Micheel, H.-G. (2006): Der Lebenslauf in der sozialpädagogischen Forschung, in: Schweizerische Zeitschrift für Soziale Arbeit, 1. Jg., H. 1, S. 58-79.

Pothmann, J. (2007): Bildungsverlierer – eine Herausforderung für die Heimerziehung, in: Forum Erziehungshilfen, 13. Jg., H. 3, S. 179-188.

Sievers, B./Thomas, S./Zeller, M. (2018): Jugendhilfe – und dann? Zur Gestaltung der Übergänge junger Erwachsener aus stationären Erziehungshilfen. Ein Arbeitsbuch, 3. Aufl., Frankfurt am Main: IGfH-Eigenverlag.

Strahl, B. (2019): Heimerziehung als Chance? Erfolgreiche Schulverläufe im Kontext von stationärer Erziehungshilfen, Weinheim und Base: Beltz Juventa.

Henning Plate & Rona Heuermann

Die Wirkungsweise des Output Floors durch die Finalisierung von Basel III

1 Einführung

Die Beteiligten der Finanzbranche werden durch eine Vielzahl nationaler und internationaler Vorschriften reguliert, wobei die Ausgestaltung und Komplexität kontinuierlich zunehmen.[1] In der Folge ergibt sich ein steigender Kostendruck und verschärfter Wettbewerb, insbesondere bei der Preissensitivität.[2] In der Vergangenheit bedeutete das, dass individualisierte Genehmigungen durch die Aufsichtsbehörden erfolgten, zum Beispiel bei internen Berechnungsmethoden zur Ermittlung der risikogewichteten Aktiva. Für Dritte ist somit ein transparenter Vergleich der Institute untereinander nicht mehr möglich.

Zur Vereinheitlichung der Anwendung von Regularien und Ermöglichung des fairen Wettbewerbs, wird die Bankenregulierung in Deutschland primär von der BaFin auf Grundlage europäischer Rahmenbedingungen festgelegt. Hierzu liefert das Basel Committee on Banking Supervision (BCBS) seit der Erschaffung von Basel I im Jahr 1988 wichtige Impulse[3], die in der Regel in die jeweiligen nationalen Gesetzgebungen überführt werden. Zu diesem Zweck wurde im Juni 2024 ein neues Gesetzespaket auf Ebene der europäischen Union (EU) beschlossen, um die Bankenregulierung zu stärken.[4] Dies besteht aus der Finalisierung der international anerkannten Basel III Standards des BCBS, welche sich für Europa in der Capital Requirements Regulation (CRR) III und der Capital Requirements Directive (CRD) VI wiederfinden.

Der Output Floor ist zentrales Element der Finalisierung von Basel III, dessen stufenweise Einführung bis zum Jahr 2030 erfolgen wird. Dieser soll

---

[1] Vgl. Heider, F., 2023, S. 1; Neumann, F.-M., 2023, S. 15.
[2] Vgl. Mihm, O./Begemann, F., 2023, S. 80.
[3] Vgl. Zirkler, B. et al., 2021, S. 1.
[4] Vgl. Deutsche Bundesbank, 2024a, S. 109f.

sicherstellen, dass die risikogewichteten Aktiva auf Gesamtbankebene unter Anwendung interner Berechnungsmodelle mindestens 72,5 % der risikogewichteten Aktiva des Kreditrisikostandardansatzes betragen. Wenn durch interne Modelle die risikogewichteten Aktiva der Gesamtbank weniger als 72,5 % der risikogewichteten Aktiva gemäß Kreditrisikostandardansatz beträgt, muss das Kreditinstitut die rechnerische Mindestgröße des standardisierten Ansatzes als Mindestkapitalanforderung vorhalten. Es ist davon auszugehen, dass der Output Floor wesentliche Veränderungen für die Eigenkapitalhinterlegung gemäß risikogewichteten Aktiva haben wird. So soll dieser dazu beitragen, die finanzielle Stabilität des Bankensystems zu gewährleisten.

Seit Januar 2025 muss die überarbeitete Eigenmittelverordnung, CRR III, Anwendung finden, die Eigenmittelrichtlinie, CRD VI, wird ab Januar 2026 verpflichtend werden.[5] Hierbei sind vor allem Änderungen in Bezug auf den Standardansatz abzusehen, die sich auf die Kapitalplanung und die langfristige Ausgestaltung der Bilanz jedes in Deutschland tätigen Kreditinstituts auswirken werden.[6] Dies kann auch zu Effekten der risikogewichteten Aktiva der Gesamtbank führen. Die Beschränkung durch den Output Floor tangiert die Forderungsbereiche unterschiedlich stark, wirkt jedoch stets auf Gesamtbankebene, nicht auf Teilportfolien. Zum Verständnis der differenten Wirkungsweise eigenen sich Baufinanzierungen als generell risikoaverses Segment gegenüber grundsätzlich risikoaffinen Spezialfinanzierungen wie Akquisitionsfinanzierungen. Je geringer die risikogewichteten Aktiva nach dem internen ratingbasierten Ansatz im Vergleich zu den risikogewichteten Aktiva gemäß des Kreditrisikostandardansatzes sind, desto gravierender wirkt sich ein möglicher Fehlbetrag durch den Output Floor in dieser Nebenrechnung aus. Hieraus können sich Handlungsnotwendigkeiten auf Gesamtbankebene ergeben.

2 Historische Entwicklung der Basel-Finanzregularien

Die Basel-Finanzregularien existieren bereits seit mehr als 35 Jahren. Es handelt sich um internationale Konstrukte ohne die Pflicht zur rechtlichen

[5] Vgl. EU-Verordnung 2024/1619; EU-Verordnung 2024/1623.
[6] Vgl. Puckhaber, M., 2024a.

Anerkennung oder Berücksichtigung im nationalen Standard. Sie sind losgelöst von der EU, weshalb auf europäischer Ebene die CRR genutzt wird, um die international geschätzten Vorschläge des BCBS zu implementieren. Die CRR ist ein Rechtsakt, welcher die Eigenkapitalanforderungen für Kreditinstitute normiert. Die Entstehung basiert auf der Entwicklung der Baseler-Finanzregularien, sodass beide eng miteinander verknüpft sind.

Im Jahr 1974 wurde das BCBS durch die Zentralbanken der G10 gegründet.[7] Mittlerweile, zur Jahresmitte 2025, sind Vertreter aus 28 Ländern Bestandteil des Komitees. Seit der Veröffentlichung von Basel I im Jahr 1988 novelliert das BCBS kontinuierlich die Eigenkapitalvorschriften für Kreditinstitute anhand der Geschehnisse auf den Finanzmärkten.[8] Die vom BCBS erlassenen Beschlüsse und Vorgaben haben weder national noch international eine rechtliche Bindung und stellen auch kein Gesetz dar.[9] Dennoch haben sich die Entscheidungen des BCBS zum wesentlichen Regelwerk der Bankenregulierung auf internationaler Ebene etabliert.[10] Damit die Vorschriften anerkannt und verbindlich eingeführt werden können, ist die Umsetzung auf europäischer Ebene in EU-Recht und auf Staatsebene in nationales Recht zwingend erforderlich.

Die ersten Ausformulierungen vom BCBS im Jahr 1988 beschäftigten sich mit einheitlichen Mindestkapitalanforderungen für alle Banken weltweit.[11] Ursprünglich räumte Basel I einen nationalen Spielraum für die Definition von Eigenkapital ein. Im Jahr 2004 wurden zum ersten Mal Neuerungen unter Basel II eingeführt, sodass seither ein Rahmenwerk bestehend aus drei Säulen gilt. Aus diesem gehen die Mindestkapitalanforderungen, die Marktdisziplin als auch die Aufsichtsüberprüfung hervor. Diese Unterteilung ist bis heute als das drei Säulen System bekannt. Weiterhin sind zentrales Element in Basel II die unterschiedlichen Risikomessmethoden, Kreditrisikostandardansatz und internem ratingbasiertem Ansatz.

---

[7] Vgl. Mayer, S., 2023, S. 41.
[8] Vgl. Zirkler, B. et al., 2020, S. 5.
[9] Vgl. Osman, Y., 2024, S. 129f.
[10] Vgl. Osman, Y., 2024, S. 34.
[11] Vgl. Zirkler, B. et al., 2021, S. 1, 5.

Der Kreditrisikostandardansatz nutzt vereinheitlichte, aufsichtliche Vorgaben, um die Mindestkapitalanforderungen des Kreditrisikos im Anlagebuch eines Kreditinstituts bestimmen zu können.[12] Dieser Ansatz basiert auf der Kalibrierung über alle Länder, insbesondere auch solche, in denen es große Krisen gab, die sich beispielsweise negativ auf die Immobilienbranche ausgewirkt haben. Darüber hinaus erlaubt der Kreditrisikostandardansatz die Zuhilfenahme externer Ratingagenturen, um die Risikogewichte von Forderungen abzuleiten. Die Verwendung von Ratingagenturen, auch wenn diese speziell von der European Banking Authority autorisiert sind, stand in der Kritik und wurde für die Finalisierung von Basel III diskutiert. Mangels Alternativen zur Bewertung von Forderungen für den Kreditrisikostandardansatz im Hinblick auf ihre Risikogewichte je Forderung, sind diese weiterhin zulässig.[13] So nehmen Ratings externer Agenturen auch weiterhin indirekten Einfluss auf die Eigenkapitalsituation und die Ausgestaltung der finanziellen Lage von Kreditinstituten, welche den Kreditrisikostandardansatz nutzen.[14]

Der interne ratingbasierte Ansatz lässt sich in den fortgeschrittenen internen ratingbasierten Ansatz (A-IRBA) und den grundlegenden internem ratingbasiertem Ansatz (F-IRBA) untergliedern. Bei letztgenanntem handelt es sich um eine Schätzung, welche die zu erwartende Ausfallwahrscheinlichkeit unter anderem aufgrund von historischen Erfahrungswerten prognostiziert.[15] Im A-IRBA beziehen sich diese Schätzungen darüber hinaus auch auf die Loss-Given-Default (LGD) und den Credit Conversion Factor (CCF). Folglich werden bei dem fortgeschrittenen internen ratingbasierten Ansatz sämtliche Bestandteile zur Berechnung der risikogewichteten Aktiva von dem anwendenden Kreditinstitut geschätzt. Infolgedessen sind die Risikoparameter bei der Ermittlung der risikogewichteten Aktiva im vereinfachten internen ratingbasierten Ansatz grundsätzlich vorgegeben: Die LGD beschreibt die Verlustquote bei einem Forderungsausfall in Prozent. Das Exposure At Default (EAD) steht für die Höhe der ausstehenden For-

[12] Vgl. Deutsche Bundesbank, 2024a, S. 112.
[13] Vgl. Igl, A., 2020, S. 181.
[14] Externe Ratings werden i.d.R. nicht für Forderungen im Mengengeschäft erstellt, sondern in der Praxis häufig für KMU sowie Firmenkunden.
[15] Vgl. Klement, J., 2020, S. 121.

derung, während die Probability of Default (PD) die Ausfallwahrscheinlichkeit angibt.[16] Bedingt durch den Umfang der Neuerungen, erschuf die EU zur Umsetzung von Basel II im Jahr 2004 die CRD als Eigenmittelrichtlinie.

Nur wenige Jahre später folgte im Jahr 2008 die globale Finanzkrise. Das war für das BCBS erneuter Anlass zur Überarbeitung der bisher geltenden Basel II Standards, um die erkannten Schwächen zu beheben.[17] Um diese Reformierung auf der europäischen Ebene einführen zu können, veröffentlichte die EU im Jahr 2013 die CRD IV.[18] Die Umsetzung des BCBS-Regelwerks erfolgte vorwiegend durch die CRR, EU-Verordnung 575/2013, und ihre überarbeiteten Neuerungen.[19] Diese beiden Rechtsakte vereinen die Anforderungen zur Liquidität als auch zum Eigenkapital. Nachfolgend werden die Auswirkungen der Vorschriften auf das Eigenkapitel im Zusammenhang mit den risikogewichteten Aktiva dargestellt, während die Liquiditätskennzahlen aufgrund der Thematik eine untergeordnete Rolle einnehmen.

Die Veränderungen in Basel III waren umfangreicher als ursprünglich absehbar, sodass schrittweise kleinere Präzisierungen folgten. Hieraus ergab sich für die Finanzbranche die nicht offizielle Bezeichnung Basel IV, da die Konkretisierungen in Summe einer vollständigen Reformierung nahekommen.[20]

2.1 Das Kreditrisiko als Treiber der risikogewichteten Aktiva

Der Finanzsektor sieht sich mit unterschiedlichen Risiken konfrontiert, welche unabhängig vom Geschäftsmodell bei jedem agierenden Institut auftreten können. In Abhängigkeit von Art und Umfang der Risiken, müssen entsprechende Eigenkapitalanforderungen erfüllt werden. Zu den we-

---

[16] Vgl. Neisen, M./Schulte-Mattler, H., 2020, S. 76; Art. 154 Abs. 1 EU-Verordnung 2024/1623.
[17] Vgl. Nr. 1 EU-Verordnung 2024/1623.
[18] Vgl. EU-Verordnung 2013/36/EU; EU-Verordnung 575/2013.
[19] Vgl. Langthaler, J./Lederer, G., 2022, S. 81; Nr. 1 EU-Verordnung 2024/1623.
[20] Vgl. Zirkler, B. et al., 2021, S. 1.

sentlichen inhärenten Risikoarten im Hinblick auf die derzeitigen Wirtschaftsentwicklungen zählen das Kreditrisiko und das Marktrisiko.[21] Diese Risiken in Kombination mit dem operationellen Risiko bilden in Summe das Gesamtbankrisiko, welches bei der Steuerung eines Instituts stetig berücksichtigt werden sollte.[22] Demnach verlangen die internationalen und somit auch die europäischen und deutschen Aufsichtsbehörden, dass Finanzinstitute ausreichend Eigenkapital vorhalten, um Verluste unter anderem aus dem operativen Geschäft auffangen zu können. Dies erfordert die Quantifizierung und Kategorisierung von Risiken, sodass gemäß der Aufsicht eine Mindestmenge an Kapital vorgehalten werden muss.

Das Marktrisiko umfasst systemische, allgemeine Risiken, welche sich nachteilig auf den Finanzmarkt und dessen Preise auswirken können.[23] Das kann aus zusammengefassten Positionen im Rahmen eines Portfolios resultieren oder durch Einzelwerte entstehen. Es handelt sich hierbei um mögliche Verluste, die sich durch Marktpreisveränderungen von beispielsweise Aktien, Währungen, Zinsen oder Edelmetallen ergeben können.[24] In der Literatur und in der Praxis wird das Marktrisiko auch häufig als Marktpreisrisiko bezeichnet.

Das Ausfallrisiko, bei dem Schuldner ihre Zinsen, Tilgungen oder sonstige Beiträge nicht leisten, und das Bonitätsrisiko, bei dem sich die Kreditwürdigkeit von Kunden in der Zukunft verschlechtert, sind Bestandteile des Kreditrisikos.[25] Dieses wird somit maßgeblich von Analysen und Erfahrungswerten in Bezug auf Zahlungsverzüge, Stundungen, Betragsausfällen und Konkursverfahren beeinflusst.[26] Weiterhin wird das Kreditrisiko für Finanzinstitute in der Literatur als am relevantesten eingestuft.[27]

Neben den überwiegend zahlenbasierten Risiken ist das operationelle Risiko auf externe Ereignisse, fehlerhafte interne Prozesse, Systeme oder

[21] Vgl. Heiler, C./Derr, T., 2024, S. 35.
[22] Vgl. Klein, P. et al., 2022, S. 7.
[23] Vgl. Becker, H. P./Peppmeier, A., 2022, S. 22.
[24] Vgl. Cech, C., 2022, S. 99; Hellenkamp, D., 2022, S. 109.
[25] Vgl. Becker, H. P./Peppmeier, A., 2022, S. 21.
[26] Vgl. Heiler, C./Derr, T., 2024, S. 38.
[27] Vgl. Cech, C., 2022, S. 98ff.

Personen bezogen, welche sich auch aus gesetzlichen Veränderungen ergeben können.[28] Es umfasst rechtliche Aspekte, jedoch keine Reputationsrisiken oder potenzielle Schadenwirkungen durch die Strategie des Unternehmens.[29] In Kreditinstituten können Serverausfälle oder Cyberattacken, menschliche Fehler durch eine unzureichende Ausbildung, boshafte Absicht oder Fahrlässigkeit, sowie Verstöße gegen interne Richtlinien und Kontrollen zu Schadenszahlungen im Rahmen des operationellen Risikos führen.

Es zeigt sich, dass auch Kreditinstitute durch die Art ihrer Geschäftstätigkeit zwangsweise mit Risiken verbunden sind.[30] Eine Neuerung durch die Finalisierung von Basel III ist der Output Floor, der risikoartenübergreifend auf Gesamtbankebene ermittelt wird. Im Common Reporting (CoRep), einem standardisierten Berichtsformat der EU, müssen sowohl die risikogewichteten Aktiva eines Kreditinstituts als auch Details zu den verschiedenen Risikokategorien quartalsweise offengelegt werden. So musste erstmalig am 30.06.2025 mit Datenstichtag 31.03.2025 auch der Effekt des Output Floors auf dem 2025 gültigen Niveau von 50,0 % ausgewiesen werden. Gleichzeitig ist die Berechnung der risikogewichteten Aktiva ebenfalls unter Annahme des Fully Loaded Output Floors von 72,5 % sowohl mit als auch ohne CCF-Übergangsregelung darzulegen.

2.3 Erläuterung unterschiedlicher Risikoansätze

Grundsätzlich findet die Regulierung des Finanzmarktes einheitlich statt. Der Finanzmarkt ist ein Medium, über das Vermögenswerte gehandelt werden, was Käufern und Verkäufern ermöglicht, miteinander zu interagieren und Handel zu betreiben. Allerdings werden teilweise Gestaltungsmöglichkeiten für die Kreditinstitute eingeräumt, welche als Wahlrechte fungieren können. Bei der Beurteilung des Kreditrisikos können Banken den Kreditrisikostandardansatz oder den internen ratingbasierten Ansatz zur Berechnung der jeweiligen risikogewichteten Aktiva heranziehen.[31] Hierbei handelt es sich um verschiedene Herangehensweisen, um die notwendigen Eigenkapitalanforderungen je Geschäftsvorfall zu berechnen.

[28] Vgl. Art. 4 Abs. 52 EU-Verordnung 575/2013.
[29] Vgl. EBA, 2023.
[30] Vgl. Hasenteufel, J./Weber, L., 2021, S. 5.
[31] Vgl. Franz, R./Groß, P./Riepl, D., 2022, S. 41.

Gemäß der CRR ist es Banken in der EU freigestellt, die jeweiligen Risikogewichte ihrer Geschäftstätigkeiten durch den Kreditrisikostandardansatz (KSA)[32] oder durch Einholung einer individuellen aufsichtlichen Genehmigung einen auf internen Beurteilungen basierenden Ansatz zu verwenden.[33] Dies ist der sogenannte interne ratingbasierte Ansatz.

Der KSA nutzt vereinheitlichte, aufsichtliche Vorgaben, um die Mindestkapitalanforderungen des Kreditrisikos im Anlagebuch eines Kreditinstituts bestimmten zu können.[34] Dem Ansatz liegt, wie bereits erwähnt, eine Kalibrierung zugrunde, die sämtliche Länder berücksichtigt, auch jene, in denen ausgeprägte Krisen mit nachteiligen Folgen für die Immobilienwirtschaft zu beobachten waren. Darüber hinaus erlaubt Kreditrisikostandardansatz die Zuhilfenahme externer Ratingagenturen, um die Risikogewichte von Forderungen abzuleiten. Die Verwendung von Ratingagenturen, auch wenn diese speziell von der EBA autorisiert sind, stand in der Kritik und wurde für die Finalisierung von Basel III diskutiert. Mangels Alternativen zur Bewertung von Forderungen für den Kreditrisikostandardansatz im Hinblick auf ihre Risikogewichte je Forderung, sind diese weiterhin zulässig.[35] So nehmen Ratings externer Agenturen auch weiterhin indirekten Einfluss auf die Eigenkapitalsituation und die Ausgestaltung der finanziellen Lage von Kreditinstituten, welche den Kreditrisikostandardansatz nutzen.[36]

Die Unterscheidung, in welche Kreditrisikostandardansatz-Forderungsklasse ein Geschäftssegment gehört, ist aufsichtsrechtlich genormt. Die EU hat hierzu 17 Forderungsklassen vorgesehen.[37] Im Wesentlichen wird differenziert, gegenüber wem die Forderung besteht. Dies können zum Beispiel die öffentliche Hand, Unternehmen oder Zentralbanken sein. Weiter-

[32] Hierzu können gegebenenfalls externe Bonitätsbeurteilungen herangezogen werden, sofern dies unter Kosten-Nutzen-Aspekten sinnvoll ist.

[33] Vgl. Luz, G. et al., 2020, 26ff., 103, 408.

[34] Vgl. Deutsche Bundesbank, 2024a, S. 112.

[35] Vgl. Igl, A., 2020, S. 181.

[36] Externe Ratings werden i.d.R. nicht für Forderungen im Mengengeschäft erstellt, sondern in der Praxis häufig für kleine und mittlere Unternehmen sowie Firmenkunden.

[37] Vgl. Art. 112 EU-Verordnung 575/2013.

hin wird unterschieden, ob es sich um ein Mengengeschäft handelt. Darüber hinaus ist bei einigen KSA-Forderungsklassen relevant, ob das Geschäft besichert oder unbesichert ist. In Abhängigkeit dieser Kriterien erfolgt die Berechnung. Konkret wird der Forderungsbetrag mit dem Risikogewicht multipliziert, sodass sich ein Wert der risikogewichteten Aktiva für jede Forderung ergibt. Die Regelungen zu Infrastrukturfaktoren sowie Besonderheiten für kleine und mittlere Unternehmen werden in der weiteren Betrachtung außer Acht gelassen, da diese sich auf den wesentlicheren Teil der Risikogewichte konzentriert.

Handelt es sich um eine besicherte Forderung, wie zum Beispiel eine Grundschuld bei einem Unternehmenskunden, wirkt sich dies zumeist risikomindernd auf das Risikogewicht aus. Sollte für dieses Unternehmen ein externes Bonitätsrating von anerkannten Ratingagentur vorliegen und schlecht ausfallen, kann sich hieraus die Erhöhung des Risikogewichts ergeben. Für interne wie externe Ratingarten gibt es im Einzelfall kein Wahlrecht: Werden Bonitätsbeurteilungen in der Geschäftspraxis einer Bank angewendet, sind diese unabhängig vom Ergebnis heranzuziehen.

Durch die Finalisierung von Basel III erfährt der Kreditrisikostandardansatz Neuerungen im Hinblick auf die Risikosensitivität.[38] Das bedeutet, dass einige Risikogewichte der 17 Forderungsklassen verändert werden, um auf die derzeitigen wirtschaftlichen Gegebenheiten angepasst zu sein. Zusätzlich ist größere Sorgfalt bei der Nutzung externer Ratings gefordert, der sogenannten Due Diligence.[39] Dies geht mit erhöhtem Aufwand für die Kreditinstitute einher, welche die Prüfung durchführen und transparent für die Aufsicht aufbereiten müssen. So ist bei Forderungen eine jährliche Überprüfung der Bonität des Kreditnehmers erforderlich. Eine unterjährige Veränderung eines externen Ratings muss mit Kenntniserlangung umgehend gewürdigt werden, sodass sich auch außerhalb der jährlichen Prüfung ein neues Risikogewicht ergeben kann. Mit einem aufgewerteten Rating kann sich eine Verbesserung des Risikogewichts ergeben. Allerdings dürfen Banken kein besseres Rating als das externe ansetzen, andersherum dürfen diese jedoch konservativ herabgestuft verwendet werden.

[38] Vgl. Zirkler, B. et al., 2020, S. 45f.
[39] Vgl. Deutsche Bundesbank, 2024b, S. 112.

Neben den aufsichtlich vorgegebenen Ansätzen und Formeln im Kreditrisikostandardansatz steht es Finanzinstituten frei, den internen ratingbasierten Ansatz zur Berechnung der risikogewichteten Aktiva zu nutzen. Hierbei handelt es sich um spezifisch angepasste Berechnungsmodelle, die in der Regel hausintern aufgestellt werden und somit die Risikopositionen detaillierter erfassen können als der Kreditrisikostandardansatz. Allerdings sind Kreditinstitute nicht uneingeschränkt in der Ausgestaltung, mit der sie die Modelle bestimmen können. Hierzu benötigen die Banken eine ausdrückliche Genehmigung der Aufsicht für das individuelle Berechnungsmodell.[40] Notwendige Voraussetzung ist beispielsweise, dass mindestens mehrjährige Erfahrungswerte in dem Geschäftssegment vorhanden sind.[41] Dazu müssen erste Ausfälle und Kundenverhalten im Kreditrisikostandardansatz berechnet worden sein, bevor hausinterne Berechnungsgrundlagen herangezogen und von der Aufsicht genehmigt werden können.[42]

Der interne ratingbasierte Ansatz lässt sich wie bereits erläutert in den A-IRBA und den F-IRBA untergliedern. Bei letztgenanntem handelt es sich um eine Schätzung, welche die zu erwartende Ausfallwahrscheinlichkeit unter anderem aufgrund von historischen Erfahrungswerten prognostiziert.[43] Im A-IRBA beziehen sich diese Schätzungen darüber hinaus auch auf die LGD und den CCF. Folglich werden bei dem fortgeschrittenen internen ratingbasierten Ansatz sämtliche Bestandteile zur Berechnung der risikogewichteten Aktiva von dem anwendenden Kreditinstitut geschätzt. Infolgedessen sind die Risikoparameter bei der Ermittlung der risikogewichteten Aktiva im vereinfachten internen ratingbasierten Ansatz grundsätzlich vorgegeben: Die LGD beschreibt die Verlustquote bei einem Forderungsausfall in Prozent, EAD steht für die Höhe der ausstehenden Forderung, während die PD die Ausfallwahrscheinlichkeit angibt.[44]

In der Berechnung hat die PD den größten Einfluss auf die risikogewichteten Aktiva. In der Praxis unterteilen Kreditinstitute ihre Kunden und Forderungen häufig in Bonitätsklassen, aus welchen die PD zur Berechnung

[40] Vgl. Neisen, M./Schulte-Mattler, H., 2020, S. 71.
[41] Vgl. Art. 144 Nr. 1, Art. 145 EU-Verordnung 575/2013.
[42] Vgl. Grabmair, C., 2024, S. 193.
[43] Vgl. Klement, J., 2020, S. 121.
[44] Vgl. Neisen, M./Schulte-Mattler, H., 2020, S. 76; Art. 154 Abs. 1 EU-Verordnung 2024/1623.

der risikogewichteten Aktiva abgeleitet wird. Dies ist jedoch formal nicht erforderlich und auch ohne kontinuierliche Skala mit Zuordnung von Bonitätsklassen möglich. Insofern ist in vielen Banken die Bonitätsklasse wesentlich für die zugrundeliegenden Konditionen eines Geschäfts, da mit der Ausfallwahrscheinlichkeit auch die ökonomische Sinnhaftigkeit für das Institut in Bezug auf die notwendige Marge begründet werden kann.

Bereits genehmigte interne Berechnungsmodelle im A-IRBA oder F-IRBA müssen dennoch regelmäßig wieder überprüft werden. Darüber hinaus ist es nur unter bestimmten Ausnahmeregelungen zulässig, dass Banken, welche die internen ratingbasierten Berechnungsmodelle nutzen, für ebendiese Bereiche in den Kreditrisikostandardansatz zurückkehren.[45] Bislang sind die Neuerungen durch den Output Floor und dessen zu erwartende Auswirkungen kein Grund im Sinne der möglichen Rückkehr der Verwendung interner ratingbasierter Ansätze zum Kreditrisikostandardansatz.[46] Ob diese Regelung in Zukunft angepasst werden wird, ist derzeit noch nicht absehbar. Allerdings sind grundsätzlich die Veränderungen in der CRR III ein Grund, den IRBA abwählen zu können und in den Kreditrisikostandardansatz zurückzukehren. Dies basiert darauf, dass sich die Zulassungsebene geändert hat, sodass nun die Forderungsklasse entscheidender Faktor für die einheitliche Nutzung des internen ratingbasierten Ansatzes beziehungsweise des Kreditrisikostandardansatzes ist.[47]

2.4 Der Output Floor als Kernelement der Finalisierung von Basel III

Der Begriff Output Floor ist seit einigen Jahren in der Finanzbranche geläufig und findet durch die Finalisierung von Basel III zunehmende Aufmerksamkeit. Er ist Bestandteil der neuen Regelungen und soll dazu führen, die Bewertungen der risikogewichteten Aktiva durch interne ratingbasierte Ansätze künftig an die aufsichtlichen Vorgaben des Kreditrisikostandardansatz zu knüpfen. So sollen die zugrundeliegenden Einsparpotenziale der risikogewichteten Aktiva durch die unterschiedlichen Modellnutzungen begrenzt werden. Zeitgleich soll durch den Output Floor sichergestellt

[45] Vgl. Art. 149 Abs. 1 EU-Verordnung 575/2013.
[46] Vgl. Bauerfeind, T. et al., 2022, S. 227.
[47] Vgl. Art. 150 EU-Verordnung 575/2013.

sein, dass die Eigenkapitalunterlegung der Gesamtbank nicht unter ein bestimmtes Mindestniveau sinkt. Das ist aus Sicht der Aufsicht notwendig, da Kreditinstitute ihre Risiken teilweise bewusst, vielfach auch unbewusst, unterschätzen, um sich einen Vorteil bei den Kapitalbindungen durch die zugrundeliegenden risikogewichteten Aktiva und deren Anforderungen zu verschaffen.

So soll das Ziel erreicht werden, durch den Output Floor international mehr Vergleichbarkeit und Transparenz aller Kreditinstitute herbeizuführen.[48] Gleichwohl unterstützt diese rechtliche Vorgabe Investoren und Kunden in Bezug auf die Sicherheitenunterlegung durch Eigenkapital, sodass im Falle von eintretenden Risiken ein größerer Puffer gegeben ist, um Krisen oder im schlimmsten Fall eine Insolvenz abzuwenden. Das Drei-Säulen-Modell des BCBS wird vom Output Floor tangiert. Säule zwei erhält zukünftig einen höheren TREA durch die Wirkung des Output Floors, welcher in Zusammenhang mit den zugrundeliegenden Risiken des betrachteten Kreditinstituts zu höherem vorzuhaltendem Eigenkapital führt.[49]

Insbesondere die Einführung des Output Floors wird in der Literatur häufig als spürbare Verschärfung auf die Ausgestaltungen der Kapitalquoten von europäischen Banken angeführt.[50] Der Output Floor wird ab dem Jahr 2025 sukzessive mit einem Phase-In eingeführt. Zu Beginn findet die Implementierung mit 50,0 % statt, welche jährlich bis 2030 auf final 72,5 % ansteigt.[51] Folglich können die Anforderungen an die risikogewichteten Aktiva bei Instituten mit Anwendung des internen ratingbasierten Ansatzes höchstens 27,5 % unter dem Standardverfahren liegen.[52] Die Basis zur Ermittlung der risikogewichteten Aktiva ist der Kreditrisikostandardansatz, sodass eine einheitliche Basis zur Verfügung steht.

Folglich ist die Unterscheidung der risikogewichteten Aktiva in den Nebenrechnungen, welche sich aus der Nutzung des Kreditrisikostandardan-

[48] Vgl. Deutsche Bundesbank, 2024c.

[49] Vgl. EBA, 2025, S. 10.

[50] Vgl. Neisen, M./Schulte-Mattler, H., 2021, S. 257; Klein, P. et al., 2022, S. 15f.; Grabmair, C., 2024, S. 186.

[51] Vgl. Zirkler, B. et al., 2021, S. 50; Deutsche Bundesbank, 2024c.

[52] Vgl. Grabmair, C., 2024, S. 186.

satz oder des internen ratingbasierten Ansatzes ergeben können, beschränkt. Dies kann von der tatsächlichen Auswirkung auf Gesamtbankebene abweichen, da hier keine Einzelportfoliobetrachtung zulässig ist.

Vor allem das Kreditrisiko sorgt bei Portfolien mit niedrigen Ausfallwahrscheinlichkeiten durch die zu berücksichtigenden Risikogewichte für eine Vervielfachung der zugrunde zulegenden Kapitalbindung bei Nutzung des internen ratingbasierten Ansatzes in Verbindung mit dem Output Floor. Gegenüber der Regelung nach Basel II bedeutet dies eine deutliche Verschärfung. Basel I hatte keinen Floor, sondern lediglich bestimmte Mindestanforderungen an das Eigenkapital vorgegeben.

Durch die Einführung des Output Floors müssen Banken nun sicherstellen, dass ihre Eigenkapitalunterlegung die Mindestanforderungen tatsächlich erfüllt. Konkret führt das zu einer tendenziell höheren Eigenkapitalunterlegung für Kreditinstitute, welche Modelle des internen ratingbasierten Ansatzes für das Kreditrisiko und das Marktrisiko anwenden die zur einer niedrigeren risikogewichteten Aktiva führen, als es durch den Kreditrisikostandardansatz der Fall wäre. So soll die Einführung des Output Floors primär dafür sorgen, dass interne Ratingmodelle von Kreditinstituten zur Berechnung der risikogewichteten Aktiva nicht ausgenutzt werden können.[53] Als positiven Nebenaspekt geht die zuständige Aufsicht davon aus, dass sich mehr Vergleichbarkeit und Transparenz vor allem am nationalen als auch am internationalen Finanzmarkt einstellt.

Wenn eine Bank bereits einen hohen Anteil an Krediten hat, die nach dem Kreditrisikostandardansatz bewertet werden, dann wird der Output Floor bei diesem Teil nicht zusätzlich zu einer Erhöhung der risikogewichteten Aktiva und steigender Eigenkapitalintensität führen. Dies liegt daran, dass im Kreditrisikostandardansatz die standardisierten Risikogewichte angesetzt werden und somit keine künstliche Korrektur durch den Output Floor erfolgen muss. Daher wird dieser Anteil des Kreditrisikostandardansatzes als Puffer oder auch dämpfende Masse bezeichnet. So wirkt der Output Floor umso stärker auf die Teile des Portfolios, je größer die Differenz der

[53] Vgl. Klein, P. et al., 2022, S. 16.

risikogewichteten Aktiva zwischen Kreditrisikostandardansatz und internen ratingbasierten Ansatzes ist.[54]

Da sich der Output Floor ausschließlich auf die Differenz zwischen Kreditrisikostandardansatz und internem ratingbasierten Ansatz bezieht, sind die Veränderungen des Kreditrisikostandardansatz durch die CRR III relevant.[55] Je kleiner die Diskrepanz auf Gesamtbankebene ist, wenn die ausgewiesenen risikogewichteten Aktiva im Kreditrisikostandardansatz größer als im internen ratingbasierten Ansatz sind, umso geringer sind die Output Floor Effekte. Basis hierfür sind die Veränderungen, welche sich im Kreditrisikostandardansatz durch die CRR III ergeben. Geschäfte, welche höheren Risiken unterliegen, da sie zum Beispiel nicht als Mengengeschäfte oder unbesicherte Forderungen klassifiziert sind oder nicht dem Standardgeschäft entsprechen, sorgen auch durch die Finalisierung von Basel III nicht für eine spürbare Steigerung der Eigenkapitalbindung[56]: Je größer dagegen die Differenz in der risikogewichteten Aktiva der Gesamtbank zwischen Kreditrisikostandardansatz und internem ratingbasierten Ansatz, desto schwerwiegender wird der sich ergebende Fehlbetrag als Effekt des Output Floors auf das jeweilige Institut auswirken.

2.5 Übergangsregelungen aus der Finalisierung von Basel III

Viele europäische Bankinstitute nutzen sowohl den Kreditrisikostandardansatz als auch den internen ratingbasierten Ansatz. Da der EBA bewusst ist, dass sich durch die Einführung der Baseler Regulierungsvorschriften auf nationaler Ebene steigende risikogewichteten Aktiva für Kreditinstitute ergeben, wurden Übergangsregelungen aufgestellt. Diese sollen dazu beitragen, dass Kreditinstitute nicht abrupt vor die neuen Vorschriften gestellt werden. Infolgedessen wurden Erleichterungen der Kapitalhinterlegung im Rahmen von Übergangsregelungen, welche ausschließlich auf die Berechnung der risikogewichteten Aktiva nach Kreditrisikostandardansatz wirken, bis zum Ende des Jahres 2032 geschaffen.[57]

[54] Vgl. Deloitte, 2024a, S. 5, 12.
[55] Vgl. Deloitte, 2024a, S. 19.
[56] Vgl. Neisen, M./Schulte-Mattler, H., 2021, S. 259.
[57] Vgl. Art. 495 EU-Verordnung 575/2013; Deloitte, 2024b.

Zu diesen befristeten Erleichterungen zählt beispielsweise das bis zum Jahr 2030 jährlich steigende Level des Output Floors. Dieser bezieht sich stets auf das Gesamtbankportfolio und ist risikoartenübergreifend zu betrachten. Damit geht einher, dass der Gesamtrisikobetrag, TREA, jedes Kreditinstituts auf eine fixierte Basis der ursprünglich ermittelten Eigenmittelnotwendigkeit gemäß internem ratingbasierten Ansatz zu berechnen ist.[58] Die Berechnung der risikogewichteten Aktiva unter Berücksichtigung des Output Floors ist wie folgt: TREA = max {U-TREA; 50,0 % – 72,5 % · S-TREA}, wobei das Ergebnis während der Übergangsregelung auf 125,0 % beschränkt ist.[59] S-TREA steht stellvertretend für die risikogewichteten Aktiva, welche sich durch ausschließliche Anwendung des Kreditrisikostandardansatz ergeben würden, während U-TREA die risikogewichteten Aktiva des Instituts aus der bisherigen Verwendung des Kreditrisikostandardansatz in Verbindung mit den Modellen des internen ratingbasierten Ansatzes darstellt.[60]

Eine weitere Übergangsregelung von Relevanz für diese Ausarbeitung betrifft den CCF.[61] Der Berechnungsfaktor dient dazu, potenzielle Kreditrisiken aus außerbilanziellen Geschäften, wie zum Beispiel Garantien, Kreditzusagen oder Derivate, in EAD umzurechnen. Hierzu wird jedes außerbilanzielle Geschäft mit dem CCF multipliziert. Der Berechnungsfaktor variiert je nach Art des Geschäfts und dessen potenziellen Kreditrisikos. Die sich hieraus ergebende risikogewichteten Aktiva ist maßgeblich für die Eigenkapitalanforderungen des jeweiligen Kreditinstituts.

Sämtliche Bestandteile zur Berechnung der risikogewichteten Aktiva sollen das tatsächliche Risiko möglichst exakt abbilden. Dennoch sieht die CRR III insbesondere eine Parameteranpassung für den CCF vor, sodass das tatsächliche Kreditrisiko der verschiedenen außerbilanziellen Geschäfte angepasst wird. Als Übergangsregelung ist es erlaubt, den bisher gültigen CCF für unmittelbar kündbare Positionen bis einschließlich zum Jahr 2029 weiterhin zu nutzen.[62] Bis zum Jahr 2033 erfolgt die sukzessive

[58] Vgl. Art. 465 Abs. 2 EU-Verordnung 2024/1623.
[59] Vgl. Art. 92 Abs. 3, Art. 465 Abs. 2 EU-Verordnung 2024/1623.
[60] Vgl. Bauerfeind, T. et al., 2022, S. 219.
[61] Vgl. Deloitte, 2024b, S. 2.
[62] Vgl. Art. 295d EU-Verordnung 2024/1623.

Integration von mindestens 10,0 % CCF, die in die Berechnung der risikogewichteten Aktiva einfließen.[63]

Weiterhin erhalten auch besicherte Immobilienkredite eine Übergangsregelung für die Nebenrechnung des Output Floors: In ihnen werden die Auswirkungen des Output Floors und daraus mögliche resultierende Fehlbeträge je Segment oder Risikoart ersichtlich. Die finale Darstellung gegenüber Aufsichtsbehörden findet über CoRep Meldebögen statt, die Berechnung erfolgt auf Gesamtbankebene. Wohnimmobilienkredite erhalten ein Risikogewicht in Abhängigkeit von ihrem Verhältnis zum Immobilienwert, welcher als Sicherheit gilt. In der CRR III wird ein Risikogewicht in Höhe von 20,0 % für den Anteil des Darlehens zugrunde gelegt, der höchstens 55,0 % des Immobilienwertes beträgt.[64] Der darüberhinausgehende Anteil, welcher in der Praxis den Sicherheitenwert überschreiten kann, wird im Rahmen des Mengengeschäfts mit 75,0 % Risikogewicht gemäß des Kreditrisikostandardansatz berechnet.[65] Im Rahmen der Übergangsregelung für die Nebenrechnung im Output Floor kann der besicherte Teil der Finanzierung mit bis zu maximal 55,0 % der Gesamtforderung ein Risikogewicht von 10,0 % bis Ende 2032 erhalten, der Anteil bis zu 80,0 % der Erlösquote kann bis zum Ende des Jahres 2029 mit einem Risikogewicht von 45,0 % berechnet werden.[66]

3 Ansätze zur eigenkapitalschonenden Implementierung des Output Floors

Wie stark die Auswirkungen durch den Output Floor auf die einzelnen Banken sein werden, ist abhängig von der Nutzungsintensität des internen ratingbasierten Ansatzes. Hieraus ergibt sich die mögliche Differenz der risikogewichteten Aktiva zwischen dem Kreditrisikostandardansatz und dem internen ratingbasierten Ansatz und infolgedessen ein möglicher Fehlbetrag. Neben dem Wirken des Output Floors, ist der zu erwartende Effekt je Institut von der Verstetigung der Übergangsregelungen abhängig.

---

[63] Vgl. Puckhaber, M., 2024a.
[64] Vgl. Puckhaber, M., 2024b.
[65] Vgl. Puckhaber, M., 2024b.
[66] Vgl. Bauerfeind, T. et al., 2022, S. 219.

In der Regel nutzen Banken einen Planungshorizont von drei Jahren.[67] Der tatsächlich spürbare Eintritt des Output Floors kann je Kreditinstitut variieren. Die vollständige Einführung wird im Jahr 2030 erfolgen, das Auslaufen der Übergangsregelungen wird überwiegend im Jahr 2033 erwartet. Es handelt sich bis zur Entfaltung der vollen Auswirkungen noch um einige Jahre, sodass sich die bankspezifischen Parameter, die konjunkturelle Lage als auch die Verstetigungen verändern können. So kann sich die tatsächlich erwartende Steigerung der risikogewichteten Aktiva je Bank mit Anwendung des internen ratingbasierten Ansatzes und die Individualitäten ebenfalls anpassen. Dennoch ist es zentral, frühzeitig ein Vorgehen zu planen, um eine eigenkapitalschonende Implementierung zu ermöglichen.

Es zeichnet sich ab, dass die Einführung des Output Floors die Geschäftsbereiche unterschiedlich stark trifft, sofern das Verursacherprinzip herangezogen wird. Alternativ ist die anteilige Verteilung der Kosten, wie beim operationellen Risiko, anhand des Volumens der Geschäftsfelder möglich. Jedoch ist der Output Floor in Bezug zu den risikogewichteten Aktiva gemäß dem internen ratingbasierten Ansatz antizyklisch, während das operationelle Risiko konjunkturzyklisch agiert. Wenn die risikogewichteten Aktiva nach internem ratingbasiertem Ansatz sinken, steigt der zu verteilende Output Floor Effekt, gegebenenfalls auch in Kreditrisikostandardansatzportfolien. Wenn Bereiche daran gemessen werden, kann dies zu ungewollten Diskussionen führen. Deshalb gibt es neben der Umstrukturierung der Bilanz und dem Umgang mit den entstehenden Kosten durch den Output Floor Aspekte, die bereits jetzt durch das Management berücksichtigt und entschieden werden sollten.

Die Betrachtung der unterschiedlichen Geschäftssegmente zeigt, dass der Beitrag des Output Floors auf die risikogewichteten Aktiva und somit die notwendige Kapitalausstattung umso stärker ist, je größer die Differenz zwischen Kreditrisikostandardansatz und internem ratingbasierten Ansatz ist. Hieraus lässt sich ableiten, dass Baufinanzierungen, welche wesentlich für das Geschäftsmodell von Banken sind, in der Nebenrechnung ohne Betrachtung der entstehenden Output Floor Kostenverteilung am stärksten durch die Finalisierung von Basel III benachteiligt werden.

[67] Vgl. EZB, 2024.

Der IRBA agiert prozyklisch. Das bedeutet, dass in guten Konjunkturzeiten weniger Eigenkapitalanforderungen notwendig sind. Die Begründung liegt in dem direkten Zusammenhang zwischen der Bonitätsentwicklung von Schuldnern und der Veränderung der PD, bei gleichzeitiger Veränderung der, sofern vorhanden, hinterlegten Kreditsicherheit.[68] Da die prozyklische Wirkungsweise des internen ratingbasierten Ansatzes in Bezug auf 72,5 % der risikogewichteten Aktiva nach Kreditrisikostandardansatz beschränkt wird, in schlechten Konjunkturzeiten jedoch keine Limitierung als Maximum gegeben ist, kann sich weniger Kapitalpuffer für eine Rezession oder gar eine wirtschaftliche Depression ergeben.

Weiterhin bieten Verbriefungen im Rahmen der Bilanzumstrukturierung mehrere Vorteile. Dies kann die Bilanz entlasten und die Risiken diversifizieren, da das Kreditrisiko auf Investoren übertragen wird. Darüber hinaus bieten Verbriefungen eine zusätzliche Finanzierungsquelle bei geringem Mehraufwand. Je niedriger die risikogewichteten Aktiva nach internem ratingbasierten Ansatz gegenüber dem Kreditrisikostandardansatz ausfällt, umso lohnender ist eine mögliche Verbriefung aus ebendiesen Geschäftssegmenten.[69] Normalerweise besteht eine Diskrepanz, besonders bei risikoaversen Geschäften, die nach dem internen ratingbasierten Ansatz bewerteten werden. Je geringer der Unterschied nach risikogewichteten Aktiva zwischen dem internen ratingbasierten Ansatz und dem Kreditrisikostandardansatz ist, desto weniger sinnvoll erscheint eine Verbriefung aus Sicht des Output Floors.

4 Fazit

Die Berechnung nach risikogewichteten Aktiva wird anhand von Modellen durchgeführt. Diese werden in den Kreditrisikostandardansatz sowie den internen ratingbasierten Ansatz und dessen Unterformen, den F-IRBA und A-IRBA, unterschieden. Banken sind bei der Wahl der Ansätze frei, müssen die anspruchsvollere Berechnungsform des internen ratingbasierten Ansatzes allerdings aufsichtlich genehmigen und regelmäßig überprüfen

[68] Vgl. Leneschmidt, N., 2021, S. 27.
[69] Vgl. Bauerfeind, T. et al., 2022, S. 223.

lassen. Zu berücksichtigen gilt, dass ähnliche Kreditrisiken unterschiedlicher Portfolien im gleichen Berechnungsansatz zu betrachten sind.

Sofern davon ausgegangen wird, dass keine Verstetigung der Übergangsregelungen erfolgt, kann dies die Auswirkungen durch die Finalisierung von Basel III auf die zukünftige Belastung der risikogewichteten Aktiva von Banken, welche den internen ratingbasierten Ansatz nutzen, deutlich erhöhen. Insgesamt lässt der Output Floor die Annahme zu, dass mehr ökonomisches Risiko benötigt wird, um dem negativen Effekt entgegenwirken zu können.

Dennoch wird der Fokus zur Optimierung der Bilanz und eigenkapitalschonenden Implementierung des Output Floors voraussichtlich nicht auf herkömmlichen Finanzierungen mit hohen Sicherheiten liegen. Die Verwendung von Segmenten des Kreditrisikostandardansatz zur effizienten Kapitalbindung ist im Sinne der Gesamtbankstrategie einzuordnen. Sofern die Ertragssteigerung durch risikoreichere Geschäftssegmente nach Berücksichtigung der ebenfalls dadurch erhöhten Risikokosten erzielbar ist, bieten diese für jede Bank mit Anwendung des internen ratingbasierten Ansatzes ein Fokussegment für die aufsichtlichen Neuerungen. Hieraus ergibt sich im Vergleich zu stark besicherten Geschäften eine deutlich geringere risikogewichteten Aktiva, bei gleichzeitig steigenden Erträgen.

Alternativ können Segmente ausgebaut werden, in denen die risikogewichteten Aktiva durch den internen ratingbasierten Ansatz höher ausfallen als bei der Berechnung durch den Kreditrisikostandardansatz. Bei Ausweitung dieser Bereiche und unterstelltem gleichbleibenden Risikoprofil, würde der Effekt des Output Floors weniger stark ausfallen. Auch der Zukauf von Kreditrisikostandardansatzportfolien würde dazu beitragen, den Output Floor Fehlbetrag zu verringern oder ganz zu vermeiden. Bei einer Verstetigung der Übergangsregelungen könnte sich hieraus jedoch eine Mehrbelastung der risikogewichteten Aktiva ergeben, da die Höhe der Kreditrisikostandardansatz-Puffermasse entsprechend variiert.

Diese Differenz in Bezug auf die risikogewichteten Aktiva von Geschäften, bei denen der interne ratingbasierte Ansatz den Kreditrisikostandardansatz übersteigt, kann dadurch weiter verstärkt werden, indem Verbriefungen herangezogen werden. So könnten Verbriefungen ein außerordentliches Wachstum in risikoaffinen Geschäftsbereichen ermöglichen, das sowohl für die Risikotragfähigkeit der Bank als auch für die Auswirkungen des Output Floors förderlich ist. Je nach Ausgestaltung der Verbriefung können einzelne Risiken, Erträge, Chancen und Stärken der jeweiligen Forderungen in dem Kreditinstitut verbleiben, beziehungsweise zurücktransferiert oder an eine dritte Partei ausgelagert werden.

In der strategischen Ausrichtung der Gesamtbanksteuerung kommen Kreditinstitute somit nicht umhin, die Auswirkungen der Einführung des Output Floors ausreichend zu gewichten. Die regulatorischen Vorgaben bieten dabei die Möglichkeit, über die strategischen Ausrichtungen des Kreditgeschäfts Handlungsoptionen und sich ergebende Handlungsspielräume zu nutzen.

Quellenverzeichnis

Bauerfeind, T./Baule, R./Tallau, C. (2022): Der Output-Floor im Bankenpaket der Europäischen Kommission: Eine Auswirkungsanalyse aus ökonomischer und aufsichtsrechtlicher Perspektive, in: Zeitschrift für Bankrecht und Bankwirtschaft, Jg. 34, Nr. 4, S. 215–228.

Becker, H. P./Peppmeier, A. (2022): Investition und Finanzierung, Grundlagen der betrieblichen Finanzwirtschaft, 9. Aufl., Wiesbaden: Springer Gabler.

Cech, C. (2022): Eigenmittel- und Liquiditätsanforderungen nach Basel III – eine Übersicht, in: Cech, C./Helmreich, S. (Hrsg.): Meldewesen für Finanzinstitute, 2. Aufl., Wiesbaden: Springer Gabler, S. 95–134.

Deloitte (2024a): CRR III – Umsetzung der Basler Eigenmittelanforderungen („Basel III/Basel IV") in der Europäischen Union, Neues Regelwerk beschlossen, URL: https://deloitte.com/de/de/Industries/financial-services/perspectives/umsetzung-basel-iii-in-eu.html, Zugriff: 08.02.2025.

Deloitte (2024b): CRR III Survey 2023, Auswirkungen und Herausforderungen, URL: https://www.deloitte.com/content/dam/assets-zone 2/de/de/docs/industries/financial-services/2024/Deloitte-CRR-III-Survey.pdf, Zugriff: 15.02.2025.

Deutsche Bundesbank (2024a): Monatsbericht – Juli 2024, Jg. 76, Nr. 7, URL: https://publikationen.bundesbank.de/publikationen-de/berichte-studien/monatsberichte/monatsbericht-juli-2024-928298, Zugriff: 08.02.2025.

Deutsche Bundesbank (2024c): Kreditrisikostandardansatz, Artikel 111 bis 141 der Capital Requirements Regulation, URL: https://www.bundesbank.de/de/aufgaben/bankenaufsicht/einzelaspekte/eigenmittelanforderungen/kreditrisiko/kreditrisikostandardansatz-598430, Zugriff: 21.02.2025.

Deutsche Bundesbank (2024b): Basel III-Monitoring, URL: https://www.bundesbank.de/de/aufgaben/bankenaufsicht/rechtsgrundlagen/baseler-rahmenwerk/basel-iii-monitoring-598118, Zugriff: 14.02.2025.

EBA (2023): Leitlinien für die Kreditvergabe und Überwachung, EBA/GL/2020/06, 29/05/2020, URL: https://www.eba.europa.eu/sites/default/files/document_library/Publications/Guidelines/2020/Guidelines%20on%20loan%20origination%20and%monitoring/Translations/886677/Final%20Report%20on%20GL%20on%20loan%20origination%20and%0monitoring_COR_DE.pdf, Zugriff: 02.02.2025.

EBA (2025): Opinion of the European Banking Authority on interaction between Pillar 2 requirements and the output floor, EBA/Op/2025/01, 21/01/2025, URL: https://www.eba.europa.eu/sites/default/files/2025-01/f9482e23-27d4-4c13-aa1f-2ae3a18b55be/Opinion%20on%20Art%20104a%287%29%20CRD6.pdf, Zugriff: 15.02.2025.

EZB (2024): EZB-Bankenaufsicht – Aufsichtsprioritäten für die Jahre 2022-2024, Prioritäten und Risiken, URL: https://www.bankingsupervision.europa.eu/framework/priorities/html/ssm.supervisory_priorities2022~0f890c6b70.de.html, Zugriff: 01.02.2025.

Franz, R./Groß, P./Riepl, D. (2022): Überblick Meldewesen, in: Cech, C./Helmreich, S. (Hrsg.): Meldewesen für Finanzinstitute, 2. Aufl., Wiesbaden: Springer Gabler, S. 29–56.

Grabmair, C. (2024): Kreditprozessmanagement, Konzepte für eine erfolgreiche Banksteuerung, Wiesbaden: Springer Gabler.

Hasenteufel, J./Weber, L. (2021): Krisen und ihre Auswirkungen auf das Risikomanagement von Banken, Wiesbaden: Springer Gabler,

Heider, F. (2023): EU-Bankenpaket vor dem Praxistest, in: Betriebs-Berater, Nr. 35, S. 1.

Heiler, C./Derr, T. (2024): Makroökonomie im Wandel, Inflation, Zinspolitik und die Auswirkungen des Ukraine-Konflikts auf Bilanzposten und inhärente Risiken, Wiesbaden: Springer Gabler.

Igl, A. (2020): Anforderungen an KSA und IRBA durch Basel III final, in: Hellstern, G. / Igl, A. / Walz, C. (Hrsg.): Bankinterne Ratingverfahren, Von TRIM zum finalisierten Basel III, Stuttgart: Schäfer Poeschel, S. 231–250.

Klein, P./Pfingsten, A./Fenner, A./Nitschke, A./Voshardt, Y. (2022): Aktive Kreditrisiko-, Eigenkapital- und Liquiditätssteuerung: Eine Analyse assetbasierter Instrumente, Institut für Kreditwesen, Münster: Westfälische Wilhelms-Universität.

Klement, J. (2020): Auf internen Einstufungen basierender Ansatz, in: Gendrisch, T. / Hahn, R. / Klement, J. (Hrsg.): Handbuch Solvabilität, Aufsichtliche Kapitalanforderungen an Kreditinstitute, 3. Aufl., Stuttgart: Schäfer Poeschel, S. 121–144.

Langthaler, J./Lederer, G. (2022): Finalisierung der Basel III – Reformen: Internationale Perspektive, in: Cech, C./Helmreich, S. (Hrsg.): Meldewesen für Finanzinstitute, 2. Aufl., Wiesbaden: Springer Gabler, S. 79–93.

Leneschmidt, N. (2021): Messung und Modellierung von Kreditausfallrisiken, URL: https://epub.ub.uni-muenchen.de/92604/1/MA_Leneschmidt_.pdf, Zugriff: 16.02.2025.

Luz, G./Neus, W./Schaber, M./Schneider, P./Wagner, C.-P./Weber, M. (Hrsg.) (2020): CRR visuell, Die EU-Vorschriften der Capital Requirements Regulation, 3. Aufl., Stuttgart: Schäfer Poeschel.

Mayer, S. (2023): Qualitative und quantitative Eigenkapitalanforderungen, Theoretische Beiträge zur aktuellen Bankenregulierung, Wiesbaden: Springer Gabler.

Mihm, O./Begemann, F. (2023): Wachstumsstrategien in Banken – Erfolgsfaktor Kundenaktivierung, in: Krämer, A./Kalka, R./Merkle, W. (Hrsg.): Stammkundenbindung versus Neukundengewinnung, Marketing und Vertrieb im Spannungsfeld von Hunting und Farming, Wiesbaden: Springer Gabler, S. 79–98.

Neisen, M./Schulte-Mattler H. (2020): Revised partial use: Banking supervision on the right track, in: Journal of Risk Management in Financial Institutions, Jg. 13, Nr. 1, S. 70-80.

Neisen, M./Schulte-Mattler, H. (2021): Eliminating the negative impacts of the Basel IV output floor by adjusting a bank's business model, in: Journal of Risk Management in Financial Institutions, Jg. 14, Nr. 3, S. 256-267.

Neumann, F.-M. (2023): Die Zeit rennt, der Druck wächst: EBA Guidelines für Kreditvergabe und -überwachung, in: Zeitschrift für das gesamte Kreditwesen, Jg. 76, Nr. 20, S. 15–17.

Osman, Y. (2024): Basiswissen Bankenaufsicht, Von Abwicklung bis Zinsrisiko, 2. Aufl., Stuttgart: Schäffer-Poeschel.

Puckhaber, M. (2024a): CRR III - Übergangsregelungen, Die Banken müssen die regulatorischen Änderungen in der Kapitalplanung berücksichtigen. Für die Auswirkungen der Capital Requirements Regulation (CRR III) in den kommenden Jahren sind insbesondere die Übergangsregelungen entscheidend, die einige Aspekte deutlich abmildern., URL: https://banking.vision/crr-iii-uebergangsregelungen/, Zugriff: 19.02.2025.

Puckhaber, M. (2024b): CRR III – der neue KSA, Mit der Neuregelung der CRR steigen die Eigenkapitalanforderungen für KSA-Institute. Welche Aspekte ändern sich und was bedeutet das konkret für betroffene Banken und Sparkassen?, URL: https://banking.vision/crr-3-der-neue-ksa/, Zugriff: 16.02.2025.

Verordnung (EU) Nr. 2024/1623 des Europäischen Parlaments und des Rates vom 31. Mai 2024 zur Änderung der Verordnung (EU) Nr. 575/2013 im Hinblick auf Vorschriften für das Kreditrisiko, das Risiko einer Anpassung der Kreditbewertung, das operationelle Risiko, das Marktrisiko und die Eigenmitteluntergrenze (Output-Floor).

Verordnung (EU) Nr. 2024/1619 des Europäischen Parlaments und des Rates vom 31. Mai 2024 zur Änderung der Richtlinie 2013/36/EU im Hinblick auf Aufsichtsbefugnisse, Sanktionen, Zweigstellen aus Drittländern sowie Umwelt-, Sozial- und Unternehmensführungsrisiken.

Verordnung (EU) Nr. 575/2013 des Europäischen Parlaments und des Rates vom 26. Juni 2013 über Aufsichtsanforderungen an Kreditinstitute und Wertpapierfirmen und zur Änderung der Verordnung (EU) Nr. 646/2012.

Verordnung (EU) Nr. 2013/36/EU des Europäischen Parlaments und des Rates vom 26. Juni 2013 über den Zugang zur Tätigkeit von Kreditinstituten und die Beaufsichtigung von Kreditinstituten und Wertpapierfirmen, zur Änderung der Richtlinie 2002/87/EG und zur Aufhebung der Richtlinien 2006/48/EG und 2006/49/EG.

Zirkler, B./Hofmann, J./Schmolz, S. (2020): Controlling und Basel IV in der Unternehmenspraxis, Strategien zur Bewältigung erhöhter regulatorischer sowie bonitätsbezogener Anforderungen, 2. Aufl., Wiesbaden: Springer Gabler.

Zirkler, B./Hofmann, J./Schmolz, S./Bordiyanu, I. (2021): Basel IV in der Unternehmenspraxis, 2. Aufl., Wiesbaden: Springer Gabler.

Henning Plate & Catharina Würdemann

Innovationsmanagement nach ISO 56001 – Warum Führung essentiell für den Innovationserfolg im Mittelstand ist

1 Einführung

Kleine und mittlere Unternehmen (KMU) stehen beim Thema Innovationen vor besonderen Herausforderungen: Auf der einen Seite wird die Bedeutung von Innovationen als Treiber wirtschaftlicher Wettbewerbsfähigkeit an vielen Stellen betont, auf der anderen Seite stehen gerade KMU vor zahlreichen Herausforderungen. Diese werden durch technologische und wirtschaftliche Transformationen verstärkt.

Zu den zentralen Problemen gehören steigende Innovationskosten, Fachkräftemangel sowie die digitale Transformation, die insbesondere die strategische Weiterentwicklung von KMU erfordert: „Die anhaltenden Krisen und das damit verbundene schwierige wirtschaftliche Fahrwasser haben erhebliche Auswirkungen auf deutsche Unternehmen – und insbesondere auch auf deren Innovationsleistung.“[1], wird gleich zu Beginn des Innovationsreports 2023 der deutschen Industrie- und Handelskammer konstatiert. Demnach wollen deutsche Unternehmen immer weniger in Innovationen investieren. Der Anteil der Unternehmen, die ihre Innovationsaktivitäten ausweiten wollen, sinkt von 50% im Jahr 2020 auf 38%, während 15% der Betriebe in Deutschland diese verringern wollen.

Auch der Report der Boston Consulting Group (BCG) stellt fest: „83% of companies seeing innovation as a top-three priority, but only 3% are ready to translate their priorities to results.“[2] Als Gründe für diese Rückgänge werden die vergangene COVID-19-Pandemie, wirtschaftliche Unsicherheiten, geopolitische Spannungen sowie steigende Kapitalkosten genannt. Es scheint paradox, denn noch immer zählt der Ausbau innerbetrieblicher

---

[1] DIHK-Innovationsreport, 2023, S. 3.

[2] Manly, J., 2024, S. 2.

Innovationsmanagementstrukturen als Schlüsselfaktor der Innovationsfähigkeit und damit Wettbewerbsfähigkeit in den kommenden Jahren.[3] Allerdings scheint es eine Lücke im Verständnis darüber zu geben, wie Innovations- und Wettbewerbsfähigkeit langfristig gesichert werden können. So wollen zwar weniger Unternehmen in Innovationen, dafür aber mehr in digitale Technologien investieren: Im Jahr 2023 planten 61% der KMU jeweils über 20.000 € in digitale Technologien zu investieren, insbesondere in IT-Sicherheit und Cloud-Migration[4]. Dies zeigt, dass die Bereitschaft, zu investieren zwar vorhanden ist, diese aber kaum in Bezug zur Innovationsfähigkeit stehen. Denn der Einsatz neuer Technologien macht ein Unternehmen nicht automatisch innovativer. Diese Ansicht scheint allerdings weit verbreitet, so gibt es zur Definition des Begriffs Innovation ebenfalls keine einheitliche Meinung. Dies hat zur Folge, dass beim Einsatz neuer Technologien vielfach von Innovation gesprochen wird. Viele Unternehmen scheinen eben diesen Einsatz als Indiz für ihre Innovationsfähigkeit zu verstehen, allerdings mit gravierenden Folgen: Wird eine neue Technologie top-down eingesetzt, kann dies sogar die Innovationskraft des Unternehmens mindern, da Mitarbeiter sich nicht einbezogen fühlen und ein Veränderungsprozess, wie ihn die Implementierung neuer Technologien evoziert, nicht in der Gesamtstrategie eingebettet und kommuniziert wird.[5]

Für Führungskräfte ist eine differenzierte Betrachtung dessen, was Innovationsprozesse und die digitale Transformation durch den Einsatz neuer Technologien unterscheidet, wo Überschneidungen zu finden sind und wie das Thema Innovation strategisch angegangen werden kann, äußerst notwendig. Denn es sind bei diesen beiden großen Themenkomplexen, die immer noch gleichgesetzt werden vor allem die Führungskräfte, von denen eine klare Strategie erwartet wird.[6]

---

[3] Vgl. DIHK-Innovationsreport, 2023, S. 6.

[4] Cloud-Migration bezeichnet den Prozess der Übertragung von Daten, Anwendungen und IT-Ressourcen eines Unternehmens von einer lokalen Infrastruktur (On-Premises) oder einer anderen Cloud-Umgebung in eine Cloud-Plattform. Die Skalierbarkeit, Flexibilität und Kosteneffizienz sollen so verbessert werden.

[5] Vgl. Isler, K., o. J.

[6] Vgl. Pisano, G. P., 2019.

Dieser Beitrag zeigt, wie strategische Ansätze und Investitionen die Wettbewerbsfähigkeit durch Innovationsfähigkeit im heutigen dynamischen Markt sichern können und warum insbesondere Führungskräfte hier eine tragende Rolle spielen.

Dreh- und Angelpunkt dieser Betrachtung ist die 2019 von der Internationale Organisation für Normung (ISO) veröffentlichte ISO 56000er Reihe Innovationsmanagement und hier vorrangig die ebenfalls 2019 veröffentlichte ISO 56002 für Handlungsempfehlungen sowie die im September 2024 veröffentlichte ISO 56001 als Rahmen für die Voraussetzung von Innovationen von Unternehmen.

Bei der Betrachtung soll vor allem eine praxisorientierte Perspektive auf den standardisierten Rahmen der ISO gegeben werden mit dem Ziel, Führungspersonen hinsichtlich ihrer Relevanz für die Innovationsfähigkeit zu bestärken und konkrete Handlungsrahmen aufzuzeigen. Die drei großen Aspekte Strategie, System und Kultur in Bezug auf Innovationen werden hierbei fokussiert. Zunächst gilt es, den Standard als Rahmen zu beleuchten und grundlegende Begriffe zu klären. Allen voran steht hier der Begriff Innovation.

2 Innovation und Standard – wie passt das zusammen?

Im Jahr 2014 hat die ISO den Ausschuss ISO/TC 279 gegründet, um zusammen mit 50 Ländern Werkzeuge, Ansätze und Methoden für das ganzheitliche Management von Innovationen, deren Umsetzung und die Interaktion mit den Akteuren der Innovationskette bereitzustellen. Das Hauptziel war die Standardisierung von Werkzeugen und Methoden für Innovationen und die Interaktion zwischen allen Akteuren des Innovationsmanagements zum Nutzen der Industrie, der Umwelt und der Gesellschaft.

Basierend auf den Arbeiten des ISO/TC 279 wurden bereits sechs Dokumente veröffentlicht:

- ISO 56000:2020 Innovationsmanagement: Grundlagen und Vokabular
- ISO 56001:2024 Innovationsmanagement-Innovationsmanagemmentsystem: Anforderungen an Unternehmen

- ISO 56002:2019 Innovationsmanagement-Innovationsmanagementsystem: Leitfaden für die Einführung, Umsetzung, Aufrechterhaltung und kontinuierliche Verbesserung eines Innovationsmanagementsystems in allen etablierten Organisationen
- ISO 56003:2019 Innovationsmanagement-Instrumente und Methoden für Innovationspartnerschaften: Ein Leitfaden für Innovationspartnerschaften auf der Grundlage eines Rahmens für Innovationspartnerschaften und entsprechender Musterinstrumente enthält.
- ISO/TR 56004:2019-Innovationsmanagement-Bewertung: Ein Leitfaden, der dem Anwender hilft, zu verstehen, warum es vorteilhaft ist, eine Innovationsmanagement-Bewertung durchzuführen[7]

Für Unternehmen spielen bei der vorliegenden Betrachtung vor allem ISO 56001 und ISO 56002 eine tragende Rolle: Während die ISO 56001 spezifische Anforderungen an ein Innovationsmanagementsystem definiert die ein Unternehmen erfüllen muss, um Innovationsprozesse formal zertifizieren lassen zu können, bietet die ISO 56002 eine Leitlinie und gibt Handlungsempfehlungen.

Letztere beinhalten jedoch keine spezifischen Instrumente oder Methoden für Innovationsaktivitäten und müssen von jeweiligen Unternehmen selbst individuell und bedürfnisorientiert inhaltlich gefüllt werden.

2.1 Was ist eine Innovation?

Der Begriff Innovation ist ein viel zitierter, fast schon inflationär gebrauchter Begriff, der insbesondere in den letzten zehn Jahren an Bedeutung gewonnen hat und oft mit Unternehmen wie Apple, Amazon oder Google verbunden wird. Dementsprechend wird er sowohl mit Umsatzsteigerung und Wettbewerbsfähigkeit verbunden, was zweifellos der Fall ist, aber eben auch mit den Aspekt Technologie.[8] Die Folge ist, dass das Commitment zum Begriff Innovation zunächst ein vermeintlich leichtes ist: Kaum ein Unternehmen wird von sich behaupten, dass es nicht gerne innovativ

[7] Vgl. Lopes, A., 2022, S. 53.
[8] Vgl. Pisano, G. P., 2019.

sein würde. Mehr noch – viele Unternehmen schreiben sich selbst das Attribut der Innovation zu. Es gilt zu prüfen, was Innovation bedeutet, wann ein Produkt, eine Dienstleistung oder ein Geschäftsmodell als innovativ bezeichnet werden kann und welche Rolle dabei Technologien spielen.?

Ein kursorischer Blick auf die Innovationshistorie, beginnend in den 1900er Jahren bringt eine unzählige Vielfalt an Definitionen des Begriffs hervor, die sich je nach Domäne unterscheiden. Die älteste wissenschaftliche Definition von Innovation wurde von dem österreichischen Ökonomen Schumpeter in den 1910er und 1920er Jahren im wirtschaftswissenschaftlichen Kontext geprägt. Gemäß Schumpeter konstituiert Innovation den zentralen Aspekt des Prozesses der kreativen Zerstörung, in dessen Rahmen neue Kombinationen von Ressourcen bestehende Strukturen substituieren bzw. ablösen und wirtschaftliches Wachstum vorantreiben.

In seinem Werk *Theorie der wirtschaftlichen Entwicklung* klassifizierte Schumpeter drei Arten von Innovationen:

1. Einführung neuer Produkte (z. B. ein gänzlich neues oder wesentlich verbessertes Produkt).

2. Der Einsatz neuer Produktionsmethoden (technologische oder organisatorische Verbesserungen in der Herstellung).

3. Erschließung neuer Märkte (Einführung eines Produkts in einem Markt, der bisher unerschlossen war).[9]

Darüber hinaus ist die Verwendung alternativer Materialien als Einsatz neuer Rohstoffe oder Zwischenprodukte zu nennen. Ferner wird die Reorganisation von Branchen oder die Schaffung neuer Industrien durch neue Geschäftsmodelle oder Marktstrukturen thematisiert. Schumpeter legte den Fokus auf den unternehmerischen Innovationsprozess und betonte, dass Innovationen ein zentraler Motor für wirtschaftlichen Wandel und Wachstum sind. Im Kern geht es hierbei um „neue Kombinationen von Produktionsmitteln“[10]. Diese Definition gilt als Ausgangspunkt für eine Vielzahl spätere Konzepte und Diskussionen über Innovation.

[9] Vgl. Schumpeter, J., 1911, S. 100ff.
[10] Schumpeter, J., 1911, S. 100.

Heute werden Innovationen oft mit neuer Technologie gleichgesetzt[11]. Dies ist umso verständlicher, da sich viele Neuerungen auf Technologien beziehen bzw. mit technischen Lösungen arbeiten. Hinzu kommt, dass wir in einer digitalisierten Welt leben und dementsprechend geprägt sind von einem Narrativ, dass Technologie als per se innovativ vermuten lässt. Diese Betrachtung ist nachvollziehbar doch gleichzeitig nicht richtig.

Bei dem Unternehmen Uber z. B. wird von einer Innovation gesprochen. Es ist nicht die Nutzung der App, um einen Uber zu bestellen, es ist vielmehr das Geschäftsmodell, das die Innovation darstellt. Die Tatsache, dass Aspekte aus der Mobilität neu betrachtet und miteinander kombiniert wurden, zogen Verhaltensveränderungen, neue Einnahmequellen und neue Möglichkeiten der Mobilität für Kunden nach sich.

Ähnlich verhält es sich mit airbnb: Das Buchen eines Zimmers über eine App stellt keine Innovation dar. Sie besteht vielmehr darin, dass durch die Vermietung privater Räume und das Anbieten dieser auf einer Plattform neue Verhaltensweisen evoziert wurden, die sich in diesem Beispiel sogar auf die gesamte Tourismuswirtschaft auswirkten. Pisano beantwortet die Frage, was eine Innovation ist, mit einem sehr einprägsamen und anschaulichen Beispiel: Er stellt einen Kopfsalat und eine Plastiktüte bildlich nebeneinander – zwei Gegenstände, die nun erst mal keine Innovation sind. Das dritte Bild zeigt geschnittenen Salat in einer Plastiktüte, also ein bekanntes Convenience-Produkt. Das wiederum stellt nach Pisano die Innovation dar, weil hier zwei bekannte Dinge so miteinander kombiniert wurden, dass sie einen neuen Wert in Form von neuen Einnahmequellen durch das Erschließen neuer Zielgruppen erschaffen.[12] Diesen Gedanken greift die ISO 5600er Reihe Innovationsmanagement in der Definition auf. Eine Innovation beschreibt eine „[…] neue oder veränderte Einheit, die Wert schafft oder neu verteilt".[13]

Dieser Gedanke zieht sich durch den gesamten Leitfaden des Standards, so dass alle Maßnahmen und Handlungsempfehlungen, die dort genannt sind, auf diese Definition fluchten. Aus der Betrachtung des Begriffs Innovation

[11] Vgl. Pisano, G. P., 2019.
[12] Vgl. Pisano, G. P., 2019.
[13] ISO 56000, 2019, 3.1.1.

als ein Moment, der allein auf den Wert abzielt, gehen verschiedene Konsequenzen hervor. Zum einen können Innovationen nicht mehr als rein technologische Aspekte betrachtet werden. Zum anderen wird deutlich, dass das Neue allein nicht die Innovation ausmacht. Weiterhin müssen sich Führungskräfte kritisch und reflektiert damit auseinandersetzen, was für ihr Unternehmen ein Wert ist, worin er sich definiert und wie sie den Wert erkennen. Spätestens hier wird die Notwendigkeit der Verankerung des Themenkomplexes Innovation in der Gesamtstrategie deutlich.

Doch bevor darauf eingegangen wird, wie eine strategische und systemische Einbettung von Innovationsprozessen aussehen kann, ist ein Blick auf das Verständnis von Innovationsmanagementsystemen aus der Perspektive der ISO 5600er Reihe notwendig. Hier werden vorrangig die ISO 56002 Innovationsmanagementsysteme und die ISO 56001 Voraussetzungen für Unternehmen im Hinblick auf Innovationsmanagementsysteme betrachtet.

2.2 Der ISO Standard als treibende Kraft für Innovationen

Die ISO 56002 ist ein internationaler Standard, der Leitlinien für das Innovationsmanagement in Organisationen bereitstellt. Er geht zum einen auf den Bedarf einer einheitlichen Struktur aufeinander abgestimmter Handlungen ein die notwendig sind, um Innovationen kontinuierlich zu ermöglichen. Zum anderen bietet er zusammen mit der übergeordneten ISO 56000 eine einheitliche Definition für die Begriffe Innovation und Innovationsmanagementsystem.

Mit der Einführung der ISO 56001 im September 2024 als eine Art Checkliste ist ein Komplementär zur 2019 veröffentlichten ISO 56002 entstanden. Während die ISO 56002 auf die Handlungen der Personen im Unternehmen abzielt und einen Leitfaden zur Einführung eines Innovationsmanagementsystems darstellt, bildet die ISO 56001 die Voraussetzungen bzw. den Rahmen, den Organisationen in Hinblick auf Innovationen schaffen. Die ISO 56001 bietet somit für Organisationen einen Rahmen zum Innovationsmanagement. Darüber hinaus haben Organisationen erstmals die Möglichkeit zur ISO-Zertifizierung, so dass sich die ISO 56001 auch als Komplementär zu bereits bestehenden und inhaltlich ähnlichen Standards, wie etwa ISO 9001 Qualitätsmanagement und ISO 21500 Projektmanagement, lesen lässt. Die Norm ISO 56001 ist mit anderen ISO-Normen und Managementsystemen kombinierbar. Der Standard basiert auf der harmonisierten Struktur, die eine einfache Integration mit anderen Normen zulässt. Beide Normen basieren auf demselben Verständnis des Begriffs Innovationsmanagementsystem, das in der übergeordneten Norm wie folgt definiert wird: „Ein Innovationsmanagementsystem ist ein Satz zusammenhängender oder sich gegenseitig beeinflussender Elemente, die auf die Schaffung von Wert abzielen. Es bietet einen gemeinsamen Rahmen zum Entwickeln und Bereitstellen von Innovationsfähigkeiten, Beurteilen von Leistung und Erreichen von beabsichtigten Ergebnissen.“[14]

Hierzu führen die ISO 56001/56002 sieben ineinandergreifende Dimensionen auf:

1. Führung: Ein starkes Engagement der Führungsebene für Innovation und die Integration von Innovationszielen in die Unternehmensstrategie.

2. Kontext der Organisation: Die Berücksichtigung von internen und externen Einflussfaktoren, die das Innovationspotenzial beeinflussen.

3. Planung: Die Entwicklung einer Innovationsstrategie, die klare Ziele, Ressourcenallokation und Risikomanagement umfasst.

4. Unterstützende Strukturen: Die Schaffung einer Organisationsstruktur, die Innovation fördert und den Innovationsprozess unterstützt.

5. Betriebsführung: Die Integration von Innovationsmanagement in normale betriebliche Abläufe.

6. Bewertung und Verbesserung: Die kontinuierliche Bewertung der Innovationsleistung und die Implementierung von Verbesserungsmaßnahmen.[15]

Abb. 1 stellt die sieben Dimensionen als Elemente innerhalb eines Kreises dar. Die Darstellung spiegelt die Zirkularität eines Systems wider, die besagt, dass Elemente eines Systems miteinander in Beziehung treten und sich gegenseitig bedingen. Deshalb können die Dimensionen zwar einzeln angegangen werden, jedoch auch immer auf andere einwirken.

---

[14] ISO 56002, 2019, 0.3.1.

[15] Kihlander, I./Magnusson, M./Karlsson, M., 2024, S. 36

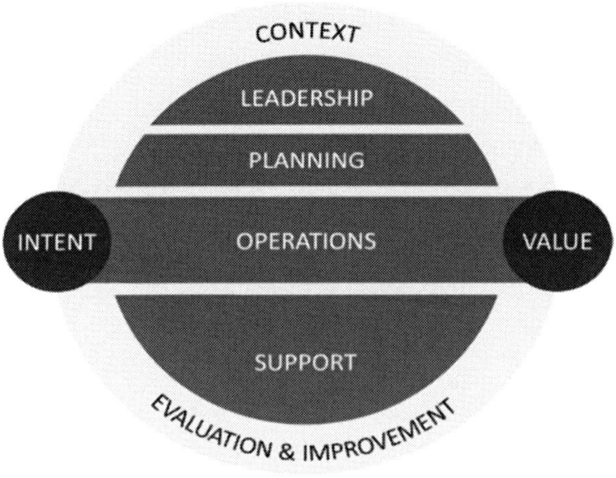

Abb. 1: Kernaspekte der ISO 56001/56002 (Quelle: In Anlehnung an Kihlander, I./Magnusson, M./Karlsson, M., 2024, S. 36.)

Konkret bedeutet das, dass ein Unternehmen mit der Dimension Führung beginnen und dort Maßnahmen entwickeln und umsetzen kann. Da aber die Führungsperson nicht im losgelösten Raum steht, wird eine Veränderung in dieser Dimension sich immer auch auf andere, wie z. B. Planung auswirken, weil Führungspersonen Ressourcen und Kompetenzen anders einsetzen.

Zwei weitere Elemente sind in der Illustration von Bedeutung: *Intent* und *Value*. Die Innovationsabsicht und der zu generierende Wert sind sowohl mit der Außenwelt als auch mit Elementen innerhalb des Systems verbunden. Die Innovationsabsicht und der zu generierende Wert sind die verbindenden Elemente, die auf alle Maßnahmen einwirken. Deshalb ist es wichtig, diese klar zu definieren, ein messbares Ziel zu formulieren und sicher zu stellen, dass alle Beteiligten dasselbe im Hinblick auf die Innovationsabsicht verfolgen.

3 Die Rolle der Führung im Innovationsmanagementsystem (IMS)

Um ein Scheitern von Innovationen zu vermeiden sind Führungskräfte angehalten, den Fokus auf drei Aspekte zu legen. Erstens ist eine Strategie zu entwickeln, in der die Arten von Innovationen festgelegt werden, die das Unternehmen verfolgt. Diese gilt es in einen finanziellen Kontext zu bringen und fest in der strategischen Ausrichtung zu verankern.

Zweitens ist ein System zu entwerfen, in dem Führungskräfte sich fragen, welche Fähigkeiten und Ressourcen zur Umsetzung der in der Strategie festgelegten Innovationsarten benötigt werden. Drittens ist eine Kultur aufzubauen, in der Handlungen, die auf die Strategie einzahlen, möglich werden. Was diese drei Punkte im Einzelnen beinhalten, wird nachfolgend erläutert. Hierbei ist es wichtig zu verstehen, dass sich die Aspekte gegenseitig bedingen. Da es sich um ein Innovationsmanagementsystem handelt, ist die Sensibilität für Zirkularität von großer Bedeutung.

Gleichzeitig betont die ISO 56002, dass eine stufenweise Umsetzung der Elemente übernommen werden kann, um das System leichter „[...] in Übereinstimmung mit dem speziellen Kontext und Umständen der Organisation zu verwirklichen“[16]. Um jedoch die gesamten Vorteile des Innovationsmanagementsystems nutzen zu können, sind alle Elemente des Innovationsmanagementsystems in der Organisation notwendig. Zuletzt betont die ISO die Rolle der Führungspersonen: „Letztendlich beruht die wirksame Verwirklichung des Innovationsmanagementsystems auf der Verpflichtung der obersten Leitung und auf der Fähigkeit der Führungskräfte, Innovationsfähigkeiten und eine Kultur zu fördern, die Innovationsaktivitäten unterstützt.“[17]

3.1 Aufbau einer Innovationsstrategie

Eine Studie von McKinsey zeigt trotz der signifikanten Relevanz, die die Führungskräfte dem Thema Innovation zuschreiben, partizipieren weniger als 25% an der Festlegung von Innovationszielen und Innovationsbudgets.[18] Auch der Bericht der Boston Consulting Group konstatiert, dass viele Unternehmen Zombie-Innovation betreiben: Sie bleiben zwar aktiv, haben aber keine klare Strategie, um Innovationen effektiv in Wertschöpfung umzusetzen.[19] Dies lässt den Schluss zu, dass eine Veränderung der

[16] ISO 56002, 2019, 0.3.1.
[17] ISO 56002, 2019, 0.3.1.
[18] Vgl. Cohen, D., 2019, S. 3.
[19] Vgl. Manly, J., 2024, S. 1.

Denkweise und des Managementansatzes vieler Führungskräfte erforderlich ist. Doch inwiefern müssen Führungskräfte ihre Denkweise verändern und wie kann eine Integration von Innovationszielen in die Gesamtstrategie genau aussehen?

Es ist unerlässlich neben der Vorstellung davon, was eine Innovation ist, nämlich eine „[...] neue oder veränderte Einheit, die Wert schafft oder neu verteilt [...]“[20], zu definieren, welche Form von Innovationen bzw. welche Innovationsabsicht für die Organisation wertschöpfend ist. Der ISO-Standard beschreibt die Innovationsabsicht als Grundlage für die Innovationsstrategie, die dann durch die Kultur ermöglicht wird.[21] Die Innovationsabsicht bezieht sich zunächst darauf, was für die Organisation als wertschöpfend betrachtet wird. Letzteres wird im Wesentlichen durch so genannte interessierte Parteien, d. h. unter anderem durch die Kunden und deren Bedürfnisse und Erwartungen beschrieben.

Hieraus geht hervor, dass Innovationsabsichten in der Unternehmensstrategie auch in finanzieller Hinsicht verankert werden müssen. Denn Innovation ist nicht nur Kreativität und Ideenfindung, sondern ein Problem der Ressourcenzuteilung. Viele Unternehmen konzentrieren sich laut einer McKinsey Studie[22] zu stark auf kurzfristige Produktänderungen sowie andere vermeintlich sichere Verbesserungen und weniger auf potenzielle Durchbrüche oder neue Geschäftsmodelle. Folglich auf Formen der Innovation, die als weniger sicher bewertet werden, aber vielfach ein größeres Potenzial haben können nachhaltige Wertschöpfung und neue Umsätze zu schaffen.[23] Um das System aus kurzfristigen und punktuellen Maßnahmen zu durchbrechen und das Innovationsmanagementsystem wirklich in der Unternehmensstrategie zu implementieren, sind Führungskräfte dazu angehalten, finanzielle Ziele zu definieren. McKinsey schlägt hierfür das Konzept der Green Box vor.

Die Green Box bezeichnet den von einem Unternehmen generierten Wert, der sich aus disruptiven als auch inkrementellen Innovationen innerhalb

---

[20] ISO 56000, 2024, 3.1.1.
[21] Vgl. ISO 56002, 2019, 4.4.1.
[22] Vgl. Cohen, D., 2019, S. 3
[23] Vgl. Cohen, D., 2019, S. 3

eines begrenzten Planungszeitraums (i.d.R. fünf Jahre) ergibt. Die Quantifizierung dieses Werts erfolgt anhand spezifischer Kennzahlen, wie beispielsweise der neuen Nettoeinnahmen, des Gewinnwachstums oder auch einer Kombination dieser beiden Faktoren.

Weiterhin ist die Green Box ein wichtiger Beitrag zum Wachstum, der ausschließlich durch Innovation erzielt wird. Hierfür werden alle relevanten Aspekte, wie Marktdynamik, unterjähriger Preisanpassungen, Vertriebs- und Marketingaktivitäten sowie Fusionen und Übernahmen herausgerechnet. Dieser Betrag wird anschließend in Ziele und KPI[24] für die operativen Einheiten des Unternehmens transformiert und angewendet im Rahmen ihrer jeweiligen Innovationsportfolios, d. h. den tatsächlichen Maßnahmen, die für das Entwickeln von Innovationen notwendig sind.

Wichtig ist bei der Definition der Green Box ein Verständnis, dass eine gewisse Unkenntnis von den spezifischen Innovationen, die sie beinhalten wird, herrscht. Deutlich ist die Erkenntnis, dass die Box eine Vielzahl neuer Ideen für Wachstum erfordert und dass dieses Wachstum die Entscheidungsgrundlage bezüglich der Verteilung und Zuweisung von Ressourcen darstellt.[25] Abb. 2 zeigt exemplarisch für ein Kleinstunternehmen mit max. neun Mitarbeitern und einem Jahresumsatz von 1 Mio. Euro die Budgetierung einer Green Box nach McKinsey. Das Beispiel bezieht sich auf Kleinstunternehmen, da aufgrund der Neuheit der ISO 56000er Reihe bisher kaum KMU in Betracht gezogen wurden. In Deutschland ist der Anteil der KMU allerdings am Markt am größten. Es soll gezeigt werden, wie KMU sich aufstellen können, um langfristig mit Innovationen am Markt bestehen zu können.

[24] Ein Key Performance Indicator ist eine messbare Kennzahl, die den Fortschritt oder Erfolg eines Unternehmens, Projekts oder Prozesses in Bezug auf definierte Ziele bewertet.

[25] Vgl. Cohen, D., 2019, S. 4.

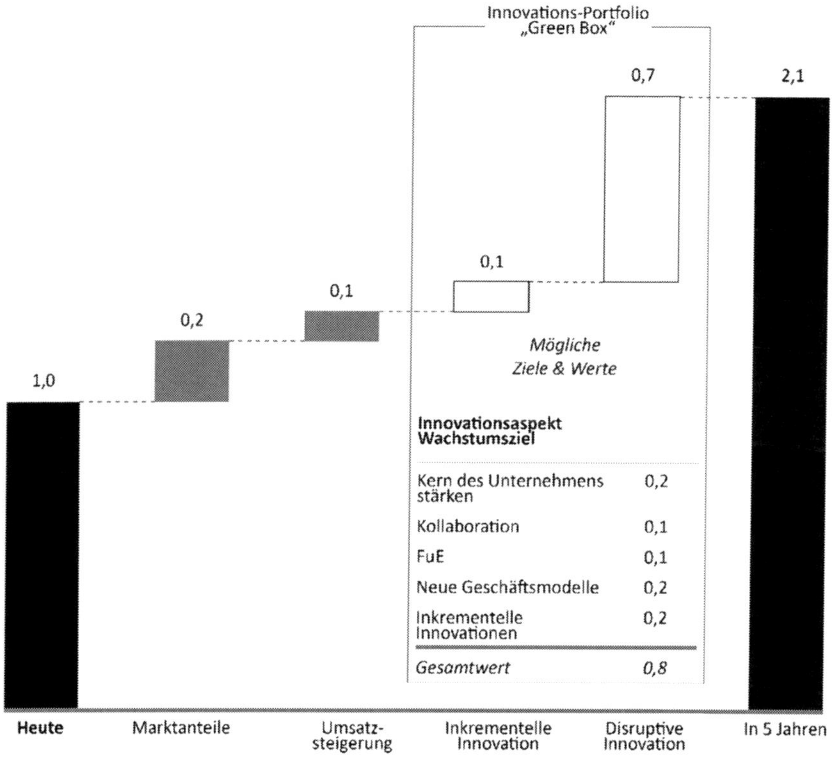

Abb. 2: Illustration des Wachstums eines Beispiel KMU, in Mio € (Quelle: Eigene Darstellung.)

Die Illustration soll verdeutlichen, dass Innovationen einen anderen Stellenwert bekommen, sobald sie konkret mit KPI, die auf das Wachstum einzahlen, in der Strategie festgehalten werden. So ist auch die Aufnahme der Logik der Green Box in die Liquiditäts- und Rentabilitätsplanung des Unternehmens eine äußerst sinnvolle strategische Ausrichtung.

Je mehr das Thema Innovation in der Strategie verankert ist, desto größer ist die Wahrscheinlichkeit, dass ein Unternehmen langfristige Wertsteigerung durch Innovationen erfährt.

Dagegen steht die punktuelle Betrachtung von Innovationen, die bis heute oft die Regel bildet: Eine kleinere Produktverbesserung, Ideensammeln von Mitarbeitern, die dann im Archiv verschwinden, mal ein Führungsseminar oder ein Lego-Serious-Play Workshop, all das sind zielorientierte Maßnahmen. Solange sie ohne Kontext und Strategie als Einzelmaßnahmen verstanden werden, bringen sie nicht den gewünschten Effekt.

Im Gegenteil: Einzelmaßnahmen, die auf keine strategischen Ziele einzahlen, sind nicht nur aus ökonomischer Sicht kritisch, sie können sich auch negativ auf die Motivation der Mitarbeiter und auf die Außenwirkung im Sinne der Integrität eines Unternehmens auswirken.[26] Gleichzeitig zeigt die Illustration, dass auch KMU sich dem Thema aus finanzieller Sicht annehmen können und sollten, da die aufgeführten Wachstumssummen große Chancen mit sich bringen, die im Gesamtkontext eines Unternehmens schon mit relativ niedrigem Ressourceneinsatz realisiert werden können.

So zeigte ein Use-Case, dass in einem Team von fünf Personen vorrangig zeitliche Ressourcen und eine Investition von ca. 4000 Euro für die Begleitung eines Innovationsprozesses große Wirkung haben: Innerhalb eines Zeitraums von vier Monaten mit je vier Arbeitsstunden wöchentlich pro Mitarbeiter und einer Vorbereitung von zwei Monaten mit insgesamt zwanzig Arbeitsstunden einer ISO 56002 zertifizierten Person, konnte ein strategisches Konzept mit neuen Geschäftsmodellen erarbeitet werden.[27]

Unternehmen sind also gut beraten, das Thema Innovation reflektiert anzugehen und sich die Frage zu stellen, wie groß das Commitment des Unternehmens sowie insbesondere der Führung in Bezug auf Innovationen ist. Dies umso mehr, wenn die strategischen Ziele mit einer Innovationskultur untermauert und die Ziele mit der Ressourcenplanung des Innovationsmanagementsystems gekoppelt werden.

3.2 Entwickeln eines Innovations-Systems

Um die in der Strategie festgelegten Ziele erreichen zu können, bedarf es eines Systems, in dem Absichten, Ressourcen, Zuständigkeiten und Kompetenzen klar sind und ineinandergreifen. Mit der ISO 56000er Reihe In-

[26] Vgl. Pisano, G., P., 2019.
[27] Vgl. Flore, A., 2024, S. 57ff.

novationsmanagement ist ein Rahmen für Unternehmen geschaffen worden, um dieses System zu entwickeln. Hier wird ein Innovationsmanagementsystem folgendermaßen definiert: „Ein Innovationsmanagementsystem ist ein Satz zusammenhängender oder sich gegenseitig beeinflussender Elemente, die auf die Schaffung von Wert abzielen. Es bietet einen gemeinsamen Rahmen zum Entwickeln und Bereitstellen von Innovationsfähigkeiten, Beurteilen von Leistung und Erreichen von beabsichtigten Ergebnissen.“[28]

Die gegenseitige Beeinflussung, also der systemische Charakter, wir explizit betont und es wird deutlich, dass Aspekte von Innovationen immer in einen Gesamtkontext einzuordnen sind. Doch welche Aspekte sollten zuerst Einzug in die Gesamtstrategie und damit in das System halten? In dem Artikel *Critical Factors to Consider When Designing an Innovation Management System*[29] wurden von den Autoren Schlüsselfaktoren definiert, die bei der Gestaltung eines Innovationsmanagementsystems zu berücksichtigen sind. Der Fokus liegt dabei auf der Anwendung des internationalen Standards ISO 56002 und darauf, wie dieser Unternehmen dabei unterstützt, systematische Innovationsfähigkeiten aufzubauen. Hierzu wurden ein britisches Ingenieurdienstleistungsunternehmen (Unternehmen A) und ein japanisches Technologieunternehmen (Unternehmen B) betrachtet, um Erfolgsfaktoren und Systemelemente zu identifizieren. Als Ergebnis wurde festgestellt, dass die Hauptfaktoren Führung und Kultur sich vor allem durch eine unterstützende und fehlerzulassende Haltung auszeichneten, die durch transparente Kommunikationsstrategien gestärkt wurden.[30]

Des Weiteren erwiesen sich eine Balance zwischen strukturierter Planung und der Möglichkeit, kreativ und risikofreudig zu arbeiten als Innovationsfördernde Systemelemente: In Unternehmen A zeigte sich unter anderem, dass eine stärkere Verteilung der Verantwortung auf operative Einheiten die Umsetzung von Innovationen erleichterte. Der dritte Kernaspekt war auch hier die oft betonte systemische Betrachtung der Elemente aus dem Standard. So hing der Erfolg des Innovationsmanagementsystems stark

[28] ISO 56002, 2019, 0.3.1.
[29] Kihlander, I./Magnusson, M./Karlsson, M., 2024, S. 34f.
[30] Vgl. Kihlander, I./Magnusson, M./Karlsson, M., 2024, S. 34f.

von der Verzahnung der verschiedenen Elemente (z. B. Ressourcen, Prozesse, Kultur) ab.[31]

Konkret bedeutet dies, dass zunächst Strukturen geschaffen werden müssen, die Mitarbeiter dazu ermutigen und befähigen Ideen zu entwickeln und diese zu verfolgen. Das können Zeitslots sein, in denen das Thema Innovation angegangen wird, um interne, digitale Strukturen zu nutzen und Ideen festzuhalten oder diskutieren zu können.[32] Regelmäßige Meetings, in denen Ideen weiterentwickelt, bewertet und prototypisch realisiert werden, bewegen sich in niedrigen Kostenstrukturen, die daher jedes Unternehmen problemlos implementieren könnte, wenn die strategische Ausrichtung zielgerichtet priorisiert wird.

Bleibt die Frage nach den Fähigkeiten und Kompetenzen, die in der Definition des Innovationmanagementsystems aufgegriffen werden: Nicht jedes Unternehmen beschäftigt kreative Köpfen, die out of the box denken und der Organisation ständig neue Ideen liefern. Des Weiteren ist die Rolle eines Innovationsmanagers zwar mittlerweile im US-amerikanischen Raum weiterverbreitet als noch vor zwanzig Jahren. Doch trotz der Bedeutung mangelt es vielen Unternehmen an formalisierten Kompetenzen und klaren Karrierewegen im Innovationsmanagement.[33] Auch hier greift der Standard der ISO 56002 als Leitlinien für Handlungen und standardisierte Praktiken, die die Innovationsfähigkeit verbessern. Zudem sind klare Rollen und Karrierestrukturen sinnvoll, um Talente zu gewinnen und zu halten. Robbins und O'Connor plädieren daher für die Professionalisierung des Innovationsmanagements. Diese macht Innovationen planbarer, effizienter und strategischer. Unternehmen, die diesen Trend frühzeitig aufgreifen, können ihre Innovationsfähigkeit erheblich steigern, Wettbewerbsvorteile sichern und langfristig erfolgreicher sein.[34]

Aber was ist mit Kleinstunternehmen, die sich die Stelle eines Innovationsmanagers nicht leisten können? Auch hier ist es möglich, Innovationen voranzutreiben – es gibt in Deutschland verschiedene Möglichkeiten, Mitarbeitende nach ISO 56002 ausbilden zu lassen. Der Use Case zeigt, dass

[31] Vgl. Kihlander, I./Magnusson, M./Karlsson, M., 2024, S. 34ff.
[32] Vgl. Flore, A., 2024, S. 60.
[33] Vgl. Robbins, P./O'Connor, G. C., 2023, S. 2.
[34] Vgl. Robbins, P./O'Connor, G. C., 2023, S. 14.

eine Investition in eine Ausbildung sowie die Begleitung durch einen Berater über insgesamt sechs Workshops á drei Stunden einen hohen und qualitativ anspruchsvollen Output hervorbringt, d. h., dass ein Wert im Sinne des Standards geschaffen werden kann.[35] Sinnvoll ist hierbei, die erlernten Kompetenzen an einem konkreten Fall, d. h. einer konkreten Innovationsabsicht, praktisch zu erproben. Dieser Prozess sollte zeitlich abgegrenzt werden, um ein Ergebnis zu sichern und die eingesetzten Ressourcen planbar zu halten. Dies sollte immer im Kontext der Gesamtstrategie geschehen, damit Ergebnisse auch tatsächliche Verwertung erfahren und somit Mehrwert generieren können.

Ein wirksames Innovationsmanagementsystem beruht auf eindeutigen Rollen und Zuständigkeiten sowie dem Einsatz und Aufbau von Innovationskompetenzen, wobei alle Beteiligten von der Möglichkeit wissen, dass sie zur Maximierung der Innovationsleistung beitragen können und sollen. Das ist kein Selbstläufer und bis zum Empowerment aller Mitarbeiter ein langwieriger Prozess, der Führungspersonen einiges abverlangt. Dabei spielt die Innovationskultur eine tragende Rolle, da Strategie, System und Kultur sich gegenseitig bedingen und keine der drei Säulen losgelöst voneinander betrachtet werden kann.[36]

3.3 Aufbau einer Innovations-Kultur

„Innovative cultures are paradoxical“[37] betont Pisano in einem Vortrag über Innovationskulturen in Unternehmen. In seinem Artikel *The Hard Truth About Innovative Cultures* beschreibt er ausführlich die paradoxen Aspekte von innovativen Unternehmenskulturen.[38] So seien innovative Kulturen im gesellschaftlichen Narrativ vor allem durch Offenheit, Neugier und Kreativität charakterisiert und sind durch eine hohe Fehlertoleranz sowie Experimentierfreudigkeit gekennzeichnet. Sie werden als psychologisch sicher, kollaborativ und nicht-hierarchisch beschrieben, wobei empirische Studien zeigen, dass diese Verhaltensweisen zu einer gesteigerten Innovationsleistung führen. Neben diesen eher offensichtlichen und positiv

[35] Vgl. Flore, A., 2024, S. 57ff.
[36] Vgl. Pisano, G. P., 2019.
[37] Pisano, G. P., 2019.
[38] Vgl. Pisano, G. P., 2019.

konnotierten Aspekten, gäbe es gleichzeitig Charakteristika von Innovationskulturen, die äußerst herausfordernd für Führungskräfte sind. Gleichzeitig seien diese Aspekte essentiell, um eine innovative Kultur überhaupt ausbauen und langfristig, d. h. nachhaltig, halten zu können. Hierzu zählen:

1. **Intoleranz gegenüber Inkompetenz**: Innovationen brauchen Raum für Exploration einer Fehlerkultur, in der experimentelle Vorgehensweisen möglich sind. Demgegenüber steht ein hoher Anspruch an die Kompetenz der Mitarbeitenden in ihren jeweiligen Rollen. Wer eine hohe Fehlertoleranz im Unternehmen aufbauen will, braucht als Gegenspieler Mitarbeitende, die ihre hohe Kompetenz in ihren Rollen einsetzen. Denn letztendlich geht es bei Innovationen um die Schaffung von Wert und dieser ist gekoppelt an Kompetenz und Professionalität. Dementsprechend sind mittelmäßige technische Fähigkeiten, oberflächliches Denken, unzuverlässige Arbeitsgewohnheiten und ineffizientes Management sind jedoch nicht akzeptabel. Die Folge ist eine sehr viel konsequentere Reflexion mit daraus folgenden Handlungen hinsichtlich des Einsatzes von Mitarbeitenden. Es müssen somit ganz konkret Strukturen geschaffen werden, in denen Personen nur auf Stellen besetzt werden, die wirklich zu ihnen passen.

2. **Disziplin:** Unternehmen, die eine auf Experimenten basierende Fehlerkultur langfristig etabliert haben, zeichnen sich durch den souveränen Umgang mit Mehrdeutigkeit und Unsicherheit aus. Dementsprechend offen und mit der Haltung des *beginners mind* gehen sie an Experimente heran. Das Ziel ist dabei, zu lernen, und nicht, ein sofort vermarktbares Produkt oder eine Dienstleistung zu produzieren. Hierfür erfordert es Disziplin und Struktur, damit die eingesetzten Ressourcen, die für experimentelles Lernen eingesetzt werden in eine verträgliche Relation der finanziellen Gesamtstrategie gesetzt werden können. Routine, Struktur und Lean-Ansätze, ebenso wie das sofortige Verwerfen und Neuausrichten von Hypothesen, Ideen und Entwürfen sind daher die Voraussetzung.

3. **Schonungslose Ehrlichkeit:** Psychologische Sicherheit bezeichnet ein Organisationsklima, in dem Mitarbeitende das Gefühl haben, dass sie Probleme offen ansprechen können, ohne soziale Sanktionen befürchten zu müssen: Forschungen der Harvard Business School-Professorin Amy Edmondson zeigen, dass ein psychologisch sicheres

Umfeld dazu führt, schneller zu lernen und Innovationen zu fördern.[39] Haben Menschen Angst, Kritik zu üben oder die Ideen anderer zu diskutieren, kommt das Neue nicht in die Welt. Führungskräfte sind also dazu angehalten, eine Kultur zu etablieren, die eben das zulässt und in der Mitarbeitende Techniken des Feedback-Gebens und Feedback-Nehmens nicht nur methodisch sicher anwenden können, sondern eine Haltung zur offenen Kommunikation entwickeln können.

4. **Hohes Maß an individueller Verantwortlichkeit**: Innovative Unternehmenskulturen sind Kulturen der Kollaboration. Nach Pisano bedeutet dies neben der fach- und abteilungsübergreifenden Zusammenarbeit auch das Bewusstsein für gegenseitige Unterstützung, auch über Grenzen von Stellenausschreibungen hinaus. Die Individuen sind sich der kollektiven Verantwortung bewusst und leben diese. Damit diese Haltung nicht in Ineffizienz und dem Streben nach Konsens übergeht, muss als Komplementär die individuelle Verantwortung und Entscheidungskompetenz stehen. Diese ist eng verbunden mit einem klaren Rollenverständnis aller Mitarbeitenden und den Grenzen ihrer Verantwortlichkeiten. Eine Kultur der Verantwortlichkeit ist eine Kultur, in der von jedem Einzelnen erwartet wird, dass, entsprechend der jeweiligen Rolle, Entscheidungen getroffen und daraus resultierende Konsequenzen getragen werden.

5. **Hohe Führungskompetenzen:** Innovative Kulturen und flache Hierarchien werden oft in einem Atemzug genannt und in der Tat geben flache Hierarchien den Mitarbeitenden die Möglichkeit zur Partizipation am gemeinsamen Erfolg sowie eben oben genannten Vorzüge der Verantwortung, Offenheit, Kollaboration. Dennoch bedeutet das nicht, dass keine Führung notwendig ist, im Gegenteil: Flache Organisationen benötigen sogar eine stärkere Führung als hierarchische. Denn wenn die Führung es versäumt, klare strategische Prioritäten und Richtungen vorzugeben, werden sie ineffizient und chaotisch. Führungspersonen sind angehalten, Ziele klar zu kommunizieren und Grundsätze bzw. Werte der Zusammenarbeit zu erarbeiten und zu etablieren, die auf die Schaffung von Wert ausgerichtet sind.

[39] Vgl. Edmondson, A. C., 2012, S. 36.

Dies sind Anforderungen, die an Führungskräfte und Mitarbeiter gleichermaßen gestellt werden. Deshalb ist es notwendig zu prüfen, welchen Stellenwert Innovationen im Unternehmenssystem haben sollen und müssen. Darüber hinaus ist es sinnvoll, zunächst eine genaue Analyse des Ist-Zustands anzufertigen und auf Basis dieser zu entscheiden, an welchen Stellen Handlungsbedarf besteht, was langfristig ausgebaut und wie das Themenfeld Innovation gelebt werden soll. Dieses alles vor dem Hintergrund der Wertgenerierung mittels entwickelter und umgesetzter Ideen.

4 Ausblick

Über einen Zeitraum von mehreren Jahrzehnten wurde Innovation i.d.R. als singuläres Projekt behandelt, wobei eine langfristige Integration oft unberücksichtigt blieb. Die ISO 56001/56002 stellt ein neues Paradigma bereit, indem sie Unternehmen dazu auffordert, Innovationen mit derselben Relevanz zu behandeln, die sie auch in Hinblick der Finanzen oder im operativen Geschäft anwenden.

Das Ziel der Norm besteht in der Schaffung eines Rahmens, in dem sie sich entfalten kann – strukturiert und gleichzeitig dynamisch. Ein ganzheitliches gestaltetes Innovationsmanagementsystem hilft Unternehmen, Innovationsfähigkeiten nachhaltig zu stärken und Innovationen effizienter umzusetzen. Dabei sind klare Ziele, systemisches Denken und eine Balance zwischen Struktur und Flexibilität entscheidend. Die Betrachtung der drei Säulen aus der Dimension Führung sollte zeigen, dass Führung im Kontext Innovationen eine ganze Reihe mehr bedeutet, als punktuell *Design Thinking* Workshops durchzuführen oder von Mitarbeitenden mehr Kreativität zu erwarten.

Es sollte hervorgehoben werden, dass die Umsetzung auch für KMU machbar ist und die Freisetzung von Ressourcen in kleinen Mengen und dafür kontinuierlich, als im großen Umbruch stattfinden soll. Daneben ist es sinnvoll, ein konkretes, kleineres Projekt, an dem sich die Innovationsabsicht und der erwartete Wert ablesen lassen als Startpunkt heranzuziehen. So kann sukzessive das Innovationsmanagementsystem erweitert werden, um so alle in der Norm beschriebenen Vorteile auszuschöpfen:

- Kundenzentrierung und Wettbewerbsfähigkeit: Die Integration von Kundenbedürfnissen und Markttrends in den Innovations-prozess trägt dazu bei, die Wettbewerbsfähigkeit von Unternehmen zu erhalten und eine bessere Reaktion auf Marktveränderungen zu ermöglichen.
- Effizienzsteigerung und Optimierung der Ressourcen: Dies umfasst das effiziente Managen von Innovationen, die optimale Nutzung von Ressourcen sowie die Minimierung des Risikos von Fehlinvestitionen.
- Risiko- und Chancenmanagement: Risiken werden systematisch identifiziert und gemanagt. Dies führt zu einer Reduzierung von Innovationsfehlschlägen und fördert stabile Wachstumsprozesse.
- Innovationsfördernde Unternehmenskultur: Kreativität, eine Feedback-Kultur und psychologische Sicherheit fördern die Motivation und erhöht ihr Engagement in Innovationsprozessen.
- Nachhaltigkeit: Sie trägt insbesondere zur Erreichung von SDG 9 bei, das sich auf nachhaltige Industrialisierung, Innovation und den Ausbau nachhaltiger Infrastruktur konzentriert.
- Langfristiger Erfolg: Die Standardisierung von Innovationsprozessen ermöglicht es Unternehmen, ihre Innovationsfähigkeit langfristig aufrechtzuerhalten und beständig weiterzuentwickeln.

Insgesamt kann festgehalten werden, dass neben einer Reihe an notwendigen Voraussetzungen vor allem viele Vorteile und eine Risikominimierung durch Chancenmaximierung erwartet werden kann.

Innovationsprozesse sind also kein Hexenwerk und es bedarf vor allem Disziplin sowie einem strategischen Ansatz, um Innovationen in Unternehmen implementieren zu können. Gleichzeitig ist es ein anspruchsvoller Prozess und Führungspersonen tun gut daran, hier auf die Professionalisierung zu setzen, in unterstützende Maßnahmen zu investieren und weniger in punktuelle Einzelmaßnahmen.

Quellenverzeichnis

Bundesministerium für Wirtschaft und Klimaschutz (2022): Innovationsförderung für KMU, URL: https://www.bmwk.de, Zugriff: 21.01.2025.

Bundesministerium für Wirtschaft und Klimaschutz (2023): Transformation und Zukunftskompetenzen im deutschen Mittelstand. Bundesministerium für Wirtschaft und Klimaschutz, URL: https://www.bmwk.de, Zugriff: 21.01.2025.

BCG-Consulting Group (2024): Innovation Strategy and Delivery/Report Innovation Systems Need a Reboot, URL: https://www.bcg.com/publications/2024/innovation-systems-need-a-reboot, Zugriff: 22.11.2024.

Cohen, D./Quinn, B./Roth, E. (2019): The innovation commitment, McKinsey, URL: https://www.mckinsey.com/capabilities/strategy-and-corporate-finance/our-insights/the-innovation-commitment#/, Zugriff: 10.01.2025.

DIHK (2023): DIHK Innovationsreport 2023. Deutscher Industrie- und Handelskammertag e.V., Berlin. URL: https://www.dihk.de/resource/blob/106742/1ad5859c4e8d03d48642e3d5ec350cb4/dihk-innovationsreport-2023-data.pdf, Zugriff: 22.11.2024

Edmondson, A. C. (2012): Teaming: How organizations learn, innovate, and compete in the knowledge economy. Jossey-Bass.

Flore, A./Würdemann, C. (2024): Innovationsmanagement nach ISO 56002. In: PROJEKTMANAGEMENT AKTUELL, 35(5).

Isler, K. (o.J.): Innovation durch Mitarbeiterbeteiligung: Wie Geschäftsführer in Deutschland ihre Mitarbeiter motivieren können, URL: https://www.hagel-it.de/it-insights/innovation-durch-mitarbeiterbeteiligung-wie-geschaeftsfuehrer-in-deutschland-ihre-mitarbeiter-motivieren-koennen.html, Zugriff: 19.02.2025.

ISO 56000 (2019): Innovation management system - Fundamentals and vocabulary. Genf: ISO.

ISO 56001 (2024): Innovation management system — Requirements. Genf: ISO

ISO 56002 (2019): Innovation management—Innovation management system—Guidance. Genf: ISO.

Institut der deutschen Wirtschaft Köln (2023): Innovative Milieus 2023. Institut der deutschen Wirtschaft Köln, URL: https://www.iwkoeln.de, Zugriff: 20.01.2025.

Khan, P. A. (2021): Does adoption of ISO 56002-2019 and green innovation reporting enhance the firm sustainable development goal performance? An emerging paradigm. Bus Strat Env. 2021; S. 1–15.

Kihlander, I./Magnusson, M./Karlsson, M. (2024): Critical Factors to Consider When Designing an Innovation Management System. In: Research-Technology Management 67 (3), S. 34–43.

Lopes, A./Polónia, D./Gradim, A./Cunha, J. (2022). Challenges in the in-tegration of quality and innovation management systems. Standards, 2(1), 52–65.

Manly, J./Ringel, M./MacDougall, A./Harnoss, J./Wolke-Perten, J./Backler, W./Gjerstad, K./Kimura, R./Viner, B. (2024): Innovation systems need a reboot. Boston Consulting Group, URL: https://www.bcg.com, Zugriff: 19.12.2024.

Mittelstand-Digital (2023): Transformation und Zukunftskompetenzen im deutschen Mittelstand, URL: https://www.mittelstand-digital.de, Zugriff: 21.01.2024.

Pisano, G. P. (2019): The Hard Truth About Innovative Cultures, Harvard Business Magazine, URL: https://hbr.org/2019/01/the-hard-truth-about-innovative-cultures, Zugriff: 11.01.2025.

Robbins, P./O'Connor, G. C. (2023): The professionalization of innovation management: Evolution and implications. In: J of Product Innov Manag 40(5), S. 593–609.

Schumpeter, J. A. (1911): Theorie der wirtschaftlichen Entwicklung: Eine Untersuchung über Unternehmergewinn, Kapital, Kredit, Zins und den Konjunkturzyklus. Leipzig: Duncker & Humblot.

Autorinnen und Autoren

Prof. Dr. Doreen Appelt ist seit 2019 als Professorin für Betriebswirtschaftslehre an der Jade Hochschule tätig. Ihre Schwerpunkte in Lehre und Forschung liegen in den Themengebieten Führung, Organisation, Unternehmensberatung, Personal und Change Management. Sie studierte Betriebswirtschaftslehre an der Carl von Ossietzky Universität Oldenburg, der Universidad de Salamanca und schloss ihr Studium an der Humboldt-Universität zu Berlin mit dem Diplom ab. Nach dem Studium promovierte sie an der Technischen Universität Berlin zum Thema Veränderungsmanagement in der Unternehmensrestrukturierung. Von 2008 bis 2017 war Doreen Appelt bei der Strategieberatung Roland Berger tätig. Dort verantwortete sie als Projektmanagerin unternehmensweite Transformationsprogramme, globale Unternehmenszusammenschlüsse, Reorganisationen und Restrukturierungen. Zu ihren Kunden gehörten global agierende Konzerne sowie mittelständische Unternehmen unterschiedlicher Branchen. Während dieser Zeit war Doreen Appelt von 2012 bis 2016 auch Lehrbeauftragte an der Ruprecht-Karls-Universität Heidelberg im Studiengang "Legum Magister in Unternehmensrestrukturierung". Vor Ihrem Wechsel an die Jade Hochschule hatte sie seit 2017 eine Professur für Betriebswirtschaftslehre an der Hochschule für Technik in Stuttgart inne.

Kontakt: doreen.appelt@jade-hs.de

Marco Bruns M.A. war mehrere Jahre als Zeitsoldat bei der Bundeswehr tätig. Im Anschluss daran studierte er an der Jade Hochschule im Bachelor Wirtschaft mit dem Schwerpunkt Controlling und Finanzmanagement. 2025 schloss er ebenfalls an der Jade Hochschule sein Masterstudium in strategischem Management mit dem Schwerpunkt Dienstleistungswirtschaft erfolgreich ab. Derzeit ist er als SAP-Berater für Controlling (CO) bei der CEWE Stiftung & Co. KGaA tätig.

Kontakt: marcobruns89@gmail.com

Rona Heuermann M.A. ist seit Beginn ihrer Ausbildung zur Bankkauffrau im Jahr 2013 bis heute bei der Oldenburgische Landesbank AG tätig. Sie absolvierte von September 2018 bis April 2022 das Studium Bank- und

Versicherungswirtschaft dual an der Jade Hochschule Wilhelmshaven, das sie erfolgreich mit dem Bachelor (B.A.) abschloss. Im Anschluss war sie als Studentin der Jade Hochschule im Online-Masterstudiengang Betriebswirtschaftslehre von September 2022 bis März 2025 im Schwerpunkt Energiewirtschaft eingeschrieben und wählte als freiwillige zusätzliche Vertiefung Bank- und Versicherungswirtschaft. Auch das Masterstudium wurde erfolgreich beendet. Zudem ist sie als studentische Hilfskraft seit März 2023 für Prof. Dr. Henning Plate am Fachbereich Wirtschaft und Gesellschaft tätig. Zusätzlich ist sie seit dem Sommersemester 2025 als Dozentin an der Jade Hochschule im Studiengang Betriebswirtschaftslehre Online für das Modul Finanzierung tätig.

Kontakt: rona.heuermann@jade-hs.de

Prof. Dr. Stefan Janßen hat seit 2014 eine Professur für Betriebswirtschaftslehre an der Jade Hochschule in Wilhelmshaven mit dem Schwerpunkt Bank- und Versicherungsmanagement inne. Nach seiner Ausbildung zum Bankkaufmann bei der Commerzbank AG studierte er Betriebswirtschaftslehre mit juristischem Schwerpunkt sowie Ökonomie an der Carl von Ossietzky Universität Oldenburg und erlangte dort 1997 die Abschlüsse Diplom-Kaufmann und Diplom-Ökonom (Diplomarbeiten zu den Themen „Europäische Währungsunion“ sowie „Europäische Insiderrichtlinie, Umsetzung in deutsches Recht und Implementierung in den Geschäftsprozessen der Kreditinstitute am Beispiel der Commerzbank“). Nebenher arbeitete er im Kundengeschäft der Commerzbank AG. Von 1997 bis 2000 war er als Firmenkundenbetreuer bei der Oldenburgische Landesbank AG in der umfassenden Betreuung von Firmenkunden verschiedener Branchen und Größen und der Unterstützung der angeschlossenen Geschäftsstellen in der Firmenkundenbetreuung tätig. Von 2000 bis 2004 war Prof. Dr. Janßen als Dozent und Trainer für Fach- und Führungskräfte aus Volks- und Raiffeisenbanken an der Genossenschaftsakademie Weser-Ems in Rastede mit den Schwerpunkten Firmenkundengeschäft und Gesamtbanksteuerung beschäftigt. Insbesondere befasste er sich dabei mit den Themen der Umsetzung der Mindestanforderungen an das Kreditgeschäft (MaK) sowie Basel II. Von 2004 bis 2014 führte er als Prüfungsleiter im Bereich Banken und Finanzaufsicht der Deutschen Bundesbank

Sonderprüfungen der Bankenaufsicht in Kreditinstituten aller Rechtsformen vor Ort insbesondere zur Einhaltung der Mindestanforderungen an das Risikomanagement (MaRisk) sowie zur Umsetzung des IRBA durch. Schwerpunkte seiner Tätigkeit waren dabei Risikosteuerung und Risikocontrolling, Kreditgeschäft, Compliance sowie die Interne Revision. Daneben promovierte er 2011 an der Carl von Ossietzky Universität Oldenburg zu Fragen der Unternehmensführung in Genossenschaftsbanken. Auslandserfahrung konnte Prof. Dr. Janßen bei Studienaufenthalten an der Middlesex University, London, UK und der University of California in Los Angeles, USA sowie Arbeitsaufenthalten bei der Petrobank S.A. in Lodz, Polen, der Friedrich-Naumann-Stiftung in Singapur und der Commerzbank Europe in Dublin, Irland sammeln. Darüber hinaus ist er ausgebildeter, geprüfter und erfahrener Trainer (ADG), TeleTutor (Universität Paderborn) und Business-Coach (IHK). Seine Forschungsschwerpunkte liegen auf den Gebieten der Unternehmens- und Projektfinanzierung, der Unternehmensführung und insbesondere der Versicherungsbetriebslehre und der Bankbetriebslehre, hier mit einem Fokus auf regionale Kreditinstitute und Versicherungsunternehmen. An der Jade Hochschule leitet Prof. Dr. Janßen den dualen/berufsintegrierten Studiengang Bank- und Versicherungsmanagement (B.A.) und ist Vorstand des Instituts für nationale und internationale Unternehmensführung (InU) sowie Länderkoordinator des Fachbereichs Wirtschaft der Jade Hochschule für die Kontakte zu den niederländischen und belgischen Hochschulen. Darüber hinaus vertritt er im Online-Masterstudiengang Betriebswirtschaftslehre (M.A.) der „Virtuellen Fachhochschule" das Thema „Risikomanagement und Regulatorik" und im berufsbegleitenden Masterstudiengang Risikomanagement für Finanzdienstleister (M.Sc.) der Carl von Ossietzky Universität Oldenburg das Thema „Regulierung von Finanzdienstleistern". Prof. Dr. Janßen engagiert sich außerdem im Rahmen von Fachvorträgen, Forschungsprojekten und Fachveröffentlichungen. Außerdem gehört er dem Beirat des Berufsbildungswerkes der Versicherungswirtschaft Oldenburg (BWV) und dem Fachbeirat der Zeitschrift BankPraktiker an. Auch ist er in der Beratung von Kreditinstituten und Versicherungen in den Bereichen Regulatorik, Risikomanagement, Organisation und Compliance aktiv.

Kontakt: stefan.janssen@jade-hs.de

Ashley Kirspel M.A. studierte Geschichte und Politikwissenschaft im 2-Fach Bachelor und Geschichte im Master an der Westfälischen Wilhelms-Universität Münster, mit Abschluss als Master of Arts 2013. 2016 führte er ein Praktikum am Zentrum für Militärgeschichte und Sozialwissenschaften der Bundeswehr in Potsdam durch. 2016 Aufnahme eines Bachelorstudiums BWL-Online an der Jade Hochschule Wilhelmshaven. Zugleich war er von 2018 bis 2022 wissenschaftliche Hilfskraft am Institut für Zeitgeschichte München-Berlin im Editionsprojekt „The Persecution and Murder of the European Jews by Nazi Germany, 1933 – 1945". Das Bachelorstudium wurde 2022 abgeschlossen. Seit 2022 ist Herr Kirspel als Sachbearbeiter im Bundesamt für Wirtschaft und Ausfuhrkontrolle in Eschborn tätig und führt parallel ein Masterstudium BWL-Online an der Jade Hochschule durch. Des Weiteren ist er derzeit Lehrbeauftragter für das Fach VWL I im Bachelorstudiengang BWL-Online.

Kontakt: ashley.kirspel@jade-hs.de

Prof. Dr. Matthias Kirspel studierte Volkswirtschaftslehre an der Westfälischen Wilhelms Universität (WWU) in Münster. Anschließend war er wissenschaftlicher Mitarbeiter am Institut für Finanzwissenschaft der WWU Münster und promovierte zum Dr. rer. pol. Nach der Promotion erfolgte eine mehrjährige Tätigkeit in der Industrie. Seit 1998 ist Prof. Dr. Kirspel an der Jade-Hochschule im Fachbereich Wirtschaft Professor mit dem Lehrgebieten Volkswirtschaftslehre und quantitative Methoden. Seine Forschungsschwerpunkte sind Internationaler Handel, Spieltheorie und Wirtschaftsethik.

Kontakt: matthias.kirspel@jade-hs.de

Prof. Dr. Bernhard Johannes Köster studierte Physik (Diplom 1999) und Volkswirtschaftslehre (Diplom 2001) an den Universitäten Heidelberg und Uppsala (Schweden). Anschließend promovierte er zum Thema „Decision Rules, Transparency and Central Banks" (2011) und arbeitete währenddessen von 2001 bis 2009 als wissenschaftlicher Mitarbeiter an der Universität Heidelberg und im Stab des Sachverständigenrates zur Begutachtung der gesamtwirtschaftlichen Entwicklung. Von 2009 bis 2015 wechselte er in die freie Wirtschaft und war bei AWD Economic and Provision Research, der MaschmeyerRürup AG und der Sparkassenakademie Hessen-Thüringen tätig. Anfang 2015 erhielt er einen Ruf in Volkswirtschaftslehre an die private Hochschule EBC Düsseldorf und arbeitete gleichzeitig für das Handelsblatt Research Institute (HRI) als Economist. 2017 wechselte er als Professor für VWL und quantitative Methoden an die Frankfurt University of Applied Sciences ehe er zum Sommersemester 2019 an die Jade Hochschule berufen wurde. Seine Forschungstätigkeit konzentriert sich auf konjunkturpolitische Fragestellungen.

Kontakt: bernhard.koester@jade-hs.de

Prof. Dr. Stephan Kull arbeitet seit 2002 als Professor für ABWL, insbesondere Marketing und E-Commerce im Fachbereich Wirtschaft an der Jade Hochschule in Wilhelmshaven und leitet dort seit über 15 Jahren die Online-Studiengänge in BWL (Bachelor/Master). Darüber hinaus lehrte er 10 Jahre als Gastprofessor für Marketing an der Shanghai University of International Business and Economics (SUIBE) in China und ist seit 2016 als Lehr- und Prüfungsbeauftragter für Nachhaltigkeitsmarketing an der Leuphana Universität Lüneburg tätig. Er fungiert als Gutachter bei renommierten internationalen Journals (u. a. Marketing Review St. Gallen, Journal of Policy Research in Tourism, Leisure and Events) und für einige erfolgreich abgeschlossene Promotionen an der Carl von Ossietzky Universität Oldenburg. Zudem ist der mehrfach ausgezeichnete Wissenschaftler in diversen Beratungsprojekten und Gremienbeiräten aktiv. Für all diese Arbeiten sammelte er in seiner Praxiszeit bei Top-Unternehmen aus den Branchen Handel (Tengelmann/OBI), Unternehmensberatung (Deloitte) und Touristik (TUI) vielfältige Erfahrungen. Sein Lehr- und Forschungsgebiet erstreckt sich von allgemeinem und handelsspezifischem Marketing über internetbasiertes Marketing, Place-/Stadtmarketing, Erlebnisorientierung und Nachhaltigkeit bis hin zur Digitalisierung im Wechselspiel von Omnichannel-Welten des Handels.

Kontakt: stephan.kull@jade-hs.de

Prof. Dr. Michael Neumann hat seit 2012 eine Professur für Volkswirtschaftslehre an der Jade Hochschule in Wilhelmshaven inne. Im Anschluss an sein Studium der Volks- und Betriebswirtschaftslehre an der Universität Köln war er zunächst am Lehrstuhl für Volkswirtschaftslehre, insbesondere Wirtschaftsordnung und Sozialpolitik als wissenschaftlicher Assistent tätig. Nach seiner Promotion zum europäischen Arbeitsmarkt arbeitete er bis zu seinem Wechsel an die Jade Hochschule beim Institut der deutschen Wirtschaft (IW) Köln erst im Referat Berufsausbildung und später im Referat Institutionenökonomik. Seine besonderen Arbeitsschwerpunkte liegen in der Arbeitsmarkt- und Ausbildungsmarktanalyse sowie in den Bereichen Wirtschaftsethik und CSR in der Tourismuswirtschaft.

Kontakt: michael.neumann@jade-hs.de

Prof. Dr. Alexander Parchow, ab 2024 Übernahme der Professur für Methoden und Praxis der Soziale Arbeit an der Jade Hochschule in Wilhelmshaven. Arbeits- und Forschungsschwerpunkte: Kinder- und Jugendhilfe (insb. Hilfen zur Erziehung), Menschen in prekären Lebenslagen (insb. Wohn- und Obdachlosigkeit, Armutsfolgen), methodisches Handeln in der Sozialer Arbeit.

Kontakt: alexander.parchow@jade-hs.de

Prof. Dr. Henning Plate hat seit dem 01.08.2019 eine Professur für Betriebswirtschaftslehre an der Jade Hochschule in Wilhelmshaven inne. Er ist auf den Schwerpunkt Finanzmanagement berufen, in dem er lehrt, forscht und zu vielfältigen Themen veröffentlicht. Prof. Dr. Plate lehrte viele Jahre an der IBS IT & Business School in Oldenburg als Dozent im Studiengang Betriebswirtschaft. Zudem war er als Prokurist und Senior-Firmenkundenbetreuer bei der Oldenburgischen Landesbank AG tätig. An der Carl von Ossietzky Universität in Oldenburg studierte Prof. Dr. Plate im Studiengang der Diplom-Wirtschaftswissenschaften, den er als Diplom-Ökonom erfolgreich abschloss. Ebenfalls in den Wirtschaftswissenschaften promovierte er zum Dr. rer. pol. im Jahre 2007. Prof. Dr. Plate ist Praxissemesterbeauftragter für die Studiengänge Wirtschaft und Management in Gesundheits- und Sozialwirtschaft (dual) und verantwortet letzteren als Studiengangsleiter zusammen mit seinem Kollegen Prof. Dr. Bernhard Köster. Seit März 2021 ist Prof. Dr. Plate Prodekan des Fachbereichs Wirtschaft an der Jade Hochschule in Wilhelmshaven. Er engagiert sich zudem seit dem Jahr 2020 im Institut für Unternehmensgründung und Innovation (UGI) der Jade Hochschule, seit 2023 als Mitglied des Vorstands.

Kontakt: henning.plate@jade-hs.de

David Skibb M.A. ist seit dem 01.07.2015 an der Jade Hochschule angestellt und lehrt im Bereich internes Rechnungswesen. Seine Promotion befasst sich mit der Risikoübernahme regionaler Kreditinstitute.

Kontakt: david.skibb@jade-hs.de

Dr. phil. Catharina Würdemann (geb. Siemer) ist seit dem 01.05.2025 beim Oldenburgisch-Ostfriesischen Wasserverband (OOWV) als Abteilungsleitung für die neu aufzubauende Abteilung Innovation und Digitalisierung tätig. Daneben lehrt sie als freie Lehrbeauftragte an der Jade HS und am C3L – Center für lebenslanges Lernen der Universität Oldenburg insbesondere in den Themenschwerpunkten Innovations-, Change- und Projektmanagement. Von 2019 bis 2025 förderte Dr. Würdemann am OFFIS e.V. – Institut für Informatik in Oldenburg in ihrer Rolle als Projektleitung die Themen Kommunikation und Innovation in verschiedenen Forschungsprojekten sowie in den internen Strukturen des Instituts. Darüber hinaus hat sie in dieser Zeit verschiedene Weiterbildungen absolviert und ist zertifizierte Innovationsmanagerin nach ISO 56002 sowie Lead Auditorin nach ISO 56001 Innovationsmanagement. An der AMD Hamburg und an der Hochschule Hannover studierte Dr. Würdemann Medien und Design, das sie 2012 erfolgreich abschloss. An der HBK Braunschweig promovierte sie im Fachbereich Medien- und Kommunikationswissenschaften nebenberuflich von 2016 – 2020. Dr. Catharina Würdemann hat durch ihre verschiedenen Stationen sowohl in der freien Wirtschaft als auch im wissenschaftlichen Kontext umfangreiche Erfahrungen im Innovations- und Changemanagement sowie im Marketing. Durch ihre eigene Gründung ist sie zudem eine engagierte Sparringspartnerin für Gründungsthemen.

Kontakt: kontakt@catharinasiemer.de

Malte Zeckel ist Student des dualen Bachelorstudiengangs Bank- und Versicherungswirtschaft der Jade Hochschule. Nach seiner Ausbildung und anschließender mehrjähriger Tätigkeit bei der Debeka arbeitet er inzwischen als Spezialist Private Krankenversicherung beim Vergleichsportal Check24.

Kontakt: malte.zeckel@student.jade-hs.de

Schriftenreihe des Fachbereichs Wirtschaft und Gesellschaft der Jade Hochschule Wilhelmshaven/Oldenburg/Elsfleth
hrsg. von Prof. Dr. Gerd Hilligweg

Stefan Janßen; Torsten Kirstges; Henning Plate; Enno Schmoll; Markus Zeller (Hg.)
Jahresband 2024 des Fachbereichs Wirtschaft und Gesellschaft
Gesammelte Erkenntnisse aus Lehre und Forschung
Bd. 18, 2024, 396 S., 39,90 €, br., ISBN 978-3-643-15590-0

Ann-Kathrin Bertenrath; Stephan Kress
Nachhaltigkeitsberichterstattung in der Fertigungswirtschaft
Das Thema Nachhaltigkeit wird für alle Branchen immer wichtiger. Mit den neuen EU-Richtlinien zur Nachhaltigkeitsberichterstattung müssen ab 2024 mehr Unternehmen obligatorische Berichte vorlegen. Dies betrifft auch die Fertigungsindustrie, in der viele ressourcenintensive Prozesse optimiert werden müssen. Eine Unternehmensbefragung im Rahmen des Projekts EDNA bietet Einblicke in den aktuellen Stand dieser Branche. Dieses Buch präsentiert die Ergebnisse der Befragung, identifiziert Herausforderungen und bietet praktische Handlungsempfehlungen sowie einen Ausblick auf zukünftige Entwicklungen.
Bd. 17, 2024, 118 S., 34,90 €, br., ISBN 978-3-643-15582-5

Michael Neumann
Die Wertschöpfungseffekte der Jade Hochschule
Bd. 16, 2024, 168 S., 34,90 €, br., ISBN 978-3-643-15534-4

Stefan Janßen; Torsten Kirstges; Henning Plate; Enno Schmoll; Markus Zeller (Hg.)
Jahresband 2023 des Fachbereichs Wirtschaft
Gesammelte Erkenntnisse aus Lehre und Forschung
Bd. 15, 2023, 310 S., 39,90 €, br., ISBN 978-3-643-15404-0

Stefan Janßen; Torsten Kirstges; Stephan Kull; Michael Neumann; Enno Schmoll (Hg.)
Jahresband 2022 des Fachbereichs Wirtschaft
Gesammelte Erkenntnisse aus Lehre und Forschung
Bd. 14, 2022, 372 S., 39,90 €, br., ISBN 978-3-643-15179-7

Stefan Janßen; Torsten Kirstges; Stephan Kull; Michael Neumann; Enno Schmoll (Hg.)
Jahresband 2021 des Fachbereichs Wirtschaft
Gesammelte Erkenntnisse aus Lehre und Forschung
Bd. 13, 2021, 370 S., 39,90 €, br., ISBN 978-3-643-14961-9

LIT Verlag Berlin – Münster – Wien – Zürich – London
Auslieferung Deutschland / Österreich / Schweiz: siehe Impressumsseite

Gerd Hilligweg; Matthias Kirspel; Torsten Kirstges; Stephan Kull; Enno Schmoll (Hg.)
Jahresband 2020 des Fachbereichs Wirtschaft
Gesammelte Erkenntnisse aus Lehre und Forschung
Bd. 12, 2020, 384 S., 39,90 €, br., ISBN 978-3-643-14686-1

Gerd Hilligweg; Matthias Kirspel; Torsten Kirstges; Stephan Kull; Enno Schmoll (Hg.)
Jahresband 2019 des Fachbereichs Wirtschaft
Gesammelte Erkenntnisse aus Lehre und Forschung
Bd. 11, 2019, 328 S., 39,90 €, br., ISBN 978-3-643-14380-8

Jörg Brunßen; Gerd Hilligweg
Vom Umgang mit sich selbst und mit anderen
Erfolgreich durch Soziale Kompetenz. NEU: Resilienz, Stressreduktion, Mentales Training, Interviews mit Experten
Soziale Kompetenz lässt sich nicht messen und in Fakten darstellen, wie z.B. Umsatz und Verkaufszahlen. Sie deshalb zu vernachlässigen, wäre aber fatal, ist sie doch der Schlüssel für ein harmonisches und konstruktives menschliches Miteinander.
Wer sich sozial(-kompetent) verhält, ist in der Lage, bei allen sozialen Interaktionen (Wechselbeziehungen zwischen Menschen) angemessen gegenüber anderen zu reagieren.
Einem respektvollen Privat- oder Berufsleben in einem sozialen Umfeld liegt immer ein wertschätzendes Empfinden sich selbst gegenüber zugrunde.
Bd. 10, 3., überarb. Aufl. 2025, 466 S., 24,90 €, br., ISBN 3-643-15734-8

Gerd Hilligweg; Matthias Kirspel; Torsten Kirstges; Stephan Kull; Enno Schmoll (Hg.)
Jahresband 2018 des Fachbereichs Wirtschaft
Gesammelte Erkenntnisse aus Lehre und Forschung
Bd. 9, 2018, 332 S., 39,90 €, br., ISBN 978-3-643-14155-2

Gerd Hilligweg
Grundlagen der deutschen Energiepolitik
Träger – Ziele – Instrumente
Bd. 8, 2018, 236 S., 24,90 €, br., ISBN 978-3-643-13870-5

Gerd Hilligweg; Matthias Kirspel; Torsten Kirstges; Stephan Kull; Enno Schmoll (Hg.)
Jahresband 2017 des Fachbereichs Wirtschaft
Gesammelte Erkenntnisse aus Lehre und Forschung
Bd. 7, 2017, 380 S., 39,90 €, br., ISBN 978-3-643-13815-6

LIT Verlag Berlin – Münster – Wien – Zürich – London
Auslieferung Deutschland / Österreich / Schweiz: siehe Impressumsseite

Sylke Behrends; Gerd Hilligweg; Matthias Kirspel; Torsten Kirstges; Stephan Kull (Hg.)
Jahresband 2016 des Fachbereichs Wirtschaft
Gesammelte Erkenntnisse aus Lehre und Forschung
Bd. 6, 2016, 502 S., 54,90 €, br., ISBN 978-3-643-13508-7

Sylke Behrends; Gerd Hilligweg; Matthias Kirspel; Torsten Kirstges; Stephan Kull (Hg.)
Jahresband 2015 des Fachbereichs Wirtschaft
Gesammelte Erkenntnisse aus Lehre und Forschung
Bd. 5, 2015, 408 S., 39,90 €, br., ISBN 978-3-643-13117-1

Sylke Behrends; Kurt Helms; Gerd Hilligweg; Matthias Kirspel; Torsten Kirstges; Stephan Kull (Hg.)
Jahresband 2014 des Fachbereichs Wirtschaft
Bd. 4, 2015, 416 S., 39,90 €, br., ISBN 978-3-643-12835-5

Sylke Behrends; Kurt Helms; Gerd Hilligweg; Matthias Kirspel; Torsten Kirstges; Stephan Kull (Hg.)
Jahresband 2013 des Fachbereichs Wirtschaft
Bd. 3, 2014, 432 S., 39,90 €, br., ISBN 978-3-643-12389-3

Enno Schmoll
Künstliche Ferienwelten im Fokus der Nachhaltigkeit – Genesis statt Ausverkauf der Paradiese?
Eine Nachhaltigkeits-Analyse unter besonderer Berücksichtigung der kulturalistischen Perspektive am Beispiel des Tropical Islands
Bd. 2, 2014, 448 S., 49,90 €, br., ISBN 978-3-643-11259-0

Sylke Behrends; Kurt Helms; Gerd Hilligweg; Matthias Kirspel; Torsten Kirstges; Stephan Kull (Hg.)
Jahresband 2012 des Fachbereichs Wirtschaft
Bd. 1, 2012, 216 S., 24,90 €, br., ISBN 978-3-643-11230-9

LIT Verlag Berlin – Münster – Wien – Zürich – London
Auslieferung Deutschland / Österreich / Schweiz: siehe Impressumsseite